# 망치

# 망치

TBWA 주니어보드 망치 스피치 모음

# 들꽃

박웅현

"제대로 쓰이기만 한다면 모든 사람의 인생은 하나의 소설감
이다." — 헤밍웨이

환영합니다. 꽃밭에 들어서셨습니다. 들꽃들입니다. 가꾸어지고 다듬
어진 정원의 꽃들이 아닙니다. 제멋대로 자라고, 아직 덜 자라고, 자라
다 꺾이고, 꺾여도 또 자라는, 그런 꽃들입니다. 일부 예외는 있지만 대
체로 야단을 많이 맞고 자란 꽃들입니다. 너무 말을 못한다, 게임만 그
렇게 해서 뭐가 될래, 넌 음악적 재능이 없는데 무슨 랩이니, 여자가 너
무 드세다, 넌 어쩜 그리 특징이 없니, 너무 산만하구나, 매사 긍정적이
좀 되어봐라……

　시작은 어느 광고 회사와 이런 꽃들의 만남이었습니다. 광고 회사
는 이렇게 생각했죠. "그럴 리가 없다. 젊은 나이라고, 평범한 대학생이

라고 들을 만한 이야기가 없을 리가 없다." 그래서 학생 하나하나를 붙잡고 여러 달을 씨름했습니다. 광고 회사가 잘 하는 일은 생각을 증류하는 일. 학생들의 복잡하고 평범해 보이는 이야기를 듣고 기어이 들을 만한 이야기로 발전시켜가도록 증류의 과정을 도왔습니다. 그렇게 평범한 대학생들이 사오백 명의 청중 앞에서 자기 생각을 발표했고 꽤 괜찮은 반응을 얻었습니다. 그 프로그램의 이름이 '망치'입니다. 맞습니다. 그 망치. 못질할 때 쓰는 그 망치. 아직 거친 목소리로 세상을 두들기는 그 망치.

그들이 발표한 내용을 글로 정리한 게 이 책입니다. 물론 학생들은 구어보다 훨씬 엄밀한 문어로 자기들의 이야기를 정리하느라 한번 더 수고를 했습니다. 하나하나 아름다운 이야기들입니다. 읽으시는 순서는 없을 겁니다. 마음에 드는 제목이나 이름을 골라 읽으셔도 아무 무리가 없을 겁니다. 한 가지 스포일러. 다 부족할 겁니다. 그리고 미완일 겁니다. 하지만 그렇지 않나요? 이 책을 읽는 우리 중에도 부족하지 않은 사람 없고 미완 아닌 사람 없지 않나요?

참고로 처음에 "이거 큰일이네" 했다가 결국 "이거 물건이네" 하기까지의 짜릿한 경험과 거기서 얻은 창의력의 비밀은 이미 『사람은 누구나 폭탄이다』라는 책으로 나와 있습니다. 저마다 달라서 아름다운 들꽃들의 망치질은 계속될 것입니다. 발표를 하는 대학생들의 배움, 광고 회사 사람들의 보람, 그리고 강연을 듣거나 이 책을 보는 분들의 자극. 이 세 가지만으로도 망치질의 존재 이유는 분명하니까요.

장미는 장미라서 예쁘고 찔레꽃은 찔레꽃이라서 예쁩니다. 너무도 당연한 이 말이 우리 사회에 가장 절실한 말이라는 생각이 드는 이유는 뭘까요? 학생들의 발표를 준비하는 과정은 이런저런 꽃들을 발견하는 과정입니다. 다 예쁘답니다. "너는 왜 장미가 아니니?"라는 시선만 걷어낸다면. 어쩌면 망치는 우리 사회의 행복지수를 높일 방법일지도 모르겠습니다.

환영합니다. 꽃밭에 들어서셨습니다. 즐거운 감상 되시길 바랍니다.

# 차례

머리말 **들꽃** 박웅현                                        5

**망치 1**

01 불안의 선물 이환희                                      15

02 NO 카메라 여행 김소리                                  20

03 쌍년기를 지나는 우리들에게 이하정                       25

04 내 머리를 떠나지 않은.wmv 이진호                        30

05 몬스터 빙의하기 박지현                                  34

06 자가이발소 신상훈                                       42

07 장애야 놀자 최세명                                      47

08 긍정의 피로감 허정은                                    51

09 이상한 영화관 박고은                                    56

10 조교 정복 이정복                                        61

11 어떤 질문 김윤하                                        67

12 여기서 끝낼까? 박성희                                   72

망치 1을 마치며 **그럼에도 불구하고** 박웅현                79

**망치 2**

13 우리집에 왜 왔니? 이지희     85

14 나는 인생을 두 번 살았다 임소정     91

15 거절학개론 박기백     98

16 혼자 농구 보는 여자 류은비     103

17 스트리트 갤러리 강한결     108

18 마성의 네 단어 이승민     116

19 Shall We Dance? 라규영     121

20 8월, 흔적 정재윤     125

21 로맨틱이 필요해 이경훈     134

22 Beat in a Box 윤태훈     140

23 포기하지 말지 맙시다! 김채은     145

24 짝사랑의 아이콘 윤수연     150

25 동굴을 찾아서 이진우     155

26 삽시다, 쫌! 유소영     160

망치 2를 마치며 **대한민국에 청춘이 있습니까?** 박웅현     165

**망치 3**

27 낙생고의 전설 김재두     171

28 잡아먹지 않아요 박지우     176

29 그래, 나 못됐다 유승미     181

30 좋아요가 싫어요 정수현     189

31 사진관집 둘째 딸 이보경     194

32 민주 미술사 고민주     200

33 메롱, 내 인생 이경선     207

34 멋진 사나이 박경원     212

35 병신 아닙니다 신동혁     218

36 순이 이승하     223

37 하루살이 28년 남우식     229

38 삼각코 홍세진     234

39 눈 먼 여행자 유예은     239

망치 3을 마치며 **스스로 희망을 찾아가는 힘** 박웅현     244

**망치 4**

40   여자친구, 알바, 성공적   김승용     249

41   +1   김가현     255

42   말 걸어서 생긴 일   김근아     261

43   상남자   고일석     268

44   특별함 찾아 삼만리   이인주     272

45   청순을 지킬 앤 하이드   조지현     276

46   무뇌의 시간   소윤희     282

47   부라더   김슬아     289

48   루 더하기 디는 귀요미   이루디아     296

49   알파벳 수집가   엄혜진     300

50   마음의 소리   최민성     306

51   위로의 공동체   최혜원     312

52   촌년 아니에유   김예진     316

53   버킷리스터   장재우     323

54   당신의 지갑엔 얼마가 있나요?   천화은     329

망치 4를 마치며 **망치를 하는 세 가지 의미** 박웅현     334

TBWA 주니어보드에 대하여     341

# 망치 1

2014. 2. 19. 수요일 오후, 서울대학교 문화관 중강당

# 01

# 불안의 선물

이환희

제목이 너무, 내용이 예상될 정도로 뻔한가요? 불안을 극복해낸 성공 스토리이거나, 무한 긍정으로 불안을 해소하자는 대책 없는 긍정론이라고 생각하실 수도 있을 것 같습니다. 하지만 아닙니다. 전 자랑스레 내세울 성공담도 없고, 그다지 긍정적인 삶을 살고자 하는 것도 아닌 평범한 청년입니다. 그냥 제가 불안을 안고 살아가는 이야기 정도로 생각해주시면 될 것 같습니다.

불안은 굉장히 흔하고, 느낄 수 밖에 없는 감정입니다. 아주 사소한 일에서부터 인생을 좌지우지할 큰 일까지, 모든 순간 우리는 불안을 느낍니다.

소소한 학창시절의 추억을 꺼내봅시다. 여러분은 어떤 선생님을 싫어했나요? 굉장히 다양한 대답이 나올 것 같습니다. 촌지를 받는 선생님, 거칠고 무서운 선생님, 수업을 재미없게 하는 선생님처럼,

참 많은 유형의 선생님들을 우리는 싫어했습니다. 그리고 그런 선생님들을 만났을 때 일종의 불안감을 느꼈습니다. 때리지는 않을지, 돈 달라 하지는 않을지, 이 시간을 또 어찌 버틸지, 이런 걱정을 하면서 말이죠. 하지만 굳이 그렇게까지 하지 않고도, 아주 쉽게 학생들이 '불안해하는' 선생님이 되는 방법이 있습니다. 학생들이 익숙해하는 궤도에서 조금만 이탈하면 됩니다. 선생님이 있어야 할 곳, 바로 교단에서 내려오는 것입니다. 교단에서 내려온 선생님이 학생들의 책상과 책상 사이를 돌아다니며 수업하면, 학생들은 — 수업을 듣든 듣지 않든 — 불편해하고, 부담스러워하고, 불안해합니다. '뭐 그냥 조금 불편한 것이지 그리 크게 불안하지는 않아요'라고 생각하실지도 모르겠지만, 그 선생님이 여러분 앞에 멈추고, 고개를 돌려 여러분을 바라보고, 고개를 숙여 여러분에게 가까이 다가가면, 이야기가 조금 달라지지 않을까요? 이런 선생님의 수업 시간에 학생들의 마음의 소리는 아마도 이럴 것입니다. "아, 좀 돌아가, 당신의 자리로, 교단으로 돌아가라고!" 여러분과 아무 상관도 없고, 여러분을 해칠 일도 없는 존재가 여러분 앞에 왔다 갔다 해도 아마 불안하실 텐데, 하물며 선생님은 오죽할까요?

당연하게도, 우리는 불안을 싫어하고, 안정을 추구합니다.

제 친구 이야기를 해보려 합니다. 공기업에 입사지원을 했습니다. 자기소개서 항목에 '입사 후 계획'을 묻는 항목을 보고는 화를 냈습니다. 공기업 지원하는데 인생의 계획이 뭐 달리 있겠냐는 것이었습니다. 취업하면 결혼하고 애 낳고 키워서 애 대학 보내고 애가 취업하고 결혼하고 애 낳으면 손주 크는 거 보다가 손주는 결혼하고 자기는 죽을 텐데. 그런 안정적인 삶을 편하게 살기 위해 지원하는 대기업이고 공기업인데, 왜 가식적으로 대단한 포부라도 있는 것처럼 말하라고 하냐는 것이었습니다.

우리는 '안정된 삶'을 위해 노력합니다. 안정되면 좋잖아요. 누군가 '이 정도는 돼야 안정된 거야'라며 그어둔 가이드라인에 맞추기 위해 노력합니다. 문제는 그게 점점 터무니없이 높아진다는 것입니다. 어느 정도 규모의 기업에는 무조건 취업해야 하고, 결혼하면 당연히 몇 평 이상 아파트에는 살아야 하고. 쉽게 달성될 턱이 없는 그 가이드라인 때문에, 안정을 추구하던 우리는 불안해집니다. 그래서 이 세상을 사는 우리에게 불안은 필연적인 것인지도 모릅니다. 그러면 뭘 어떻게 해야 할까요? 그냥 불안에 떨다 죽어야 할까요?

불안에 떨게 하는 재주가 있는 선생님이 있는 학교로 되돌아가 보겠습니다. 지금이 수업 시간이고, 제가 수업은 더럽게 재미없으면서 때리기까지 하는, 심지어 돌아다니면서 수업하는 선생님이라고 생각해 봅시다. 이 시간은 잘 안 갑니다. 그냥 지루하고 때리기만 하는 선생님 시간도 좀처럼 안 가지만, 심지어 선생님이 돌아다니기까지 하는 시간은, 특히 내 옆을 스치는 시간은 영원처럼 느껴집니다. 가장 싫은 점은, 이 선생님을 다음주 이 시간에도 또 만나야 한다는 것입니다. 한 번쯤은 이런 선생님을 겪었을 여러분에게, 이런 시간에도 선물이 있었다고 말한다면 믿으실까요? 분명 있었습니다. 바로, 그 시간이 끝이 났을 것이라는 겁니다. 그러한 끝을 한 주, 두 주, 한 달, 두 달, 지나고 나면, 언젠가 방학이 돼서 그 선생님을 더이상 보지 않아도 되었을 겁니다.

너무 소소하고 당연한 이야기를 선물이라고 하고 있나요? 소소하지만 당연하지만은 않은 이야기를 해볼까요? 그런 선생님임에도 불구하고 수업을 열심히 들었던 학생은 그 시간을 통해 무언가 많은 것을 배웠을 겁니다. 힘들게 배운 게 더 기억에 오래 남잖아요. 딴짓을 열심히 하거나 필사적으로 졸았던 학생들은, 한 주 한 주가 지나면서 들키지 않는 스킬이 정말 많이 늘었을 것입니다. 일종의 알 수 없는 성취감도 느꼈을 테고, 이렇게 하면 실패한다는 교훈도 얻었을 것입니다. 그리고 만약 그 교실에 장래희망이 선생님인 학생이 있었다면, '난 저러지 말아야지'라는 반면교사가 되었을지도 모릅니다.

이렇듯 선물은, 모든 불안한 순간에 크게든 작게든, 어떤 모양이나 방식으로든 다가옵니다. 너무 작을지도 모르지만, 놓치기는 아깝게 말입니다. 혹시 아나요? 놀라운 서프라이즈가 준비되어 있을지도 모르잖아요.

다른 예를 들어보겠습니다. 운전면허를 따신 분들 많으실 것입니다. 처음 차를 운전한다는 것은 굉장히 불안하고, 실제로 위험한 일입니다. 하지만 그 과정을 거치면 면허증이라는 선물이 나옵니다. 그리고 그 과정에서 많이 떨어지셨다면, 위험한 일을 겪으셨다면, 그 과정을 통해 더 좋은 운전자가 되었을 겁니다.

너무 시시한 예를 들었나요? 제 이야기를 해드리려 합니다. 저는 백수입니다. 작년 하반기가 첫 도전이었고, 실패했습니다. 저의 머리 속에 '취업'이라는 말이 들어온 그 순간부터 지금까지, 저는 불안합니다. 빨리 이게 끝났으면 좋겠습니다. 하지만 받은 선물이 있으니, 저를 예로 들고 있는 거겠죠? 또 소소한 것들입니다. 어느 날 자기소개서를 쓰다 추억에 잠겨, 자소서 쓰다 말고 마셨던 맥주 한 캔도 생각나고, 최종 합격은 아니었지만 어느 한 단계를 통과했을 때, 그때의 짜릿함과 안도감도 기억하고 있습니다. 광고인이 되고 싶어서 광고 회사들에 지원하고 있는데, 저번에 떨어지면서 나의 무엇이 문제였고 부족했는지를 조금은 깨달은 것 같아 자신감도 조금 더 생겼습니다. 이렇게 소소한 선물들을 챙기다 보면, 아마 언젠가는 저와 함께 좋은 광고를 만들 회사를 찾을 수 있을 것입니다. 그리고 그게 제가 지금의 불안에게 받을 수 있는 마지막 큰 선물일 것입니다.

저의 이야기는 불안을 극복한 성공담이 아니었습니다. 그리고 분명 긍정 전도도 아니었습니다. 전 긍정적으로 생각하는 사람이 아닙니다. 너무나도 긍정적인 나머지 늘 선물을 바라고 기대하며 사는 것은 현실도피일 것입니다. 하지만 불안에 잠식된 나머지, 나에게 다가오는 선물을 보지도 못하고 지나쳐버리는 것은 참 슬프고, 그리고 그 시간을 더 힘들게 만드는 일일 것 같습니다. 잠시만 주위를 둘러보면 좋겠습니다. 흘리고 지나쳤던 선물을 줍고, 그리고 다시, 가던 길 열심히 가시면, 이전보다는 조금 더 나아질 것이라 생각합니다.

**이환희** TBWA 주니어보드 21기 카피라이터로 활동했다. 대학에서 영어 통번역과 광고홍보를 공부했다. 발표 당시 취업준비생이었으며, 지금은 한 회사에 취업해서 새로운 불안을 맞이하고 있다.

# 02

# NO 카메라 여행

김소리

방학이 되면 어김없이 우리들의 SNS에는 여행 인증샷들이 올라옵니다. 유명한 관광지에서 찍은 사진들을 보면 부럽기도 하고, 또야? 하는 생각이 들기도 합니다. 이렇게 우리는 여행을 가면 참 많은 사진들을 남기고 오는 것 같습니다. 저도 지난 학기에 유럽으로 여행을 갔는데요. 그런데 저는 여러분에게 보여드릴 사진이 없습니다. 왜냐하면 저는 카메라가 없는 여행을 했기 때문입니다. 네, 저는 오늘 바로 이 카메라 없는 여행에 대해 한번 이야기를 해볼까 합니다.

  카메라가 없는 여행? 참 상상하기 어렵습니다. 여행과 카메라는 떼려야 뗄 수 없어 보이는데 말입니다. 저도 그랬습니다. 처음부터 카메라 없는 여행을 가보자 하고 갔던 게 아니었습니다. 저도 당연히 카메라를 챙겨갔습니다. 그런데 막상 유럽에 가보니까 소매치기가 장난이 아니었습니다. 같이 여행을 갔던 사람들도 소매치기를 당하고, 결국 소심한 저는 카메라를 배짱 좋게 꺼내 들고 사진을 찍을 수가 없었습니다. 그래서 저는 졸지에 카메라 없이 여행을 하게 되었습니다.

사실 카메라가 없으니까 처음에는 불안했습니다. 뭔가 놓치고 있는 것 같기도 하고 이걸 다 까먹어버릴 것 같고. 그런데 사진을 찍으면서 다닐 때는 몰랐지만, 사진을 안 찍기 시작하니까 어느 순간 굉장히 낯익었던 모습들이 낯설게 보이기 시작했습니다. 어딜 가나 많은 사람들이 가장 먼저 하는 건 사진 찍기였습니다. 그곳이 어디든 카메라를 먼저 들이미는 모습이 어느 순간 낯설어졌습니다. 어느 곳도 사진에 나올 배경 그 이상은 안 되는 것 같았고, 마치 사람들 모두 카메라에 중독된 것 같았습니다.

이 생각에 정점을 찍었던 건 모나리자 앞에서였습니다. 모나리자, 정말 명작입니다. 이런 명작을 자기 인생에서 가장 가깝게 볼 수 있는 기회. 그런데 사람들은, 모나리자 앞에서 모나리자를 보지 않았습니다. 대신 자신의 카메라 액정 화면을 보고 있었습니다. 그리고 심지어 모나리자를 제일 앞에서 볼 기회가 되면, 모나리자를 바라보기는커녕 그 명작을 등지고 셀카를 찍고 갑니다. 정말이지 생각보다 많은 사람들이 그랬습니다. 카메라 없이 여행을 하다보니 비로소 보인 이 광경은 참으로 낯설면서도 놀라웠습니다.

그러면서 "아, 우리가 지금 카메라에 이렇게 의존하고 있구나" 하는 생각이 들었습니다.

그렇게 저는 계속 카메라 없이 여행을 했습니다. 그리고 체코 프라하라는 도시에 가게 되었고, 존 레논의 벽이라는 곳에 가게 되었습니다. 기다란 존 레논의 벽은 알록달록 낙서들로 가득찬 참 예쁜 벽이었습니다. 사진 찍기 정말 좋아 보이는 벽이었고, 실제로 많은 관광객들이 그 벽에서 사진을 찍고 있었습니다.

그런데 갑자기 가이드 분이, 사진 찍느라 여념이 없는 사람들을 불러모았습니다. 그리고 존 레논의 벽에 대해 설명을 하기 시작했습니다. 알고 보니 예쁘기만 했던 이 벽은 체코가 예전 소련의 지배를 받았을 때, 자유를 갈망하던 체코 젊은이들이 억압을 참지 못하고 거리로 뛰쳐나와 텅 빈 벽에 낙서를 하기 시작하면서 생겨났다고 했습니다. 텅 빈 벽은 얼마 지나지 않아 비틀즈의 노래 〈Imagine〉가 사부터 우리에게 자유를 달라는 낙서까지, 자유를 원하는 그들의 간절한 낙서들로 가득 차게 되었다고 합니다. 그리고 그 낙서는 지금까지도 이어지고 있다고 했습니다.

그렇게 설명을 하던 가이드는 갑자기 벽에 가까이 가더니 움푹 파여 있는 홈 하나를 가리켰습니다. 그리곤 그 파인 홈을 본 사람이 있냐고 물었습니다. 당연히 없었습니다. 들어보니, 그 움푹 파인 홈의 가장 안쪽이 존 레논 벽의 원래 두께였습니다. 그 벽에 예전부터 체코 젊은이들의 낙서 그리고 지금까지도 계속되는 낙서들이 쌓이고 쌓여서 벽도 두꺼워졌다는 이야기였습니다. 낙서가 쌓여서 벽을 두껍게 만들었다니. 정말 놀라웠습니다. 체코 사람들이 얼마나 자유를 원했으면, 얼마나 간절했으면, 그 낙서들이 두꺼운 벽을 만들었을까요. 벽이 낙서만으로 두꺼워지려면 사람들의 마음이 얼마나 간절했을까 하는 생각을 하니 온몸에 소름이 돋았습니다. 그래서 그냥 그 벽을 멍하니 몇 분간 들여다보고 있었습니다.

설명을 마친 가이드가 마지막으로 이런 말을 했습니다.

"저는 여러분들이 사진 찍고 그러는 거 다 좋지만, 사진 찍느라 이런 홈들을 놓치진 않았으면 좋겠어요. 여행하면서 정말 보고 느껴야 하는 것들은 이런 게 아닐까요?"

그 순간 저는 저에게 카메라가 없다는 것이 오히려 고마웠습니다. 그 벽 앞에서 예쁘다고 사진만 찍고 갔다면 그 벽의 깊이를 보지 못했을 겁니다. 그러면서, 아 내가 사진만 찍고 돌아 다녔다면 놓쳤을 이런 홈들이 정말 많았겠구나, 하는 생각도 들었습니다.

우리는 카메라가 없으면 아무것도 기억에 남지 않을 것 같아 불안해합니다. 그런데 생각해보면, 정말 생생한 순간은 카메라가 없었어도 기억이 납니다. 저한테는 존 레논 벽이 그랬고, 이스탄불에 갔을 때 너무나 좋아했던 작은 야외 찻집이 그랬고, 그때 마셨던 애플 티가 그랬습니다.

사실 카메라는 모든 순간을 쉽게 기록해줍니다. 버튼 하나만 누르면 모든 순간들을 담을 수 있으니까요. 그런데 이런 카메라가 없으니까 저는 기록 대신 기억하는 법을 배우기 시작했습니다. 카메라가 없기 때문에 오히려 매 순간 최선을 다해서 기억하려고 했습니다. 그때의 느낌, 그때의 소리, 그때 만난 사람들 한명 한명을 잊지 않기 위해 노력했습니다. 그러다보니 저의 유럽 여행은 그 어떤 여행보다 기억에 남는 순간들도 많았고, 더 생생해졌습니다. 그리고 어쩌면 카메라와 같이 모든 순간을 너무나 손쉽게 기록해주는 것들 속에서 기억하는 법을 점점 잊고 있는지도 모른다는 생각도 들었습니다.

혹시 아직까지, 사진이 남는거야, 라는 말을 굳게 믿고 계셨다면, 그래서 카메라가 없으면 마음이 불안불안해지고, 카메라가 없는 여행은 한 번도 상상해보지 못했다면, 조금은 망설여지겠지만, 조금은 불안하겠지만, 한번쯤은 카메라를 잠시 내려두고 여행을 떠나보는 건 어떨까요? 분명 여행은 더욱 생생해질 겁니다.

**김소리** TBWA 주니어보드 21기 AE로 활동했다. 학부대학에서 영어영문학과 신문방송학을 전공했다. 지금은 광고와는 다른 진로를 선택했지만, 망치는 대학 생활에 망치가 되어준 잊지 못할 경험이었다.

# 03

# 쌍년기를 지나는 우리들에게

이하정

호주로 교환학생 갔을 때의 이야기입니다. 당시 저는 기숙사 생활을 호주 친구들과 함께 했습니다. 플랫에서 같이 지내던 룸메이트 중 한 명이 주말마다 어떤 남자애를 기숙사에 데리고 왔습니다. 룸메이트에게 물어봤습니다.

"네가 주말마다 데리고 오는 친구는 너의 남자친구니?"

룸메이트는 아니라고 했습니다.

"그럼 누구니?"

룸메이트는 조금 고민하다가 '캐주얼 러버casual lover'라고 하더군요.

생소한 단어라 무슨 뜻인지 물어봤습니다. 직역하면 '임시적인 연인' 정도가 될 것 같습니다. 호주에서 아르바이트를 '캐주얼 잡casual job'이라고 부른다는 사실을 알면 이해가 쉬울 것 같습니다. 평생 일

할 진지한 일자리가 아니기 때문에 언제든지 그만둘 수 있고, 또 투 잡two job, 스리잡three job도 가능한 개념입니다. 내가 회사를 마음에 들어하고, 회사도 나를 마음에 들어하면 정직원이 될 수도 있습니다. 그러니까 어떤 과정으로 가는 중간 단계일 수도 있고, 그 단계 자체가 목적일 수도 있는 관계입니다.

이런 나름의 선진 문명을 배워 교환학생 기간을 마친 후 한국으로 돌아왔더니, 그전에는 보이지 않던 것들이 보이기 시작했습니다. '캐주얼 러버'라는 단어만 없을 뿐, 비슷한 형태를 띤 관계들이 많았습니다. 친구들 역시 다양한 연애를 통해 상처를 받고 또 주기도 하면서, 사람과 사람의 관계를 깔끔하게 어떤 타이틀 밑으로 구분지어 넣기란 힘들다는 것을 알았다고 하더군요.

그래서 이제는 '너' '나' '애인', 이렇게 관계에 타이틀을 붙이고 시작하는 게 아니라, 한 번에 두세 명씩을 여러 번 만나봐서 제일 괜찮은 사람이랑 사귀기도 하고, 가벼운 마음으로 만나봤다가 금방 관계를 끝내버리기도 한다고 합니다. 그런데 사실 우리나라에는 이런 모호한 관계들을 '캐주얼 러버'와 같이 당당하게 정의하는 단어가 없습니다. '어장관리' '나쁜 년' '나쁜 놈' 소리를 듣게 될 뿐입니다. 실제로 이런 비난 때문에 자신이 도덕적으로 잘못된 행동을 했다고 생각해 죄책감에 시달리던 친구도 있었습니다.

이런 모습을 보며 생각났던 문장이 있습니다. 트위터에서 읽었던 '여자들은 사춘기와 갱년기 사이에 쌍년기를 지난다'는 문장이었습니다. 여자들이 사춘기와 갱년기 사이에 갑자기 호르몬이 미친 듯 날뛰어서 쌍년이 되는 건 분명 아닐 겁니다. 많은 여자들이 '쌍년기'

를 거치게 되는 이유는 무엇일까 생각해보았습니다. 제가 생각하는 이유는 이렇습니다.

첫번째. 실제로 그녀들이 '쌍년' 같은 짓을 해서가 아니라, 이런저런 연애를 거치며 누군가의 머릿속에 '쌍년'으로 남게 되는 경우가 많지 않을까. 영화 〈건축학개론〉과 〈500일의 썸머〉를 예로 들 수 있을 것 같습니다. 둘 다 유명한 영화입니다. 남성 주인공의 시선에서 자신이 사랑했던 여자를 그리고 있습니다. 〈건축학개론〉 포스터의 유명한 문구가 있습니다. '우리 모두는 누군가의 첫사랑이었다.' 이 문장을 패러디한 또 다른 유명한 문구도 있습니다. '우리 모두는 누군가의 쌍년이었다.' 그리고 영화 〈500일의 썸머〉 주인공 역시, 그토록 사랑했던 연인 썸머를, 하지만 자신을 버리고 떠난 순간에는 '쌍년bitch'이라고 부릅니다. 모두에게 좋은 사람으로 기억될 순 없습니다. 우리는 모두 누군가에게는 좋은 연인으로 기억될 수도 있고, 누군가에겐 내 맘을 짓밟고 떠난 쌍년으로 남아 있을 수도 있는 것입니다. 내가 만났던 모든 사람들에게 착한 사람으로 남을 수는 없음을 인정해야 하는 것 같습니다.

두번째 이유는 한 문장으로 설명하기는 어렵습니다. 모든 사람들에게 그런 때가 있는 것 같습니다. 많은 사람들을 만나고, 많은 연애 경험을 거치다보니까, 어느 순간 그런 때가 오는 겁니다. 너무 힘든 사랑을 하고 싶지도 않고, 한번쯤은 가볍게도 만나보고 싶은 순간 말입니다. 말하자면, 진지한 감정들에 질리는 순간이 옵니다. 이런 권태는 비단 여자뿐 아니라 사랑에 지친 모든 남녀들에게 찾아옵니다. 그래서 가벼운 관계들을 하나둘 캐주얼하게 맺다 보면, '어

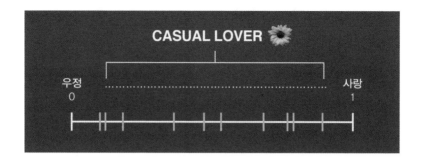

장관리녀' '나쁜 년' '나쁜 놈' 소리를 듣게 되는 것입니다.

그런데 이렇게 생각할 수는 없을까요? '어장관리녀' '나쁜 년' '나쁜 놈'과 같은 비난은 '관계에 타이틀을 붙이지 않는 것에 대한 불안'에서 비롯하는 것이라고 말입니다. 누군가에 대한 감정이 0일 때가 친구, 1 이상일 때가 연인이라고 생각해 봅시다. 이런 상황에서, 0.2나 0.6 정도의 애매한 감정도 있을 수 있지 않을까요? 흔한 말로 하면 '사랑과 우정 사이'인 거죠.

그런데 우리는 이 관계를 어떻게든 한곳으로 수렴시키려고 합니다. 0 아니면 1로 수렴시켜서 타이틀을 붙이려 합니다. '쟤랑 난 친구. 그러니까 이러면 안 돼' 하고 0.2의 감정을 억지로 0으로 만든다든가, 0.6의 감정을 빨리 1로 끌어올려 '연인'이란 타이틀을 붙이길 원합니다. 그러지 않고 0.6 상태를 오래 유지하게 되면 '어장관리중인가?' 생각하기도 합니다. 이 불안을 견디지 못하는 사람들이 결국 상대를 비난하기 시작합니다.

그래서 저는 비난에 힘들어하던 제 친구들에게도, 같은 시기를 지나고 있는 여러분들에게도 이런 말을 해보고 싶었습니다. 우리가

0.2나 0.6의 감정을 가지고 누군가를 만나는 게 잘못된 건 아니라는 말. 너무 심각하게 힘들어하고 고민하는 친구들에게, 조금 더 가벼워져도 괜찮다는 말. 외국에는 이런 감정과 관계들에도 붙일 수 있는 '캐주얼 러버'와 같은 타이틀도 엄연히 존재하니까 말입니다.

그러니까 우리 모두 스스로를 너무 심각하게, 힘들게 만들지 않고, 조금 더 가벼워지면 좋겠습니다. 제가 굉장히 좋아하는 작가의 문장으로 마무리 하겠습니다.

"인류는 스스로를 너무 심각하게 대하고 있네." —오스카 와일드

**이하정** TBWA 주니어보드 21기 카피라이터로 활동했다. 대학에서 광고홍보학과 문화콘텐츠 관련 공부를 했다. 망치 당시 학생이었고 현재는 콘텐츠 제작사에서 즐겁게 일하고 있다.

# 04

# 내 머리를 떠나지 않은.wmv

이진호

저는 어릴 적 부모님과 자주 여행을 다녔습니다. 그러다보니 거의 주말에는 차에서 살다시피 할 정도였습니다. 몇 시간이고 차를 타고 이동하는 일도 다반사였고, 그럴 때마다 부모님이 들어주시는 음악을 들으며 자동차 뒷자리에 누워 시간을 보냈습니다. 어느 순간부터는 자연스럽게 차창 밖 풍경이 음악의 배경으로 느껴지기도 했습니다. 달리는 차에서 음악을 들으며 풍경을 보고 있자니 마치 나무나 건물들이 음악에 맞춰 움직이며 지나가는 것처럼 보였습니다. 가끔 차창 밖 풍경이 음악의 박자감과 맞지 않게 너무 빨리 움직이면 저도 모르게 아버지께 "아빠, 속도 좀 늦춰주세요, 창밖 풍경이랑 안 맞아요" 하고 어줍잖은 부탁을 하기도 했습니다. 지금 생각해보면 그때 그 자동차의 투명한 창문 밖 풍경을 음악과 견주어 바라보는 일이 제겐 여행의 지루함을 달랠 수 있었던 유일한 놀이였던 것 같습니다.

 그런데 그게 그렇게 재미있었는지, 시간이 지나도 저만의 놀이는 계속 되었습니다. 음악을 듣고 있을 때면 항상 그 음악에 어울릴 법한 눈앞의 풍경을 '찾아 맞추는' 놀이를 하기 시작한 것입니다. 예를 들면 이렇습니다. 다소 느리고 무거운 베이스 소리를 들을 때면 유독 굵고 긴 지렁이가 울렁울렁 기어가는 게 먼저 눈에 들어오기도 하고, 묵직한 첼로 소리를 들을 때엔 노인의 주름처럼 깊게 파이고 축 늘어진 나무를 쳐다보기도 하고, 거친 일렉트릭 기타 소리를 들으면서는 자꾸만 거친 질감의 콘크리트 벽면만 바라보게 되는 겁니다. 그리고 이런 놀이는 생각보다 중독성이 강했습니다.

 어쩌면 모두 비슷한 경험을 할 수도 있을 것 같습니다. 이어폰을 꽂고 음악을 듣고 있으면 세상의 주인공이 나인 것 같은 착각을 하는 경험 말입니다. 지금 내가 듣고 있는 음악을 하나의 배경 음악이라는 생각을 하며 주변 풍경을 바라보니 마치 모든 것들이 나를 위해 연출되어 있는 기분이 들었습니다. 그렇게 저는 음악을 들을 때마다 주변 풍경에 대한 관찰을 조금 더 집요하게 하게 되었습니다.

 매일 음악을 들으면서 이것저것 눈여겨 관찰을 하던 어느 날, 문득 하나의 생각이 떠올랐습니다. '그냥 이렇게 혼자만 보고 좋아할 것이 아니라, 내 머릿속에 있는 영상을 직접 꺼내서 사람들과 공유해보고 싶다.' 당시 저는 공과대학을 다니고 있었는데, 그 생각을 이루고 싶다는 마음에 멀쩡히 잘 다니고 있던 공과대학을 그만두고, '커뮤니케이션 디자인'으로 전공도 바꾸었습니다. 그러고선 정말로 제 머릿속에만 있던 영상을 직접 만들어보는 일을 시작했습니다. 매일 눈과 귀로만 관찰하던 일상이 실제로 영상이 되어 재생되었을 때 어떠한 결과물로 만들어질 것인지 저조차도 궁금했습니다. 무작정 카메라를 들고 거리로 나가 들었던 음악은 비발디 〈사계〉 중 〈여름〉 2악장이었습니다.

비발디 〈사계〉 중 〈여름〉 2악장은 우리에게도 꽤 친근한 음악으로 꽤 생동감 넘치는 빠른 음악입니다. 가장 먼저 보였던 것은 건조하게 걷고 있는 사람들과 눈앞에서 순식간에 사라지는 자동차들이었습니다. 길가에 서서 이들을 멍하니 관찰하고 있었지만, 역시 비발디의 음악과는 어울리지 않는 듯한 느낌이 들었습니다. 비발디의 〈사계〉는 늘어지는 느낌이 있으면서도, 연결과 단절이 리드미컬하게, 그것도 빠르게 교차하는 것이어야 한다는 느낌이 강했습니다. 바이올린 선율이 느껴지는 전선들과 전봇대를 쳐다보았습니다. 하지만 여전히 그 느낌이 전달되지는 않는 듯했습니다. 그러나 만약 이 전선들에 움직임이 생긴다면 리듬감이 느껴질 수도 있겠다는 생각이 들었습니다. 끝없이 연결되어 있는 긴 선들이 일정한 패턴으로 빠르게 춤을 춘다면, 지금 듣고 있는 〈사계〉와 어울리지 않을까? 하는 생각에 충동적으로 지하철에 올라탔습니다. 기대했던 장면과 음악이 합쳐지는 순간, 모든 것이 융화되어 새로운 느낌을 만들어내는 것을 발견할 수 있었고, 설명할 수 없는 희열을 느낀 채, 정신없이 카메라 녹화 버튼을 눌러 보이는 것을 담기 시작했습니다. 심지어 얼마 지나지 않아, 지하철에 오르기 전까지는 예상하지 못했던 기대 이상의 풍경들이 음악과 어우러져 눈앞에 펼쳐졌습니다. 지하철이 지하 터널 안에서 지상으로 나오는 순간이었는데, 깜빡이는 터

널 안의 조명, 미끄러지듯 흐르는 철로와 차선들, 환하게 화면을 비추다 건물 뒤로 모습을 감추는 햇살, 굵직한 철교 구조물들이 음악과 절묘한 조화를 이루며 눈앞에 펼쳐졌습니다. 평소에는 무심코 지나쳤던 이 모든 것들이 새롭게 보였고, 비발디 〈사계〉 또한 소리로만 존재하던 예전의 〈사계〉가 아니었습니다.

제가 어릴적부터 음악을 들으면서 장난삼아 해보던 일상, 제 머릿속에 있던 그 첫번째 영상을 QR 코드로 공유합니다. 제가 무작정 카메라를 들고 거리로 나갔  을 때, 비발디 〈사계〉를 들으면서 바라보던 일상입니다. 여러분들 머릿속에 떠올랐을 화면과 비교해보셔도 좋을 것 같습니다. 앞으로도 제 머릿속에 있는 영상들을 여러분과 공유할 수 있는 기회가 있으면 좋겠습니다.

**이진호**  TBWA 주니어보드 21기 AD로 활동했다. SADI에서 커뮤니케이션 디자인을 전공했다. 망치 발표 당시 학생이었고, 지금은 프로덕션을 설립하여 기업 영상을 연출 제작하고 있다.

# 05

# 몬스터 빙의하기

박지현

우리는 자라면서, 쓰레기는 쓰레기통에 버려야한다, 함부로 길에 버리면 안 된다는 말을 자주 듣습니다. 저 또한 예외는 아니었습니다. 심지어 저는 어렸을 때 무심코 쓰레기를 길에 버렸다가 어머니께 호되게 혼이 난 후로 절대 쓰레기를 길에 버리면 안 된다는 강박관념까지 갖게 되었습니다. 그래서 가끔 쓰레기가 생겨도 불편하게 늘 손에 쥐고 다니다 집에까지 가져오기도 합니다.

사실 길거리를 돌아다니다보면 쓰레기를 참 쉽게 버리는 사람들을 많이 볼 수 있습니다. '나는 죄책감 때문에 쓰레기를 함부로 버리지 못하는데, 다른 사람들은 어쩌면 이렇게 쉽게 버리는 걸까?' 생각해보니 너무 억울했습니다. 저도 남들처럼 마음 편하게 쓰레기를 버리고 싶다는 생각도 들었습니다. 죄책감 없이 쓰레기를 쉽게 버리는 방법을 고민하다 몬스터로 빙의하기로 했습니다. 그러면 쓰레기 투척은 제가 아닌 몬스터의 짓이 되는 것이니 좀더 쉽게 쓰레기 버리는 일이 가능해질 것 같았습니다. 제가 빙의하게 될 쓰레기 몬스터들을 소개하겠습니다.

먼저 레벨 1의 몬스터, 'Nudohanika'입니다. 'Nudohanika'(이하 '너도하니까')는 다른 몬스터가 이미 쓰레기를 버려놓은 자리에 덩달아 쓰레기를 버릴 때 빙의하는 몬스터입니다. 앞을 잘 보지 못하는 흐리멍덩한 눈이 특징입니다. 바로 그런 눈 때문에 길을 가다가 쓰레기통이 있어도 제대로 보지 못하고, 꼭 그 옆에다가 쓰레기를 던져버리곤 합니다. 그리고 쓰레기를 길에 버릴 때에도 어차피 보이지 않기 때문에, 언제나 침착하게, 무표정으로 일관합니다. 또한 '너도하니까'는 다른 쓰레기 몬스터들과 협력을 해서 일을 해야 하기 때문에 단체 생활에 적합한 작고 왜소한 크기를 가졌습니다. 버스 정류장이나 벤치 같은 곳에서 몬스터가 아닌 일반 사람들 사이에서도 빈번하게 활동하는 이 몬스터는 사람과 유사한 두 팔과, 두 다리, 그리고 머리카락을 갖고 있어서 여러 사람들 속에 섞여 있으면 쉽게 눈에 띄지 않습니다. 사실 우리가 쓰레기를 그냥 길에다 휙 버리게 되면 그 죄책감이 크지만, '너도하니까'처럼 이렇게 앞 사람이 이미 쓰레기를 버리고 간 자리에 쓰레기를 버리게 되면, 왠지 앞 사람과 죄책감을 반으로 나누는 기분이 들기 마련입니다. 그런 의미에서 서로 의지하며 몰려다니면서, 죄책감을 나누는 '너도하니까'의 뻔뻔지수는 10점 만점에 3점입니다.

다음으로 소개할 몬스터는 레벨 2의 몬스터 'Anboigezzi'입니다. 이 몬스터는 쓰레기를 버릴 때 잘 보이지 않는 후미진 구석이나 좁

"Nudohanika"

은 틈새에 쓰레기를 버리기 때문에 완전범죄를 꾸밀 때 빙의되는 몬스터입니다. 'Anboigezzi'(이하 '안보이겠지')의 인상착의를 보면 먼저 쓰레기를 버리는 장소가 비좁거나 접근하기 어려운 곳이 많기 때문에 그때그때 크기나 형태 모두 자유자재로 변할 수 있는, 아메바처럼 유연한 덩어리로 이루어져 있습니다. 평소에는 문어발 같은 다리를 만들어서 쓰레기를 숨길 수 있는 최적의 장소를 능글능글 찾아 다닙니다. 이 다리들은 상황에 맞게 변형되곤 합니다. 예를 들어 쓰레기를 숨기는 구멍이 비좁고 깊은 곳이면 다리 모양 또한 가늘고 길게 변합니다. 특히 다리의 끝부분은 매우 예민해서 아주 작은 쓰레기도 잘 집을 수 있도록 핀셋 같은 형태로 변형되기도 하고, 쓰레기를 쉽게 보이지 않게 깊은 곳까지 누를 수 있도록 뾰족하게 변형되기도 합니다. 뾰족한 다리 끝은 벽에 나 있는 작은 구멍이나 깊은 곳에 쓰레기를 밀어넣을 때 유용하게 사용됩니다. 또 아주 세밀한 작업을 진행할 수 있는 도구로 변형되기도 해서, 벽의 갈라진 틈새나 홈을 정확하게 쓰레기로 메꿔 아무도 쓰레기의 존재를 눈치채지 못하게도 합니다. 이러한 활동을 신속하고 은밀하게 하기 위해 사방으로 눈이 달려 있어 주변 사람들을 완벽하게 감시할 수 있습니다. 동시에 늘 평온하게 미소를 짓고 있는 완벽한 연기력으로 사람들을 감쪽같이 속일 수 있습니다. 우리가 그냥 길 한복판에다가 쓰레기를 버리게 되면 우리의 양심도 길바닥에 같이 뿌려지지만, '안보이겠지' 몬스터처럼 쓰레기를 눈에 잘 보이지 않는 곳에 숨겨놓으면 왠지 쓰레기와 함께 자신의 죄책감도 같이 숨길 수 있을 것 같은 기분이 듭니다. 이렇게 안 보이는 곳에 쓰레기를 버리면서, 사실

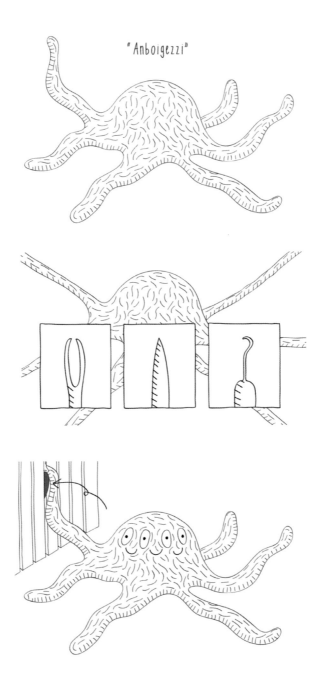

"Nanunmoruo"

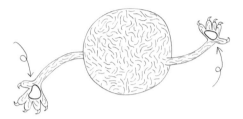

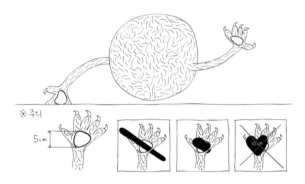

은 더 치우기 힘들게 만들어버리는, 하나는 알고 둘은 모르는 아둔한 몬스터, '안보이겠지'의 뻔뻔지수는 10점 만점에 5점입니다.

마지막으로 레벨 3의 가장 강력한 몬스터, 'Nanunmoruo'입니다. 'Nanunmoruo'(이하 '나는모르오')는 마치 몰랐던 것처럼 쓰레기를 슬쩍 흘려버릴 때 빙의되는 몬스터입니다. 이 몬스터는 무심하게 쓰레기를 버리는 방식처럼 무식하게 큰 덩어리로 이루어져 있습니다. 쓰레기를 잡을 수 있는 손이 있는데, 이 손에는 구멍이 나 있습니다. 바로 이 구멍으로 쓰레기를 자연스럽게 흘릴 수 있습니다. 네, 어디까지나 쓰레기를 흘리는 것이지, 버리는 것이 절대 아닙니다. 손에 난 구멍은 지름이 약 5cm 정도의 크기로 쓰레기의 크기가 5cm보다 작은 경우 쉽게 흘릴 수 있지만, 그보다 큰 쓰레기들은 너무 커서 모른 척 흘리기 쉽지 않다는 단점도 있습니다. 그럼에도 '나는모르오'는 다소 멍청한데다 팔이 너무 많아서 쓰레기가 언제 흘러나갔는지, 또 어느 팔에서 흘러나갔는지 헷갈려하고, 곧잘 까먹습니다. 한마디로 쓰레기가 버려져도 자신은 전혀 눈치를 채지 못합니다. 팔이 많은 만큼 다소 멍청해 보이는 눈 또한 여러 개가 있는데요. 쓰레기를 버리는 순간, 자기도 모르게 눈동자가 쓰레기 정반대 방향을 향하는 것이 중요한 특징입니다. 그러나 쓰레기는 모른 척 흘렸을지라도, 길 한가운데에 양심을 버리고 다니기 때문에, 스스로 모른 척하기 위해서 평소에는 눈을 감고 다닙니다. 길 한가운데에도 쓰레기를 모른 척 버릴 수 있는 뻔뻔함을 가지고 있기 때문에, '나는모르오'는 몬스터 중에서 가장 높은 뻔뻔지수, 10점 만점에 10점입니다.

지금까지 쓰레기 몬스터, '너도하니까' '안보이겠지' '나는모르오'
를 차례로 소개했습니다. 우리 주위에는 이 몬스터들이 정말로 많
은 곳에 숨어 있는 것 같습니다. 쓰레기 몬스터들이 자주 출몰하는
지역을 발견할 때, 우리 자신이 너무 자주 몬스터로 빙의하고 있는
건 아닌지 한번쯤 생각해보는 건 어떨까요?

**박지현**　TBWA 주니어보드 21기 AD로 활동했다. 이화여자대학교에서 시각디자인을 공부했고, 현재
브랜드, 패키지 디자이너로 일하고 있다.

# 06

# 자가이발소

신상훈

저는 3년 전부터 누구의 도움도 받지 않고 제 머리를 혼자 자르고 있습니다. 제가 이런 이야기를 하면 다들 궁금해합니다. 미용실에 가면 쉽게 자를 수 있는데 왜 혼자 머리를 자르게 되었느냐고. 그 이유를 말로 하기보다 직접 만든 노래로 들려드리고 싶습니다. 제가 쓴 가사와 멜로디, 직접 작업한 일러스트 디자인이 합쳐진 일종의 뮤직비디오인데, 글로 전할 수 없어 간단한 이미지로 먼저 보여드리겠습니다. 참고로 저의 목소리와 멜로디, 생생한 이미지가 궁금하다면 QR코드를 통해 동영상으로 보실 수 있습니다.

〈자가이발소 1〉의 가사입니다.

내 머리는 왜 이리 빨리 자라 목석같이 살아도

내 머리는 왜이리 빨리 자라

목석같이 살아도

어쩔 수 없이 또 미용실로 가는 길

샘플로 가져 온 원빈사진은

꺼낼 용기가 안 나

늘 잘라주던 형은 어디 가고

이 누나가 들어와?

다듬어 달라는 말은

너무 은유적이었을까?

지금

그렇다고 짧게 자를 수도 없고 난 안 어울리니까
어쩔 수 없이 또 미용실로 가는 길
샘플로 가져 온 원빈 사진은 꺼낼 용기가 안 나
늘 잘라주던 형은 어디 가고 이 누나가 들어와
다듬어 달라는 말은 너무 은유적이었을까?
지금 내 머리를 자르고 있는 게
숱가위였다가 숱가위일 것이었다가 숱가위여야만 하다가
티가 나지 않았어도 난 만족했을 텐데……
운동을 좋아하지 않지만 머리는 스포츠머리 분명
미안한 만큼 왁스를 발라준 거야
괜찮냐 물으면 괜찮다 해야겠지
문 열고 나가면 화장실로 가야지
내가 머리를 혼자 자르는 이유

　이렇게 머리를 혼자 자르면서 가장 많이 듣는 질문인 '왜 혼자 자르게 되었느냐?'라는 질문에 이어 또 하나 많이 듣는 질문이 있습니다. 바로 '어떻게 혼자 자르는 거냐?'입니다. 그에 대한 답 또한 노래로 준비했습니다. 역시 QR코드를 통해 동영상으로 보실 수 있습니다.
　〈자가이발소 2〉의 가사입니다.

　　마른 머리에 물을 뿌린다
　　엉킨 머리를 곱게 빗는다

한쪽 머릴 올리고 집게로 고정시켜 6밀리로 밀 준비를 해

한 손엔 손거울을 든다

뒤를 돌아서 뒤통수를 본다

생각과는 반대로 긴장감을 갖고서

조심스럽게 움직여본다

실패는 오기를 불러

누굴 탓하기는 싫어

못하면 못한 대로 잘하면 잘한 대로

어차피 머리는 또 자라니까

기장은 숱가위로 나만 알아볼 만큼

다듬는 건 가위로 잔머리를 깔끔히

바리깡 날 세워서 제비초리 다듬고

머리 감으면 다 됐습니다


　제가 혼자 머리를 자르기 전 가장 먼저 든 생각은 바로 '해도 될까?'라는 걱정이었습니다. 그런 이유로 조금은 망설이기도 했지만, 일단 시작을 하니 좋은 점들이 더 많았습니다. 가장 좋았던 점은 머리를 자르는 '길이'였는데, 제 손에 가위가 들려 있으니 정말로 딱 제가 원하는 길이만큼만 머리를 자를 수 있었습니다. 또 하나 좋았던 점은 혹시라도 실패를 해도 다른 누군가를 탓하지 않아도 된다는 것이었습니다. 그리고 계속해서 자르다보니 어느새 나름의 노하우도 생겨 꽤 그럴싸한 스타일 연출도 가능하게 되었습니다. '해도 될까?'라는 걱정에서 시작했지만, 일단 시작해보니 '해도 된다'가 된

것입니다.

어쩌면 이 생각은 비단 머리 자르는 일에만 해당되는 건 아니라고 생각합니다. 이런 내용으로 발표를 '해도 될까' 했던 걱정 또한 '해도 된다'는 결론이 되었듯이 말입니다. 실제로 막상 마음을 먹고 해보면 성공적인 결과가 나오는 경우가 많았습니다. 그리고 만약, 예를 들어 머리 자르는 걸 실패해도 어차피 머리는 다시 자라잖아요? 혹시나 '해도 될까'라고 망설이는 일이 있다면, 과감하게 도전해보면 어떨까요.

**신상훈** TBWA 주니어보드 21기 카피라이터로 활동했다. 그림 그리는 걸 좋아해 산업디자인과에 입학했고 글 쓰는 걸 좋아해 광고 회사에 입사했다. 지금은 그 모두를 할 수 있는 회사에서, 하고 싶거나 할 수 있는 여러 가지 일로 먹고산다.

# 07

# 장애야 놀자

최세명

여러분도 발달 장애라는 단어는 어디선가 한번 들어보셨을 것이라고 생각합니다. 발달 장애란 따로 어떤 증상을 의미하는 것이 아니라 해당하는 나이에 이루어져야 되는 발달 정도가 성취되지 않은 상태를 의미합니다. 크게 다섯 가지로 나뉘는데 대운동, 미세운동, 인지, 언어, 사회성, 이 다섯 가지 중 두 가지 부분의 발달 정도가 다른 아동들에 비해 25% 미만이면 보통 발달 장애로 의심합니다. 그리고 저는 이 다섯 가지 중, 언어와 사회성 부분의 발달 수준이 상당히 떨어졌었다고 합니다. 즉, 저는 발달 장애로 의심되던 아이였습니다.

특히 언어 발달이 상당히 더디게 진행되었습니다. 나이가 들어도 '내가 어떤 상태다'라는 것을 말로 표현하지 못했다는 뜻입니다. 꽤 어릴 적, 제 손에 펄펄 끓는 주전자의 물이 쏟아진 적이 있었습니다.

2도 화상을 입을 정도로 어린아이에겐 심한 화상이었는데 저는 그저 울고만 있었습니다. 꽤 오랜 시간이 지나고 부모님께서 오셨습니다. 부모님께선 저에게 왜 우는지 계속 이유를 물어보셨지만 어린 저는 대답을 하지 못했습니다. 부모님은 제가 왜 우는지 끝내 알 수 없었고, 저는 계속 울기만 하며, 거의 네 시간 동안 화상을 입은 채로 가만히 있었다고 합니다. '뜨겁다'라는 말도 할 줄 몰랐던 것입니다.

'뜨겁다'라는 말조차도 못하고, 의사 표현 수단은 우는 것밖에 없는 아이가 초등학교에 들어갔습니다. 당연히 다른 아이들과의 소통은커녕 따돌림받기 십상이었습니다. 표현이 서툴렀기에 다른 아이들과 교감할 수조차 없었던 아이였습니다. 심지어 그 시절 저는 크레파스를 먹은 적도 있었습니다. 평소 말도 잘 하지 않았던 저에게 갑자기 아이들이 다가와 크레파스를 가리키며 말을 걸었습니다. "이거 맛있는 거니까, 먹어봐." 솔직히 제가 왜 그랬는지 아직도 모르겠지만, 그때 저는 아이들이 보는 앞에서 크레파스를 먹었습니다. 크레파스를 먹는 게 싫다는 표현도 할 줄 몰랐고, 아이들이 저를 놀리고 있는 줄도 몰랐습니다. 그만큼 다른 아이들과 단절되어 있었던 것입니다. 만약 어느 정도의 교감과 공감을 할 수 있었다면 눈치를 보면서 그런 짓을 하지 않았을 텐데 말입니다. 이랬던 저는 시간이 지나며, 중고등학교를 무난하게 졸업하고, 대학교도 가고, 군대도 갔다 왔습니다.

뜨겁다고 말도 못하고 크레파스나 먹던 아이가 이렇게 컸으니 저를 잘 아는 사람들은 '아! 잘 극복했구나'라고 말해주곤 합니다. 그런데 저는 여전히 '제가 장애를 잘 극복해서 지금의 제가 된 것인가?'라는 의문이 듭니다. 과연 저는 장애를 완벽하게 극복한 것일까요? 저는 지금도 조금만 긴장하면 얼굴이 빨개지는 안면홍조증이 있고, 얼굴만 빨개지는 것이 아니라 손도, 목소리도 덜덜 떨립니다. 발표를 하는 것도 너무 긴장이 됩니다. 예전에는 이런 것들이 장애의 후유증이며, 동시에 또다른 장애처럼 느껴졌습니다. 발달 장애부터 지금까지 가지고 있는 여러 가지 장애 증상들은 적어도 저에게 있어선 꼭 고쳐야만 하거나, 고칠 수 없으면 꼭꼭 숨겨야 되는 것이었습니다. 그러다보니 자연스럽게 사람들 앞에선 위축되고, 그들 앞에 나서는 것이 두려웠습니다. 그러다 한번 생각을 바꿔보기로 했습니다.

장애가 결핍이라고 말한다면, 그 결핍으로 인해 남들에게 말도 잘 못하고, 다른 사람들과 어울리지도 못했다면, 자연스레 저의 내면에는 말하고 싶은 욕망, 남들과 어울리고자 하는 욕망이 있지 않을까요? 비록 긴장하면 손도 떨고, 말도 떨고, 얼굴은 새빨개지지만, 그만큼 남들보다 훨씬 더 말하고 싶어하고, 어울리고 싶어하지 않을까요? 그래서 저는 저의 콤플렉스에도 불구하고 저에게 부족한 것들, 동시에 제가 원하는 것들을 해보기로 했습니다.

말하지 못했기에 오히려 더 말하고 싶었던 욕망을 채우기 위해 라디오 DJ가 되어서 누군가에게 계속 얘기를 하기 시작했습니다. 어울리지 못했기에 오히려 더 어울리고 싶었던 욕망을 채우기 위해 사람들과 함께 소통하면서 하나의 결과물을 만들어내는 밴드 활동에 도전했습니다. 무엇보다 사람들 앞에서 말하고 사람들과 어울리는 것의 절정, TBWA의 주니어보드를 통해 대중 앞에서 제 이야기를 하는 이 자리에 서기까지 했습니다.

만약 제가 그만큼 절실한 결핍이 없었다면 과연 이런 것들을 할 수 있었을까요? 제 모습은 지금과 같았을까요? 어떻게 보면 지금의 저는 제가 가졌던 장애들로 인해 만들어진 것은 아닐까요? 한번쯤 세상에 질문을 던져보고 싶습니다. 장애, 무조건 고쳐야만 할까요? 무조건 숨겨야만 할까요? 여러분들도 한번쯤 여러분들의 장애, 혹은 숨기고 싶었던 콤플렉스에게 말을 걸어보면 어떨까요? 그 장애가 여러분들이 진심으로 원하는 것이 무엇인지 알려줄 수도 있지 않을까요?

**최세명** TBWA 주니어보드 21기 카피라이터로 활동했다. 국문과를 졸업하고 현재 광고 회사에서 인턴으로 일하고 있으며, 군대 선임이자 주니어보드 선배인 이진재와 함께 음악 관련 잡지를 준비중이다.

# 08

# 긍정의 피로감

허정은

저는 여러분에게 행복을 전파하려고 하는 행복 전도사입니다. 요즘 사는 게 진짜 팍팍하죠? 그래도 절대 얼굴 찌푸리시면 안 됩니다. 힘들어도 항상 긍정적인 생각을 하면서 웃어야 합니다. 우리는 행복해서 웃는 게 아니라 웃어서 행복한 것이기 때문입니다. 그러니까 항상 '긍정'하시기 바랍니다……

그런데 이런 말 들으시면 정말 힘이 나시나요? 저는 이런 긍정적인 말을 들을 때마다 힘을 얻기는커녕 오히려 저의 영혼이 빨려나가는 것 같은 허탈한 기분을 느끼곤 합니다. 한번쯤은 세상을 향해 '무한 긍정은 개뿔'이라고 말해보고 싶었습니다.

저 또한 한때는 긍정적으로 살기 위해 엄청난 노력을 했습니다. 열정을 응원하는 긍정적인 글귀들을 모으고, 수첩에 쓰고, 책상 앞에도 언제나 '나는 할 수 있다' 같은 글귀를 붙여두었습니다. 말하자면, 부정적인 생각이 비집고 들어올 틈을 절대 허용하지 않는 '긍정의 아이콘'이자 '상긍정녀'의 모습으로 살아왔습니다. 요즘 마트에는 하루에 먹어야 하는 견과류의 양을 소포장하여 '하루 견과'라는 이름으로 판매를 하고 있습니다. 저는 마치 이 '하루 견과'처럼 매일 할당된 긍정의 메시지를 섭취해야 한다는 생각에 하루의 시작과 끝을 긍정의 문장을 보는 것으로 채우기도 했습니다. 학교 과제나 아르바이트 같은 것들에 시달리면서 힘들고 지치더라도, 긍정적인 생각들을 하고 긍정적인 말들을 복용하고 살면 '온 우주가 저를 도와줄 것이다'라는 론다 번의 『시크릿』 책에 나오는 유명한 구절을 믿으며 스스로를 격려하곤 했습니다.

그런데 제 믿음이 부족했던 탓일까요? 그렇게 유난을 떨면서 노력했던 긍정의 암시는 생각보다 별 효력이 없었습니다. 오히려 긍정적인 생각을 하면 할수록 더욱 무기력해지고 우울해지는 제 모습을 보게 되었습니다.

'상긍정녀'로 살던 시절의 제 생각의 순환은, 떠올려보기만 해도 정말 피곤합니다. 저는 '박카스 청춘'처럼 이상적인 청춘이 되고 싶어서 자기 자신을 향해 무한 긍정적인 암시와 세뇌를 합니다. 그러다가 주위에 잘되고 있는 친구들을 보면 '아, 쟤는 잘되고 있는데, 나는 왜 이러지?' 하고 비교를 하게 됩니다. '나는 할 수 없을 거야'라며 부정적 생각을 하기도 합니다. 그러다가 정말로 일이 잘 풀리지 않으면, 아주 잠깐이라도 부정적 생각을 했던 자신을 탓하게 됩니다. 긍정적인 생각으로 계속 노력했어야 했는데 그걸 의심했으니 잘못한 것이라고 자책하는 것입니다. 그러다보면 잘하던 것도 더 안 되고, 점점 피곤해집니다. 그 때문에 또 부정적인 마음으로 우울해하다가 '안돼! 내가 무슨 생각을 하는거지!'라는 생각을 하며 다시 무한 긍정의 생각 순환을 반복합니다. 이러니 제가 피곤할 수밖에 없지 않았을까요?

그래서 가만히 생각을 해보았습니다. 도대체 무엇이 문제였는지. 어쩌면 사이즈가 맞지 않는 신발을 신고 하루 종일 돌아다니다 집에 와보면 다리가 퉁퉁 부어 있는 것처럼, 제가 제 내면의 솔직한 감정을 무시한 채 긍정적인 척을 하다보니 감정적으로 탈진이 되었던 것은 아닌가라는 생각이 들었습니다.

그렇다면 저는 언제부터, 왜, 긍정적이어야 한다는 강박관념을 가지게 되었을까요? 생각을 거듭하면서 저는 이것이 우리 사회가 강제적으로 설정한 이상적인 청춘상이라는 것을 깨닫게 되었습니다. 이른바 '박카스 청춘'처럼 말입니다. "긍정적으로! 힘들어도 웃으며! 젊은 기운으로 패기롭게! 젊은이여, 그렇게 살아라!" 주위를 둘러보면 긍정을 강요하는 메시지가 정말 많습니다. 각종 강연회나 TV 프로그램, 심지어 광고 메시지까지. 사회는 우리 젊은이들에게 이런 모습을 바라고 있고, 여러 채널들을 통해서 저희에게 강요를 하고 있었던 것입니다.

힘들면 좀 힘들다고 말하면 안 되는 것일까요? 속된 말로, 기분이 좀 개 같을 땐 개 같다고 소리 좀 지르고 그러면 안 되는 것일까요? '나는 상긍정녀니까. 긍정적으로 살아야지. 긍정적인 기운을 받을 수 있어!'라면서 솔직한 내면의 힘든 감정들을 숨기며 살아야 하는 걸까요? 저는 좀 편하게 살고 싶어졌습니다. 긍정의 강요는 정말 힘들어서 더이상은 못할 것 같아졌습니다.

제가 찾은 답은 생각보다 단순합니다. 저는 제 내면의 감정들을 솔직하게 받아들이기로 결심했습니다. 그런 후, 인터넷에 떠도는 조금은 냉소적인 문장들이 좀더 친숙하게 와닿았습니다. 부정적이면 부정적인 대로, 삐딱하면 삐딱한 대로 받아들이게 하는 문장들 말입니다. 예를 들어 '고생 끝에 골병 난다' '시작은 반이 아니라 시작은 시작일 뿐이다' '오늘 좀 힘들었다고 너무 슬퍼하지 마세요. 어차피 내일도 힘들 거니까' 같은 문장들이요. 어떠세요? 힘이 나시나요? 아니면 피곤해지시나요? 제게는 무조건적인 긍정적 문장들보다 오히려 삐딱하고 냉소적인 문장들이 인간미도 넘치고 숨통이 트이면서 위로가 되었습니다.

우리 모두가 스스로를 매몰차게 채찍질하며 지나치게 긍정적이고자 노력할 필요는 없을 것 같습니다. 긴 인생, 살다 보면 긍정적인 날들도 있는 것이고, 부정적인 날들 또한 있기 마련입니다. 긍정의 힘이라고들 말하는데, 사실 긍정 그 자체로는 아무 힘이 없습니다. 그러니 우리 모두 힘을 좀 뺐으면 좋겠습니다. 불안하고, 부정적이어도, 그냥 그런 대로 살면 되는 것 아닐까요? 너무 애쓰지 말고, 우리 내면의 감정들을 솔직하게 바라보면서 살아가는 것이 어쩌면 더 현명한 것은 아닐까요? 제 생각을 좀더 잘 표현한 글이 있어 소개합니다. 영화감독 마틴 스콜세지가 '시칠리아 사람들'을 이야기하는 글인데, 저 또한 이 사람들처럼 살고 싶다는 생각입니다.

"나는 시칠리아 사람들 특유의 체념을 아주 멋지다고 생각한다. '걱정해서 뭐해요. 어차피 무슨 일이 일어나든 그것은 나쁜 일일 텐데.' 일단 그렇게 살아가다보면 더이상 골치 썩을 필요도 없고 구태여 행복해지려고 애쓸 필요도 없다. 살아가다보면 가끔은 사소한 일들로 인해 기분 좋게 웃는 날들도 있다. 중요한 것은 계속해서 살아가야 한다는 것이다."

여러분, 우리, 그러니까, 오늘부터 파이팅하지 맙시다. 감사합니다.

**허정은** TBWA 주니어보드 21기 AD로 활동하였다. 미국 시라큐스 대학교에서 커뮤니케이션 디자인을 공부하고 있다. 현재도 긍정과 부정 사이에서 피로감과 싸우며 즐기고 있다.

# 09

# 이상한 영화관

박고은

영화를 좋아하는 사람들은 말합니다. 정말로 좋아하는 영화라면 몇 번이고 반복해서 보기도 한다고. 그리고 그런 영화는 다음 장면에서 주인공이 어떤 행동을 하며 어떤 대사를 할지까지 다 줄줄이 꿰고 있다고. 그런데 저는 그런 말을 들을 때마다 궁금해집니다. 좋아하는 영화를 보는 횟수가 많다고 해서 반드시 그 영화를 온전히 느끼면서 영화의 모든 것을 놓치지 않았다고 말할 수 있을까? 영화를 온전히 느끼면서 본다는 게 과연 반복해서 보는 횟수에 비례하는 일일까? 이러한 의문이 가져다준 저만의 영화 감상법이 있습니다. 바로 그 방법에 대한 이야기를 지금부터 시작하려 합니다.

영화 〈박하사탕〉이 좋은 예가 될 것 같습니다. 영화는 강가에서 즐겁게 노는 친구들을 뒤로 한 채 철로에 뛰어드는 주인공 영호(설경구)의 모습이 담긴 장면으로 시작합니다. 철로 위에서 두 팔을 벌린 채 정면을 향해 "나 다시 돌아갈래!" 하며 외치는 설경구의 표정은 너무나도 강렬합니다. 〈박하사탕〉을 본 적 없는 사람들도 언급할 만큼 영화를 대표하는 가장 상징적인 장면이기도 합니다. 그런데 이 영화에서 만약 절규하는 설경구가 없어진다면 어떨까요? 사람들의 시선을 사로잡는 그 강력한 장면이 사라진다면 어떨까요? 다시 말해 이 장면을 눈을 감고 보면 어떨까요?

네, 제가 제안하는, 영화를 제대로 느끼면서 보는 방법은 바로 '눈을 감고 보는 것'입니다. 무슨 소리인지 이해가 가지 않으실 것 같습니다. 영화 〈박하사탕〉의 첫 장면을 눈을 감고 볼 경우를 생각해봅니다. 눈을 감으면, 영화 밖에 있던 관객은 영화 속 기찻길 위에 서 있는 기분을 느끼게 됩니다. 눈을 감고, 들리는 소리에 집중할 때 우리의 청각은 조금 더 예민해지는 경향이 있습니다. 그런 이유 때문인지 실제로 눈을 감고 〈박하사탕〉을 보게 되면, 마치 기차가 점점 나를 향해 달려와서 칠 것 같은 기분이 들고, 몸을 움찔하게 됩니다. 말하자면, 영화 속으로 들어가 영화를 온몸으로 느끼게 되는 것입니다.

그리고 혹시 이 장면에서 트로트 음악 소리 들으신 분이 있는지 궁금합니다. 저는 이 장면을 눈을 감고 볼 때, 눈을 뜨고 있을 때는 들리지 않던, 기차 소리가 나기 직전, 트로트 음악 소리를 들었습니다. 한켠에서는 누군가 고통스러운 삶을 끝내려고 절규하는 소리가 들리고, 또 다른 한켠에서는 그 누군가의 친구들이 아무것도 모른 채 삶을 즐기면서 춤을 추는 소리가 들립니다. 눈을 감으면 이 두 소리가 확연히 대비되면서 주인공의 비참함, 그리고 그에 대한 무관심이 느껴집니다. 이런 것들은 눈을 감지 않았다면 느끼지 못했을 것들입니다. 가능하다면 제가 말씀드렸던 기차 소리, 그리고 친구들이 트로트 음악에 맞춰 춤을 추는 소리를 생각하면서 눈을 감고 영화를 감상해보길 바랍니다.

저는 비단 이 영화뿐만 아니라 다른 영화들을 통해서도 이런 것들을 느낄 수 있었습니다. 라스 폰 트리에 감독의 〈어둠 속의 댄서〉라는 영화가 있습니다. 사형대 위 주인공이 서 있는 장면을 보면, 주인공의 표정은 사형대임에도 불구하고 매우 평온해 보입니다. 하지만 이 장면 또한 눈을 감고 감상하면, 평온해 보이기만 했던 주인공의 빠른 심장박동 소리가 들려옵니다. 사실 주인공은 떨고 있었던 것이지요.

〈아무도 모른다〉라는 일본 영화를 보면서도 비슷한 경험을 한 적이 있습니다. 눈을 감고 영화를 보면, 주인공이 죽은 동생을 묻고 돌아가는 장면에서 자동차 소리들 사이로 힘없이 걸어가는 발소리를 들을 수 있습니다. 울고 있는 건지, 무표정인지, 얼마나 슬퍼하고 있는지 화면에 묘사되지 않은 장면인데, 놀랍게도 눈을 감고 볼 때엔 주인공이 힘없이 터덜터덜 걷는 발소리가 들리고 동시에 그의 감정을 유추할 수 있었습니다. 이렇게 영화를 눈을 감고 감상하면 눈을 뜨고 볼 때 놓쳤던 작은 소리들이 들리고, 영화에 완전히 몰입하며 영화를 더 제대로 볼 수 있게 됩니다.

제가 이처럼 눈을 감고 영화를 감상하는 것에 대해 매력을 느낄 수 있었던 이유는 어린 시절의 경험 덕분인 것 같습니다. 저는 초등학생 시절부터 고등학생 때까지 계속 성악을 했습니다. 그래서 어렸을 때부터 무대에 올라갈 기회가 정말 많았습니다. 무대에 오른 적 있는 사람들은 무대에서 가장 행복한 순간은 노래가 끝나고 박수와 갈채를 받는 순간이라고 말하곤 합니다. 그러나 제가 그것보다 더 좋아했던 순간은 공연이 시작되기 직전, 객석에 불이 꺼지는 바로 그 순간이었습니다. 아무것도 보이지 않는 순간, 비로소 객석의 작은 소리 하나하나가 들리기 시작합니다. 부스럭거리는 소리, 속삭이는 소리, 키득거리는 소리, 누군가의 헛기침 소리. 저는 특별한 이유 없이 그런 소리들을 들을 수 있는 그 순간이 좋았습니다. 아마도 평소에는 쓰지 않던 감각을 쓰는 기분이 들었기 때문이었던 것 같습니다. 이렇게 약 십 년을 지내다 보니 자연스럽게 소리에 예민해졌고, 듣는 것 자체를 좋아하게 되었습니다. 그래서 몇 년 전, 〈말아톤〉이라는 영화를 우연히 화면 없이 봤을 때, 소리만으로 영화를 본다는 것의 매력을 처음으로 느낄 수 있었습니다.

물론 모든 영화의 모든 장면을 눈을 감고 보는 것은 아닙니다. 저도 영화 〈아저씨〉에서 멋진 상반신을 노출한 원빈과 같은 아름다운 장면은 눈으로 감상합니다. 다만 좋아하는 영화의 좋아하는 장면은 반드시 눈을 감고 다시 봅니다. 여러가지 감각으로 온전히 느껴보고 싶기 때문입니다.

좋아하는 것을 대하는 우리의 모습도 이와 다르지 않다고 생각합니다. 정말 좋아하는 것은 여기저기 손으로 만져보고, 눈으로 관찰하고, 코로 냄새를 맡아보기도 하니까요. 그런 의미에서 영화도 그렇게 봐야 한다고 생각합니다. 여러 감각으로 온전히 느끼면서 봐야 한다고 말입니다. 한번쯤 제일 좋아하는 영화의 제일 좋아하는 장면을 눈을 감고 감상해보는 건 어떨까요. 좋아하던 그 영화, 분명히 더 좋아하게 될 것이라 믿습니다.

**박고은** TBWA 주니어보드 21기 AE로 활동했다. 망치 발표 당시 성균관대학교에서 법학과 행정학을 공부했다. 지금은 디자인을 공부하고 있다.

# 10

# 조교 정복

이정복

보통 군대의 '조교' 하면 어떤 이미지를 떠올릴까요? 대부분은 늠름하고, 듬직하고, 어깨도 벌어진, 멋진 군인의 모습을 생각하실 것 같습니다. 조교라는 직책은 군대를 갓 입대한 훈련병들을 약 5주에서 7주간 훈련시키고, 가르치고 돌보는 직책입니다. 남자들만 있는 곳에서의 리더이다 보니 강인한 인상, 듬직한 덩치를 가지고 있는 것이 아무래도 유리할 것입니다. 그런데 순해 보이고, 덩치도 왜소한 제가, 바로 그 조교였습니다. 저는 오늘 여러분께 저의 조교 시절 이야기를 들려드리려 합니다.

저는 자대를 간 첫날부터 간부들과 선임들에게 소위 '폐급'이라는 소리를 들었습니다. '폐급'이 뭔지 모르는 분들을 위해 간단히 설명해드리겠습니다. 보통 군대에서 '가장 괜찮은 놈'을 A급이라 칭합니다. 그다음은? 네, B급이겠지요. 그리고 그중 가장 쓸모없는,

일도 못하고 말귀도 못 알아들을 것 같고 힘도 세지 않을 것 같은 놈을 '폐급'이라 부릅니다. 그리고 그게 바로 저였습니다. 선임들에게 '폐급'이라 불리면서 가장 힘들었던 것은 바로 조교로서, 훈련병들 앞에서 선임에게 혼나는 것이었습니다. 훈련병들 앞에서 떵떵 소리지르며 통제하고 교육시켜야 하는데, 갑자기 불려 나가서 고개 숙이고 혼난다고 생각해보십시오. 정말 죽고 싶을 정도로 창피했습니다.

저는 그래서 훈련병들이 혹시나 저를 무시할까봐 엄청나게 혹독한 얼차려와 강압적인 태도로 그들을 통제했습니다. 절대로 나를 무시하지 못하게 하기 위해서였습니다. 그렇게 해야만 제 말을 잘 따를 것 같았습니다. 얼마나 애들을 잡았으면, 왜소한 체구의 제가 소리를 버럭 질러 저보다 몇 배나 큰 훈련병들을 부르면 정말이지 다리를 후들거리면서 말을 더듬곤 했습니다. 그만큼 독하게 굴었습니다.

그렇게 조교가 된 지 몇 달이 지난 어느 날, 모든 훈련병들이 훈련을 나가 있어 당직이었던 저는 혼자 내무반에 남아 있었습니다. 그리고 행보관의 지시로 훈련병들 화장실의 파손된 곳들을 조사하러 다니기 시작했습니다. 훈련병 전용 화장실을 처음으로 유심히 둘러보면서, 화장실 좌변기 칸 안에 들어갔다가 빼곡한 글씨들을 발견했습니다. 그것은 바로, 저에 대한 엄청난 양의 욕 낙서들이었습니다.

이전까지는 화장실 청소 상태를 점검할 때 둘러보기만 했지, 안쪽까지 세세히 본 적은 없었습니다. 그 낙서들을 읽으면서 가장 먼저 느낀 감정은 '분노'였습니다. 이놈들이 미쳤나, 잡아서 죽여야겠다고 생각했습니다.

그렇게 화가 나는 와중에도 계속 낙서들을 읽었습니다. 화장실에는 좌변기가 여덟 칸이나 있는데, 한 칸도 빠짐 없이 제 낙서가 있었습니다. 모든 칸에 들어가 좌변기에 앉아 제 욕을 일일이 읽어내려갔습니다. 그 수많은 욕들을 하나하나 읽다보니 분노가 점점 상처가 되었습니다. '내가 그렇게 미운가? 이제 나름 조교다워지고, 멋있어진 줄 알았는데……'

우선은 자리로 돌아가 범인들을 잡아서 혼내야겠다고 생각을 했습니다. 그런데 훈련병들을 기다리면서, 계속 머릿속이 복잡해졌습니다. '내가 잘못하고 있는 건가? 아니야, 이런 덩치와 외모를 가지고 선임들과 간부들에게 무시받는 내가 너희를 통솔할 수 있는 유일한 방법은 이것밖에 없어. 어쩔 수 없는 거라고.' 그렇게 고민하던 도중 훈련병들이 돌아왔습니다.

원래 범인부터 찾으려고 했었지만, 막상 그들이 돌아오니 어찌할 바를 모르는 저를 발견했습니다. 그들의 속마음을 알게 되고 난 후 그들이 얄미워 화가 나기도 했지만, '그렇게나 많은 훈련병들이 나를 그리 생각한다면 나에게 문제가 있는 것은 아닐까'라는 생각도 들어 혼란스러웠습니다. 그렇다고 그들이 좋아하는 다른 조교들처럼 먼저 장난을 치고 농담하면서 같이 웃자니 그것이 어느새 저에겐 너무나 어색한 일이 되었고, 악역을 맡아오던 제가 괜히 그런 모습을 보였다가 선임들에게 걸리면 혼날 게 뻔했습니다. 게다가 자칫 훈련병들이 군기라도 빠져버리면 다시 잡기가 어려울 것 같기도 했습니다. 그렇게 혼란스러운 채, 그날이 지나갔습니다.

그리고 그다음 날, 훈련병 한 명이 초코파이를 몰래 숨겨놓았다가 저에게 걸렸습니다. 전 평소처럼 독하게 혼냈습니다. 소리를 지르고, 얼차려를 시켰습니다.

그러다 화장실 낙서들이 다시 문득 떠올랐습니다. 그러면서 생각하니 초코파이 하나를 숨긴 것이 이렇게까지 소리를 지르면서 얼차려를 주고 혼을 내야 할 일인지부터 돌아보게 되었습니다. 전 그 훈련병을 살펴봤습니다. 너무 무서운 나머지 두 다리를 후들후들 떨고 있었습니다. 그때 처음으로 느꼈습니다. '아, 나는 실은 훈련병에게 화가 난 것이 아니라 선임들과 간부들에게 무시를 당했던 그 분노를 얘네들에게 풀고 있는 거였구나. 개인적인 감정으로 이들을 다 혈질적으로 대했기 때문에 그 많은 낙서들이 있었던 것이구나. 그동안 나는 내가 무섭고 카리스마 있는 조교가 되었다 생각했는데, 알고보니 한낱 화풀이하는 놈에 불과했던 것이구나.' 나도 몰랐던 나의 숨겨진 속마음을 알게 되니, 그동안의 모습이 너무나 한심스러워졌습니다.

이 사건 이후로 저는 미약하게나마 확실히 변하기 시작했습니다. 마음속에 쌓여 있던 스트레스로 조교라는 직책의 권력을 남용해 그들에게 화풀이를 하는 것은 아닌지 항상 신경을 쓰며 일했습니다. 훈련병 화장실도 사람이 없을 때마다, 몰래 들어가 혹시 낙서가 더 많아지지는 않았는지 확인하기도 했습니다.

그렇게 점점 습관처럼 나의 단점을 매일매일 체크하다보니, 점점 그 나쁜 버릇은 사라져갔습니다. 그러면서 점차 화장실에 적힌 낙서들은 사라져갔고, 신기하게도 선임들까지 점점 저를 존중해주기 시작했습니다. 어느덧 독하게 얼차려를 시키지 않고 화를 내지 않아도 어엿한 조교로서 일을 할 수 있게 되었습니다.

훈련병들의 모든 훈련이 끝나면 우수 조교를 뽑는 설문 조사를 합니다. 제 단점을 발견한 이후 몇 달이 지나고 난 후, 저는 세 번이나 우수 조교로 뽑히는 영광을 누렸습니다. 저의 단점이 완전히 고쳐진 것은 아니었지만, 최소한 그것을 알고 통제하려 하다보니, 참으로 많은 것이 변했습니다.

어느덧 전역일이 다가왔습니다. 저는 제대하기 전날에도 훈련병 화장실을 들어가봤습니다. 이제는 저의 얘기가 아니라, 온 지 몇 달 되지 않은 후임의 이름이 도배되어 있었습니다. 그래서 전 그 후임을 부르고 저의 화장실 이야기를 해주면서 마지막 날을 보냈습니다.

그렇게 전 자랑스럽게 제대했습니다.

'폐급'이라는 낙인으로 지옥 같았던 그 시절에서 저를 구제해주었던 것은 다름아닌 화장실의 낙서였습니다. 제가 잘 모르고 있던, 어쩌면 인정하기 싫었던 못난 저의 속마음을 알게 해준 그 쓰라린 망치질 덕에 전보다 저를 잘 알게 되었기 때문입니다. 아직도 전 단점이 너무나 많고 쉽게 고쳐지지 않습니다. 며칠 전에도 의도치 않게 친구에게 상처를 주어서 그 친구에겐 너무나 미안했고, 저 스스로는 너무나 괴로웠습니다.

하지만 이젠 전과 같이 타인에게 잘못을 돌리는 것이 아니라, 나는 어떤 사람이고 나의 잘못이 무엇인지 조금 더 잘 알 수 있게 되었기에, 더 좋은 사람이 될 수 있다고 믿게 되었습니다. 보고 싶은

나의 모습이 아니라, 진짜 나의 모습을 조금 더 바라볼 수 있게끔
해준 저의 조교 시절의 이야기였습니다.

**이정복** TBWA 주니어보드 21기 AD로 활동했다. 홍익대학교에서 영상과 광고홍보를 전공했다. 망치
발표 당시 학생이었고, 지금은 조교정신을 바탕으로 스타트업에 도전하고 있다.

# 11

# 어떤 질문

김윤하

저는 광고를 공부하고 있는 학생입니다. 그리고 동시에 철학을 공부하고 있는 학생이기도 합니다. 요즘 주변에서 철학 공부하는 친구들 찾기가 힘듭니다. 그런 와중에 제가 철학을 공부하고 있는 이유가 무엇인지 돌이켜보니, 중고등학생 시절이 많은 영향을 미친 것 같습니다.

저는 중학교를 강원도 문막에서 나왔습니다. 어느 날, 어째서인지 서울에 있는 외국어 고등학교에 가고 싶어졌습니다. 그래서 정말 열심히 공부했습니다. 그 당시가 잘 기억나지 않을 정도로 열심히 했습니다. 저에겐 하루하루가 그저 공부하는 날이었을 뿐, 다른 의미는 없었습니다. 그리고 그렇게 어렵게, 어떻게 보면 운이 좋게 서울에 있는 외고에 입학했습니다. 그래서 저는 당연히 좋은 대학에 갈 수 있고, 내 인생은 탄탄대로를 걷겠지 하는 마음에 신이 났습니다.

근데 막상 서울에 와보니 사람들이 "너네 학교도 외고냐"며 엄청 무시를 하는 것이었습니다. 그래도 '밖에서 이렇게 무시를 받으면, 안에서 친구들끼리라도 서로 보듬어줄 수 있지 않을까?' 하는 막연한 기대로 버텼습니다. 하지만, 여러분도 잘 아시겠지만, 대한민국의 수험생들은 서로 보듬기는커녕 자기들끼리도 경쟁하기 바쁜 사람들입니다.

아무래도 시골에서 올라오다보니, 1년 반 정도를 고시원에서 혼자 지냈습니다. 그때는 잘 몰랐지만, 지금 돌이켜보면 열일곱 살짜리 고등학생이 혼자 고시원에서 수능 공부를 한다는 것이 그렇게 쉬운 일은 아니었던 것 같습니다. 물리적으로도, 정신적으로도 저를 지지해줄 사람이 없어서 정말 힘든 나날을 보냈습니다. 하지만 그 당시의 저는 뭐가 잘못된 건지 몰랐습니다. 저는 분명히 남들이 말하는, 성공으로 가는 길에 있는 것 같았는데, 왜 이리도 힘들었던 것일까요?

그러던 어느 날, 제 인생에서 굉장히 중요한 질문을 하나 만났습니다. 조금 부끄러운 사실은, 이 질문마저 스스로 한 것이 아니라 학원에서 만났다는 것입니다. 논술 학원에서 철학에 대해 배우고 있었는데, 선생님께서 저희한테 이런 질문을 하셨습니다. "여러분 왜 지금 여기서 공부하고 있어요?" 우리는 대답했습니다. "좋은 대학 가려고요." 선생님이 또 물어보셨습니다. "좋은 대학 가면 뭐가 좋죠?" 사실 저는 여기서부터 대답을 하기 어려웠습니다. 몇몇 아이들이 "좋은 직장 가려고요"라고 대답했습니다. 선생님께서 또다시, "좋은 직장에 가면 뭐가 좋은데요?"라고 물어보셨습니다. 그 당시 저희는 아무도 대답을 하지 못했습니다. 그러니 선생님께서 계속 이어가시는 말씀이, "여러분이 좋은 직장에 간다고 칩시다. 그다음에 여러분은 좋은 배우자를 만나고, 아이를 낳고, 그 아이가 좋은 대학에 가도록 돈을 벌고, 그 아이를 좋은 대학에 보내고, 좋은 직장에 보내고, 좋은 배우자를 만나게 해주고…… 그럼 여러분, 행복한가요? 그럼 그다음엔 여러분은 무엇을 할 거예요? 그래서 인생이 60부터라고들 말하는 건가?"라고 하시는데, 그 시절의 저에게는 그 질문이 엄청 충격적이었습니다. 그래서 고3 때 일기장을 다시 뒤져보니 이런 말들이 있었습니다. "오늘은 논술 학원에서 참 느낀 것이 많다. 가장 기억에 남는 것은, 사람들은 행복해지기 위해 돈을 버는데, 그 돈을 벌기 위해서 지금의 행복을 희생한다. 너무 슬프다. 아무리 생각해도 내가 왜 공부하고, 내가 왜 좋은 대학에 가서 좋은 직장에 취직해야 하는지 아직 잘 모르겠다." 그리고 또 다른 날의 일기장을 보면, "제발 내가 대학 가기 전에 삶의 의미를 찾았으면 좋겠다. 이런 삶은 너무 우울한 것 같다." 이런 말들이 적혀 있었습니다. 하지만 당시에 이런 고민을 친구나 부모님한테 가서 하면, "수능 끝나고 생각해." "그런 고민하다가 수능을 망치면 안 돼. 수능이 얼마나 중요한데!"라고 대답해주었습니다. 사실 그저 고3이었던 제가 할 수 있었던 게 딱히 없었기에, 저도 다시 수능을 향해 달려갔습니다. 그리고 드디어 수능 날이 다가왔습니다. 그때 전 어떤 기분을 느꼈을까요? "드디어 수능이 왔으니 내가 그동안 공부한 걸 모두 보여줘야겠다"고 느꼈을까요, "너무 긴장되고 떨린다"라고 느꼈을까요?

제가 느낀 가장 큰 감정은 '허무함'이었습니다. "정말 내가 이 시험 하나 보려고, 그동안 그렇게 고생을 하고, 모든 걸 제쳐놓고 공부만 해왔던 걸까?"라는 생각이 들었습니다. 그래서 수능 날, 시험장 앞에서 부모님과 마지막으로 이런 말을 했습니다. 제 동생 이름이 윤형이인데, "윤형이는 이렇게 살지 않았으면 좋겠어"라고 말했습니다. 그리고 이때 느낀 허무함 때문에, 대학에 가면 그래도 내가 공부하고 싶은 걸 꼭 공부해야겠다는 생각이 들었습니다. 그래서 고등학교 때 막연하게나마 관심이 있었던 광고홍보학과에 진학했습니다. 하지만, 그래도 무언가 채워지지 않는 것이 있었습니다. 그래서 논술 학원에서의 기억을 되살려서, 철학을 함께 전공하기로 했습니다.

이런 말을 하면 사람들이 묻곤 합니다. "철학 하니까 어때?" "뭐가 좀 달라졌어?" "너만의 철학이 생겼어?" 하지만 사실 저는 아직 그렇게 말할 수 없습니다. 제가 아직 철학을 많이 배운 것도 아니고, 배웠다고 해도 그대로 실천하면서 살 능력도 아직 부족합니다. 그런데도 제가 왜 철학을 계속 공부하고 있는지 생각해보면, 그동안 저는 묻고 싶은 것들이 많았는데, 물을 수 없었던 것들이, 철학을 하니까 물을 수가 있었기 때문입니다. 이렇게 보면 철학은, 지나간 삶을 후회하면서도, 남들한테 뒤처지진 않을까 여전히 전전긍긍하는 저에게 다시 한번, "그럼 행복한가요?" "그게 네가 원하는 거니?" 하고 물어주는 존재인 것 같습니다. 그래서 저는 계속해서 철학을 하고 있습니다.

제가 이 발표를 통해서, 여러분한테 철학을 전공하라고 권유하려는 것은 아닙니다. 제가 하고 싶은 말은, 여러분도 한번쯤 스스로에게 질문하는 시간을 가져보시면 좋을 것 같다는 것입니다. 여러분이 무언가를 정말 원하고 있다면, 그게 정말 여러분이 원하는 게 맞는지 생각해볼 수 있다면, 제 발표는 충분히 의미 있을 것 같습니다.

**김윤하** TBWA 주니어보드 21기 AE로 활동했다. 대학에서 광고홍보학과 철학을 공부했다. 망치 발표 당시 학생이었으며, 현재는 광고 회사에 취업하기 위해 준비하고 있다

# 12

# 여기서 끝낼까?

박성희

2013년 5월, 저는 어떤 회사의 멘토링 과정에 참여하고 있었습니다. 그때 청소대행업체의 홍보 기획서 작성이 과제로 주어졌습니다. 함께 과제를 맡은 친구들과 나는 어떻게 하면 쓰레기를 쓰레기통에 버리자는 메시지를 사람들에게 직관적으로 잘 전달할 수 있을까, 그런 고민을 해나갔습니다. 그러다가 하나의 아이디어를 떠올리게 되었습니다. 쉽게 접할 수 있는 공중화장실의 문고리를 활용해보면 어떨까. 화장실 안에 들어갔을 때 딸깍하고 돌려 잠그는 잠금장치 말입니다. 그렇게 돌려서 잠글 수 있도록 고안된 문고리에 사람의 손 모양을 붙이고, 문고리가 걸리는 동작이 일어날 때, 붙여둔 손이 휴지통에 휴지를 던지는 것처럼 보이게 디자인을 해보면 어떨까. 친구들과 낸 아이디어는 곧 스케치로 옮겨졌고, 그것을 바탕으로 기획서가 작성되고 발표로 마무리되었습니다. 그렇게 저희는 주어진

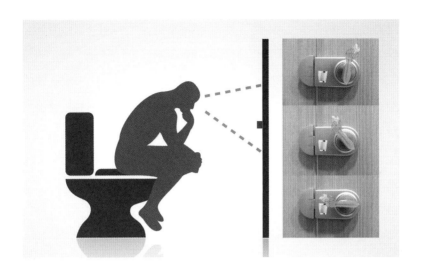

과제를 잘 마쳤습니다. 그런데 문득, 재미있는 아이디어를 그냥 아이디어인 채로 기획서에 담아 제출만 하고 끝내는 게 아쉽게 느껴졌습니다. '과제물로만 끝낼까? 흠, 좀 아쉬운데. 한번 만들어보자!'라는 생각이 들었습니다.

막상 제작을 하려고 보니 신경써야 할 것들이 한두 가지가 아니었습니다. 우선 실제 장소에 설치를 해야 했는데, 아무리 살펴봐도 지하철 화장실만한 곳이 없었지만, 정말로 그곳에 설치해도 문제가 안 생길지 의문이었습니다. 곧장 지하철 역사 내 설치 관계자 분들을 찾아갔습니다. 역시 그분들의 허락을 얻어내는 일이 가장 큰 난관이었습니다. 오랜 설득과 부탁과 회유 끝에 드디어 긍정의 답을 얻을 수 있었습니다. 관계자 분이 말했습니다.

"학생들이니까 딱 한 번만 어렵게 허락해주는 거야. 주말에만 부착하고 바로 떼어야 해! 화장실 훼손하면 다 배상해야 하고, 윗사람들 알면 피곤해지니까 인터넷에 올리고 그러면 안 된다!"

비록 많은 단서 조항들이 있었지만 제작부터 설치까지 친구들과 발로 뛰며 고생한 끝에 결국 성공적으로 설치를 마쳤습니다. 설치를 하고 나니 더 그럴듯해 보이고 좋았습니다. 그러자 다른 사람들에게도 알리고 싶은 욕심이 났습니다. '여기서 끝낼까? 한 번만 더 질러 보자!' 관계자 분이 인터넷에 올리지 말라고 했던 말이 떠올라 주저하던 때에 문득 떠오른 생각이 있었습니다. '그래, 설치하면서 인터넷에 올리는 건 안되더라도, 누군가 이용한 사람이 신기해서 인터넷에 올릴 수는 있는 거잖아!' 우리는 일부러 화장실에 가서 문고리에 설치한 작품을 마치 일반 시민이 보고 찍은 것처럼 사진을 찍어 제보를 하기로 했습니다. 그래서 일부러 사진을 찍는 각도도 변기에 앉아 볼일을 보면서 찍는 각도로 연출하여 의도적으로 핸드폰 카메라로 사진을 찍었습니다. 네티즌들의 영향력이 큰 페이스북 페이지, 광고 페이지, 대형 커뮤니티, 한국 포럼 등등 가능한 한 모든 창구에 제보를 했습니다. "똥 싸면서 봤어요~" "지하철 화장실에서 봤는데, 너무 신기한 문고리라 사람들과 공유하고 싶네요~"라는 식의 문장과 함께 말입니다.

그렇게 셀프 홍보를 한 지 열두 시간도 채 지나지 않아 3대 일간지인 조중동을 포함한 30여 개의 신문에 기사가 났고, 대형 포털 사이트 메인 기사에 오르기까지 했습니다. 그뿐만 아니라 아이디어를 구매하고 싶다는 제안까지 왔습니다! 온라인상에서 얼마나 이슈가 되고, 언급이 되었는지, 맨 처음 고의적으로 배포했던 고화질의 사진이 얼마 뒤에는 고대 이집트의 파피루스마냥 너덜너덜해진 저화질 사진으로 인터넷을 돌아다녔습니다. 그 무렵, 문고리에 설치물을 부착하기 전 저희를 그렇게 힘들게 했던 관계자로부터 먼저 연락이 왔습니다. "기사 봤다. 항상 모니터링하고 있었다. 너무 기쁘구나, 얘들아! 우리 이름을 넣고 하면 더 좋았을 텐데. 허허허!"라고 하셨습니다. 그때의 제 기분은 이루 말로 표현할 수 없을 만큼 기뻤습니다. '와! 이게 뭐지? 대학생인 나에게도 이런 기회가 오네? 이런 일이 또 있을 수 있을까?'

이 일이 다른 생각도 불러일으켰습니다. 바로 학교에서 타이포그래피 과제로 만들었던 아트워크였습니다. 그냥 수많은 과제 중 하나에 불과한 자음 모음의 디자인 작업뿐이긴 했습니다. 그런데 이것도 뭔가 될 수 있을지 모른다는 생각이 문득 떠오른 것입니다. '그냥 과제로만 끝낼까? 아니야, 이걸로 작품을 한번 만들어보자!'라고 결심하게 되었습니다. 화장실 문고리의 성공으로 얻은 자신감이 타이포그래피 과제에 대해서도 생각을 바꾸게 만든 것이었습니다.

먼저 유명한 타이포그래피 디자이너인 학과 선배에게 다짜고짜 연락을 했습니다. 다행히 선배는 저희의 이야기를 흔쾌히 들어주었고, 저희는 본격적으로 다양한 동물들을 타이포그래피로 디자인하는 작업을 하게 되었습니다. 타이포그래피로 만든 수많은 동물 중 다듬고 다듬어 그럴듯한 작품들(사진 1)이 나왔습니다. 한글 타이포그래피 작품을 어떻게 하면 이슈화시킬 수 있을까 고민하던 중 발견한 사실이 있었습니다. 2013년 10월 9일 한글날은 수십 년만에 다시 공휴일로 지정되는 특별한 의미가 있었던 것입니다. 그만큼

1

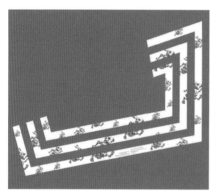

2

3

4

5

주목받을 수 있다고 생각했습니다. 그리고 여러 조사 끝에 몇 가지 키워드를 뽑을 수 있었습니다. '세종문화회관' '세종 이야기' '쌈지길' 등의 단어들이 보였습니다. 가능한 모든 행사, 이벤트, 전시 등에 응모를 했습니다.

먼저 어느 페이퍼 갤러리에서 하는 신진 디자이너 20인 전시회에 뽑히게 되어 참여를 했습니다. 그곳의 다른 프로 작가들 사이에서 대학생들의 작품이라는 것이 신선하다며 좋은 평가를 받게 된 것입니다. 세종문화회관에도 문의를 하여 전시를 하게 되었습니다. 그렇게 거듭 전시회를 열고 경력이 쌓이니 추진력도 붙었습니다. 같이 일하던 선배와 인연이 있던 디자인 회사와 협의 끝에 인사동에 저희의 아트워크가 들어간 천막의 도안(사진 2)을 만들게 되었고, 인사동 쌈지길의 하늘 갤러리에서 전시(사진 3)가 되는 영광도 누릴 수 있었습니다. 전시뿐만 아니라 실제로 다양한 제품(사진 4)으로 만들어지기도 하였습니다. 저희는 멈추지 않고 계속해서 서울 디자인 재단에도 접수를 했고, 그 결과, 현재 청와대 사랑채에 저희의 아트워크가 담긴 쿠션이 들어가게 되었습니다(사진 5). '아마추어 대학생인 나에게도 이런 일들이 일어나다니!' 놀라움의 연속이었습니다.

물론 여기서 끝은 아니었습니다. 얼마 전 화장실 문고리를 박원순 시장의 "카페트 깔아드립니다"라는 이벤트에 제보를 했고, 한글 타이포그래피 작품들은 결국 바다 건너 뉴욕대에서 열린 한글 타이포그래피전에 전시가 되었습니다.

전설적인 야구 선수, 요기 베라가 한 유명한 말이 있습니다.

"끝날 때까지 끝난 게 아니다."

이런 거창하고 멋진 말도 좋지만, 그것보다 스스로에게 한번 물어보는 건 어떨까요?

제가 항상 스스로에게 물어보았던 질문입니다.

"여기서 끝내서 뭐하게?"

**박성희** TBWA 주니어보드 21기 AD로 활동했다. 대학에서 시각디자인을 전공했고, 여전히 '여기서 끝낼까?'를 외치며, 더 나은 크리에이터가 되기 위해 노력중이다.

# 그럼에도 불구하고

박웅현

행복합니다. 이들과 같이 태어나지 않아서 행복합니다. 큰일 날 뻔했습니다, 이들과 같이 태어났으면. 함량이 저희보다 훨씬 뛰어난 것 같다는 생각이 듭니다. 근데 제가 한 가지 비밀을 말씀을 드리겠습니다. 저희는 이 친구들과 6개월을 같이 일을 했는데요, 빈틈투성이입니다. 허점투성이입니다. 말 듣지 않고요, 7분 내로 끝내라고 했는데 7분에 못끝내서 10분 넘어가고요, 지난번 했던 실수 반복하고요. 허점투성이입니다. 마치 누구처럼? 저처럼. 여기 계신 모든 분들처럼 허점투성이입니다.

허점에 주목했다면 저희는 이런 자리를 만들 수가 없었을 겁니다. 제가 좋아하는 말이 '그럼에도 불구하고'라는 접속사입니다. 그럼에도 불구하고, 그 많은 허점에도 불구하고, "과연 이들한테 들을 얘기가 없을까?" 거기에 의문부호가 던져졌습니다. 그걸 입증하고 싶었고요. 그리고 노력했습니다. 이들이 가지고 있는 장점이 무엇인지, 과연 젊은 사람들은 할 말이 없고 들을 말이 없을지, 기성세대만 할 말이 있고, '세상을 바꾸는 시간 15분' '강연 100℃' 같은 프로그램에서나, 저처럼 가끔 강연하는 사람들에게만 들을 얘기가 있는지, 그게 궁금했습니다. 확인한 바에 따르면, 오늘 느끼셨겠지만, 하는 말은 똑같은 것 같습니다. 제가 『여덟 단어』라는 책에 썼던 얘기들 여기 다 나왔고요, 제가 이런저런 프레젠테이션을 준비하면서 우리 스태프들에게 했던 말들 여기 다 나왔습니다.

이런 창구들이 좀 많아졌으면 좋겠다, 이런 생각이 들었습니다. 그래서 그들의 가치를 발견하고 싶었고요. 그 발견된 가치들이 재미, 혹은 의미, 둘 중의 하나면 되겠죠? 그게 있다면 망치질이 되겠다. 우리 사회에 혹은 우리 머릿속에 약간 얼어붙은 부분들을 두들겨주는, 아주 큰 도끼질까지는 모르지만, 작은 망치질이 되었으면 좋겠다, 라는 생각을 했습니다. 그게 '망치'입니다.

광고 회사가 왜 이런 일을 했느냐? 광고 회사는 가치를 발견하는 일을 합니다. 기업이나 상품이나 브랜드가 가지고 있는 가치를 열심히 공부해서 발견을 해냅니다. 그리고 그 발견한 것을, 그 생각을 증류를 하죠. 증류를 해서 한 줄로 만듭니다. '생각이 에너지다' '진심이 짓는다' 'See the unseen' 'Impossible is nothing' 'Think different'. 이런 한 줄로 만들어 내죠. 그 과정을 이 젊은 엔진들한테 한번 써보고 싶었습니다.

그렇게 하려고 하니, 시스템이 필요했습니다. 그래서 이 일은 저 혼자 한 일이 아니죠. 여기서 제가 어떤 스피치를 드리는 것은 지금 받으신 감동을 흐려 놓는 일이 될 것 같아서, 얘기는 더 드리지 않고 대신 시스템을 소개해 드리겠습니다. 지금 여기 앉아서, 부모는 아니지만 부모만큼이나 떨리는 심정으로 들었을 사람들이 있습니다. 한 사람 한 사람 제가 무대 위로 부르겠습니다. 이정연 PD, 유병욱 카피라이터, 김재호 CD, 이연후 차장, 이지윤 아트디렉터, 김백수 부장. 그리고 한 분이 더 있습니다. 한 분 더 계신데 신혼여행을 가셨어요. 아주 좋은 기회를 놓쳤죠. 그렇다고 뭐 신혼여행을 포기할 수는 없으니까. 김세현 아트디렉터. 일곱 명입니다.

여기 계신 분들은 저희 회사의 핵심 인력입니다. 다시 말씀드리면 이분들이 광고 쪽으로 힘을 쏟으면 200억, 300억 프로젝트가 된다고 보시면 됩니다. 그 사람들이 1년을 준비한 것이 망치 프로젝트입니다. 그리고 이 사람들이 평균 2명 정도씩 멘티를 다 맡아서, 그들이 어떤 얘기를 할 것인지, 그 얘기를 어떻게 전달할 것인지 스스로 길을 찾도록 6개월 동안 함께 고민을 해준 겁니다. 이들이 없었으면 오늘 이 자리는 없었을 겁니다. 그리고 꼭 소개를 해야 될 분, 이 일 전체를 진행하신 분이 이상규 국장님이십니다. 어디 계십니까? 안 계시면 나갈 때 좀 통통한 아저씨 같은 분이 보일 텐데, 그분입니다.

이 사람들하고 아주 즐거운 시간을 가졌고요. 그리고 저는 행복했습니다. 그리고 여기 계신 분들이 평일 낮 두 시간이 넘는 시간을 투자하셨는데 뭔가 진짜 작은 망치질이라도 머릿속에 흔적이 남았으면 좋겠다는 생각이 듭니다. 마지막으로, 오늘 발표한 친구들에게도 박수 부탁드립니다. 6개월 후에 저희는 또 옵니다. 물론 이 장소로 올지는 모르겠습니다. 지금 아마 얼굴이 하얘져 가는 친구들이 있을 겁니다.

발표를 마친 주니어보드 21기는 이제 얼굴에 화색이 돌고요, 이제부터 시작인 22기들은 얼굴이 하얘져갈 겁니다. 저 22기, 역시 허점투성이인 15명을 데리고, 저희는 6개월 후에 다시 오겠습니다.

# 망치 2

2014. 8. 23. 토요일 오후, 중앙대학교 R&D센터

13

# 우리집에 왜 왔니?

이지희

1998년부터 오늘에 이르기까지, 우리집에는 성별, 나이, 국적이 모두 다른 60명이 넘는 외국 친구들이 놀러왔습니다. 그들이 우리집까지 오게 된 경위는 다양합니다. 23년 전 네덜란드로 입양되었던 오빠는 엄마를 찾고자 한국에 왔고, K-Pop이 좋아 무작정 한국에 온 영국 친구도 있었으며, 일본에서 음식점을 하는 재일교포 광자 이모, 핀란드 뮤지션 등 다양한 사람들이 저마다 다른 이유로 한국을 찾았습니다. 제 이야기는 우리집에 머물다 간 사람들에 대한 이야기입니다. 짧게는 하루, 길게는 넉 달 동안 한집에서 함께 생활하며 울고 웃었던 18년간의 이야기입니다.

우리집이 홈스테이를 받게 된 계기는 엄마의 남다른 교육 방식에서부터 시작합니다. 저는 세 살 때 잠깐 류머티즘 관절염을 앓은 적이 있습니다. 당시 의사 선생님께서는 어머니에게 저의 류머티즘이

스트레스로 재발할 수 있으니, 최대한 스트레스를 받지 않는 성장 환경을 만들어달라고 당부하셨다고 합니다. 그때부터 엄마는 제가 스트레스 없이 인생을 즐겁게 사는 방법들을 하나둘 찾기 시작하셨습니다. 그리고 다양한 언어를 자연스럽게 습득시켜주고 싶었던 엄마는 외국 사람들과 어울리며 언어를 배울 수 있도록 홈스테이를 하시기로 결심합니다. 그렇게 우리집의 무료 홈스테이가 시작되었습니다.

주변 사람들은 왜 공짜로 밥을 주고 잠자리를 제공하는지 의아해합니다. 돈을 받고 민박을 하게 되면, 서로 요구하고 바라는 것이 생기게 됩니다. 아무것도 바라지 않고 사람을 맞이한다는 건 곧 진심으로 사람을 대하고 만나고 싶은 소망이 아닐까 생각합니다. 외국 친구들이 홈스테이 하는 이유도, 돈이 없어서가 아니라 진짜 한국 가정을 경험하고 싶어서고, 우리 가족은 그 기회를 열어두었던 것뿐입니다. 쓰던 방을 하나 내어주고, 항상 먹는 음식에 숟가락 하나 더 얹기만 했을 뿐입니다.

홈스테이에 앞서 먼저 서로 '조사표'라는 걸 주고 받습니다. 조사표는 사진, 이름, 취미 등 아주 간략한 정보들을 쓴 자기소개서라고 생각하면 됩니다. 미리 조사표를 받고 너무 설렌 나머지 만나기도 전에 먼저 편지를 보내오는 친구들도 있었습니다. 일본 친구 하루카가 보낸 편지를 받고 저는 러브레터를 받았을 때와 같은 설렘을 느꼈습니다. '너는 여름을 기다리기가 어렵구나. 빨리 너와 만나고 싶은걸?' 한 글자 한 글자 한글로 또박또박 적은 글씨에서 열한 살 하루카의 들뜬 마음을 읽을 수 있었습니다.

조사표 교환이 끝나고, 친구들이 집에 오기 며칠 전이면 풍선을 불어 방을 꾸미거나, 플래카드를 만들어 기차역, 터미널, 공항으로 친구들을 마중 나갑니다. 친구들이 우리집에 와서 가장 먼저 하는 일은 짐을 푸는 일입니다. 저는 이때 늘 친구들 곁에서 짐 푸는 걸 도와줬습니다. 그때마다 항상 커다란 여행가방 안에는 어떤 것들이 들어 있을까, 무척 궁금했습니다. 제가 한 번도 가보지 못한 나라의 사람들이 그 나라의 물건을 가득 담고 오는 가방이기 때문입니다. 신기하게도 친구들이 캐리어를 확 열면 그 나라의 냄새가 나고, 그 나라의 색깔이 보이고, 그 사람의 성격이나 취향이 보였습니다. 일본 친구들의 슈트케이스 같은 경우엔 일본 특유의 맹맹한 집 냄새가 나고, 유럽에서 온 친구의 슈트케이스에는 알록달록한 원색의 물건들이 가득했습니다. 제가 이제껏 봐왔던 슈트케이스 중 똑같은 슈트케이스는 단 한 개도 없었습니다. 그래서 제게 슈트케이스는 그 사람의 개성을 짐작할 수 있는 물건이 되었고, 다음에 오는 사람은 도대체 어떤 개성을 가진 사람일까 항상 궁금해했던 기억이 납니다.

짐을 다 풀고 나면 어색함을 풀기 위해 거실 소파에 앉아서 서로 소개를 합니다. 저는 저만의 소개북을 만들어 친구들에게 보여주며 소개를 합니다. 책의 형태로 만들게 된 계기는 그때그때 집, 가족, 동네, 한국 소개를 하다보니 놓치는 부분이 자꾸 생겨서였습니다. 그래서 친구들에게 꼭 소개해주고 싶은 것들을 잡지나 신문에서 오려서 제 나름대로 책을 만든 것입니다. 반나절 동안 서로 소개를 하고 나면 금새 친해지게 되고 매일같이 밤새도록 신나게 놉니다. 테이블에 둘러앉아 게임을 하기도 하고, 말이 통하지 않으면 음악으로 소통하기도 하고, 함께 여행을 가기도 합니다. 한번은 베트남 오빠, 일본 가족, 우리 가족까지 총 11명이 우리집에서 하룻밤을 보낸 적도 있었습니다.

가장 기억에 남는 사람은 닉 오빠입니다. 23년 전 네덜란드로 입양을 간 오빠는 23년 만에 처음 여자친구 수잔느와 함께 한국을 방문했습니다. 자신의 뿌리를 찾기 위해 한국을 찾은 오빠는 무엇보다 평범한 한국 사람들의 일상에 관심이 많았고, 한국을 배우려고 하는 의지가 남달랐습니다. 미국으로, 유럽으로 입양을 갔던 다른 언니 오빠들도 아마 같은 생각을 했을 겁니다. '내가 만약 한국에서 계속 살았더라면, 이런 가정에서 이런 음식을 먹고 한국어를 사용하며 자랐겠지?' 저는 그 언니 오빠들을 보며 한국과 부모님에 대해 다시 한번 생각할 수 있었습니다.

홈스테이를 하다보면 친구들과 시장, 사찰, 박물관, 묘지 등 시내 다양한 곳을 다니게 됩니다. 그럼 친구들은 항상 카메라로 소소하고 일상적인 풍경들을 찍었습니다. 제게는 너무 익숙한 것들을 찍는 게 이해도 안 되고, 도대체 이 친구들은 한국에서 뭘 보고 가는 걸까 궁금했기에, 저는 늘 친구들의 디지털 카메라를 보고 싶어합니다. "네가 찍은 사진을 봐도 되겠니?" 하고 물으면 모두 한결같이 "물론이지!" 하고 저한테 카메라를 건네줍니다. 기억에 남는 사진 중에는 이런 것도 있었습니다. 광화문 근처를 다녀왔다는 친구의 디카를 받아들고선 당연히 광화문이 정면으로 잘 나오게 사진을 찍었을 거라고 기대했는데, 웬걸, 광화문 한쪽 구석 햇볕을 피해 좁은 그늘 안에 옹기종기 모여 있는 경찰들을 찍은 겁니다. 그렇게 친구들이 찍은 사진들을 보면서, 외국 친구들은 당연히 한국의 전통적인 부분을 좋아할 거라고 생각했던 저의 생각이 틀렸다는 걸 알았습니다.

만남이 있으면 헤어짐이 있고, 헤어짐이 있으면 만남이 있는 것 같습니다. 친구들과 헤어질 때면, 우리는 그저 조만간 보자는 막연한 인사를 나눕니다. 헤어지는 순간에는 인연이 끝나는 것 같아도, 결국 어떤 방식으로든 다시 만나게 되는 것 같습니다. 직접 볼 수는 없어도 편지, 엽서, 소포로 서로의 안부를 묻고 감사함을 표현하기도 합니다. 일본 친구들은 매해 가족사진이 들어간 새해 카드를 보내주고, 사진작가 아저씨는 아저씨가 찍은 사진들을 달력으로 만들어 보내줍니다. 세계 일주가 꿈인 독일 아저씨 볼프강과의 만남은 아주 짧았지만, 아저씨는 10년이 넘도록 계속 여행지에서 엽서를 써서 보냅니다. 그 엽서들을 볼 때마다 저는 아저씨와 함께 여행하는 듯한 느낌을 받습니다. 엽서 속 여행지 풍경, 아저씨의 글씨, 각 나라마다 색깔이나 소재들이 다른 작은 우표들을 보고 있으면 더욱 그런 생각이 듭니다. 어쩌면 아저씨는 지금도 어딘가에서 우리 가족을 위해 엽서를 쓰고 있겠지요?

자연스럽게 언어를 익히고자 시작한 홈스테이였지만 10년이 훨씬 지난 지금, 홈스테이는 제게 언어 이상의 선물을 주었습니다. 홈스테이를 하지 않았더라면, 저는 기껏해야 제 주변에 있는 사람 몇몇의 삶의 모습만 보고 살았을 수도 있을 겁니다. 그런데 홈스테이를 하면서 정말 다양한 세계 사람들의 인생을 보고 들으면서, 더 많은 영향을 받았던 것 같습니다. 해외 여행을 많이 가보지는 못했지만, 그들의 슈트케이스로, 그들의 카메라로 그리고 그들의 엽서로 세상을 봐왔고 그렇게 세계 여행을 했습니다. 그래서 제가 지금까지 우리집에 놀러왔던 수많은 외국 친구들에게 "너희 우리집에 왜 왔니?"라고 물으면, 그 친구들이 저에게 동시에 "너 세계 여행 시켜주려고 왔지!"라고 말할 것만 같습니다.

세상을 보는 방법은 많고 정말 다양합니다. 그중에서 저는 홈스테이라는 방식으로 세상을 봐왔고 세계 여행을 해왔습니다. 세계의 사람들을 만나왔습니다. 그렇게 경험할 수 있었던 사람들과의 만남은 100권의 책으로도 얻을 수 없는 값진 경험이라고 생각합니다. 아마 여러분들은 저와는 또 다른 방식으로 세상을 보고 있을 겁니다. 지금, 여러분들은 어떤 방식으로 세상을 보고 있나요? 아마 몇몇 분들은 이 글을 읽고 우리집에서 홈스테이를 하고 싶어할 거라고 생각합니다. 시간이 되시면 우리집에 언제든지 놀러 오세요.

**이지희** TBWA 주니어보드 22기 카피라이터로 활동했다. 동국대학교에서 광고홍보학을 전공했으며, 지금은 네덜란드 암스테르담에 있는 케셀스크라머 광고 회사에서 인턴으로 일하고 있다.

# 14

# 나는 인생을 두 번 살았다

임소정

누구나 인생은 한 번 사는 것이라고 하지만, 저는 두 번의 인생을 살았습니다. 어떻게 두 번의 인생을 살게 되었는지 지금부터 그 이야기를 하려 합니다.

첫번째는 뚱뚱한 임소정으로 사는 삶이었습니다. 우리집은 뚱뚱한 친가, 날씬한 외가로 유전자가 극명하게 나뉘어서, 친가 식구들은 다들 아빠처럼 뚱뚱하고 외가 식구들은 다들 엄마처럼 날씬합니다. 유전 법칙에 따르면, 아빠, 엄마 모두의 딸인 저는 뚱뚱하지도 않고 날씬하지도 않은 모습이었어야 합니다. 하지만 유전의 법칙도, 세상 돌아가는 것도 순탄하지만은 않아서, 마른 유전자는 모두 언니가 가져갔고, 비만 보존의 법칙이라도 있는 건지 언니에게 가지 않은 비만 유전자까지 모두 제가 떠안게 됩니다.

솔직히 말하면 저는 뚱뚱한 몸을 유지할 수밖에 없는 식성을 가지고 있기도 했습니다. 6학년 무렵, 이미 감히 초등학생이란 타이틀에 어울리지 않는 양의 음식을 먹었습니다. 엄마와 둘이서 한끼 식사로만 갈비 4인분에 공깃밥 두 그릇, 여기에 된장찌개, 잔치국수까지 거뜬하게 해치울 정도였습니다. 식사 전에 이미 분식집에서 핫도그, 떡볶이, 아이스크림까지 애피타이저로 먹은 상태로 말입니다. 매일 아침에 학교에는 늦더라도 밥 한 그릇은 반드시 더 챙겨먹고 다니던 저는 정말 잘 먹는 초등학생이었습니다.

선천적, 후천적 이유로 뚱뚱했던 저는 마른 사람들은 아마 생각하지도 못할, 뚱뚱한 사람들만이 아는 이야기를 많이 알고 있습니다. 먼저 뚱뚱한 사람은 길거리에서 마음대로 음식을 먹지도 못합니다. 그래서 대표적인 길거리 음식인, 떡볶이나 닭꼬치, 붕어빵이 먹고 싶을 때에도 마음대로 먹을 수 없습니다. 행여 제가 길거리에서 그 음식들을 먹고 있으면, 왠지 지나가는 사람들이 '저러니까 뚱뚱하지!'라고 수군거리는 것 같았고, 누가 뭐라고 한 것도 아닌데 스스로가 비만의 산증인처럼 보이지 않을까 늘 걱정이 앞섰습니다.

심지어 사촌 집에서 밥을 먹을 때는 항상 양을 얼마나 먹어야 하는지도 고민이 되었습니다. 조금 먹어도 눈치가 보이고 많이 먹어도 눈치가 보였으니까요. 제가 밥을 조금만 먹으면, 친척분들은 '어머, 그것밖에 안 먹는데 어떻게 그렇게 뚱뚱할 수 있느냐'고 내숭 부릴 필요 없다고 핀잔을 주시고, 반대로 많이 먹으면 기다렸다는 듯이 '그렇게 많이 먹으니까 살이 찌지'라고 핀잔을 쳤습니다. 지금은 웃으며 말할 수 있지만, 당시 이러지도 저러지도 못했던 저는 사촌 집에 다녀오는 날이면 불편했던 식사 때문에 체하기 일쑤였습니다.

사촌들뿐만 아니라 불시에 불어오는 바람도 조심해야 합니다. 바람이 불면 반사적으로 손을 들어 바람의 반대 방향으로 옷을 줍니다. 바람이 불어 옷이 몸에 들러붙으면 체형이 적나라하게 드러나기 때문입니다. 이 외에도 뷔페에서 음식을 담을 때, 만원 버스에 탈 때, 엘리베이터 정원이 초과할 때에도 저는 늘 사람들의 시선이 신경쓰였습니다.

초등학교 때, 헤어스타일을 단발로 바꾼 날부터 제 별명은 '갤러리정'이 되었습니다. 당시 KBS 프로그램 〈개그콘서트〉에서 개그맨 정형돈이 했던 '갤러리정'이라는 캐릭터는 뚱뚱한 사람의 대명사로 쓰였습니다. '갤러리정' 외에도 '돼지'가 들어간 말이나, 뚱뚱한 몸을 연상할 수 있는 온갖 단어들이 모두 저의 별명으로 불려졌습니다. 더 견디기 힘든 놀림도 있었습니다. 한번은 어떤 남자애가 제게 좋아한다고 고백을 했는데, 나중에서야 뚱뚱한 저를 좋아한다고 한 게 하나의 '재미있는' 농담이었다는 사실을 알게 됐습니다. 이런 일이 있다보니, 누군가 저를 진심으로 좋아한다고 해도 믿지 못했습니다. 뚱뚱한 몸을 우스꽝스럽다고 생각하는 시선이 어느새 제 머릿속에도 당연하게 받아들여졌기에, '왜 뚱뚱한 나를 좋아하지?' '나 따위를 좋아할 리 있겠어?' 하고 의심부터 시작했습니다.

마음속으론 상처를 받고 있으면서도 어느 순간부터 겉으론 의연해 보이려고 애쓰기도 했습니다. 그렇게 성격 좋은 친구, 재미있는 친구가 되고자 노력했습니다. 친구끼리는 동등한 관계를 맺는 게 당연한데도, 저는 반 애들이 저와 어울려주는 게 고마워서 화가 나는 일이 있어도 참았고, 뭐든지 배려하고, 항상 밝은 척, 친구들을 웃겨

주려고 애썼습니다. '뚱뚱하지만 성격이 좋아서 어울릴 만한 친구'의 삶을 살려고 노력했습니다.

그러던 어느 날, 제 비만 인생에 종지부를 찍는 결정적인 사건들이 찾아오게 됩니다.

첫번째 계기는 이모가 무심코 툭 던진 말이었습니다. 팔찌를 차고 있던 제게 말씀하셨습니다.

"꼴에 계집애라고 팔찌를 하네."

지금 와서 생각해보면, 어린애가 벌써 꾸미고 다닌다는 의미 같은데, 그때 제게는 '뚱뚱하고 못생겼는데 꼴에 여자라고 꾸미는구나'라고 들려서 무척 속상했습니다.

두번째는 엄마가 했던 말이었습니다. 여느 때처럼 부지런히 먹고 있는 제게, 엄마가 처음으로 그만 먹으라고 말했던 겁니다. 아무것도 아닌 말일 수도 있는데 당시엔 심각했습니다. 저는 수저를 내려놓고 엄마에게 진지하게 물었습니다.

"엄마, 나 이제 안 귀여워?"

엄마는 단호하게 대답하셨습니다.

"응, 너 이제 안 귀여워."

체중과 상관없이 언제나 제가 귀엽다고 말해줬던 엄마마저도 살이 많이 찐 저를 보고 심각하다고 생각하셨나 봅니다. 믿었던 엄마에게 배신당한 기분이 들었습니다.

여기에 또 하나의 사건이 더해졌습니다. 중학교 진학 무렵이었는데 갑작스러운 이사를 하게 됐던 것입니다. 중학교라는 낯선 환경이 다가오는 것도 신경이 쓰였는데, 이사까지 더해지자 걱정도 늘어났습니다. 평소 제 모습이 사람들에게 호감을 줄 수 없다고 생각했기에 소극적이었던 저는, 안 그래도 새로운 사람을 만나는 것에 두려움이 많았던 터라 이를 악물고 살을 빼기 시작했습니다. 고기를 먹을 때는 지방을 다 떼어냈고, 밥은 언제나 서너 숟가락만 먹고 그쳤습니다. 방학 내내 수영하러 다녔고, 수시로 녹차를 마셨고, 군것질은 아예 끊어버렸습니다. 사실 걱정과 두려움으로 밥을 잘 넘기지 못했던 것도 있었습니다. 그리고 마침내 제 체형이 서서히 변화했습니다. 더이상 뚱뚱한 임소정이 아니었습니다.

살을 빼고 나니 사람들이 저를 대하는 태도가 바뀌었고, 저 또한 당당해졌습니다. 더이상 뚱뚱하다는 놀림을 받지 않았고, 제 성격도 밝아졌습니다. 사람들을 대하는 것에 자신감이 붙었고, 누가 뭐라고 해도 한 귀로 듣고 한 귀로 흘릴 줄 알게 되었습니다. 피해의식도 없어졌고, 살에 대한 죄책감도, 항상 모든 문제의 원인을 뚱뚱한 몸으로 돌렸던 태도도 없어졌습니다.

그렇게 저는 행복하게 살았습니다, 라고 끝나면 재미가 없겠죠. 이제부터 인생의 제2막, 두 번째 인생 얘기를 들려드리겠습니다.

대학교 3학년 때였습니다. 덴마크로 교환학생을 간 저는 다시 뚱뚱해졌습니다. 하지만 덴마크에 머무는 동안에는 살이 쪘다는 사실을 전혀 인지하지 못했습니다. 왜냐하면 살이 쪄도 반에서는 두번째로 마른 여자애였고, 친구들도 '너는 정말 날씬하고, 살을 뺄 필요가 전혀 없다'고 말해줬습니다. 친구들은 살이 쪘건 말건 한결같이 제가 사랑스럽다고 말해줬고, 진심으로 그렇게 대해줬습니다. 주변 사람들의 태도가 한결같았기에 저 또한 스스로 살이 쪘다는 사실조차 인지하지 못했던 것 같습니다. 심지어 입던 바지가 잘 들어 가지 않을 때도 '어? 내가 빨래를 잘못했나, 바지가 줄어들었네'라고 생각했을 정도였습니다. 한국에 돌아와서야 11킬로그램이 늘었다 는 걸 확인하고 놀랐습니다.

초등학교 시절의 경험과 덴마크 교환학생의 경험을 통해 깨달은 게 하나 있습니다. 비만은 제 몸을 둘러싼 불필요한 살이 아니라 제 생각을 둘러싼 불필요한 인식이었다는 것입니다. 저는 뚱뚱한 임소 정으로 한 번, 보통 임소정으로 한 번 살았던 게 아니라, 사람들의 시선에 맞춘 임소정으로 한 번, 가장 임소정다운 임소정으로 한 번, 이렇게 두 번의 인생을 살았습니다.

지금 저에게 비만이란, 나를 규정하는 '특성'이 아닌 그저 기분이 나 옷과 같은 '상태'라고 생각합니다. 만약 제가 오늘 망사로 된 민 소매를 입었다고 친구들한테 놀림을 받는다 해도 저는 아무렇지 않 습니다. 왜냐하면, 내일은 다른 옷을 입으면 되기 때문입니다. 제가 망사로 된 민소매 자체는 아니듯, 옷이 곧 그 사람이 아니듯 비만도 마찬가지입니다. 자신을 틀에 가두고 있을 분들도 부디 그렇게 생각 해주셨으면 좋겠습니다.

마지막으로 모두에게 부탁드립니다. 뚱뚱한 사람들에게, 너 또 뭐 먹냐고, 그러니까 살이 찐다고 말하지 마세요. 그 사람에게는 그게 첫 끼일 수 있습니다. 덩치는 산만 한데, 덩칫값을 못한다고도 하지 마세요. 뷔페나 엘리베이터에서는 덩칫값 한다고 뭐라고 할 거잖아 요. 당신의 주변에 있는 그 사람은 생각 이상으로 아주 여릴 수 있 습니다. 그러니 누군가 무심코 내뱉은 말이 평생 지워지지 않는 상처가 될 수도 있습니다. 조금만 더 배려하고 이해하면 어떨까요. 특히 엘리베이터 탈 때나 밥 먹을 때요.

**임소정** 주니어보드 22기 AE로 활동했다. 대학에서 언론정보학을 전공했다. 망치 발표 당시 학생이었고 현재는 마지막 학기를 마쳤다. 요즘은 '살'을 넘은, 나를 둘러싼 여러가지 인식의 틀을 깨기 위해 열심히 살아가고 있다.

# 15

# 거절학개론

박기백

카페에 가면 많은 사람들이 아이스 아메리카노를 주문합니다. 하지만 저는 커피를 마시면 잠을 못 자는 체질이라 아메리카노를 안 좋아합니다. 대신 좋아하는 딸기 스무디를 마시죠. 당연히 소개팅에 나가서도 딸기 스무디를 시킵니다. 나중에 이 사실을 알게 된 친구들은 제게 "소개팅에서 딸기 스무디가 웬 말이냐. 다음부터는 아메리카노 시켜라" "스무디는 애 같아 보이고 가벼워 보인다"라고 말하면서 저는 한참 멀었다고 했습니다.

남중, 남고를 나와 남자들의 세계에만 있다 보니 여자 앞에서 굉장히 어수룩했던 저는 대학에서는 디자인과에 진학하게 되었습니다. 디자인과에 들어가보니 남녀 비율이 1:10이더군요. 처음엔 좋았는데, 곧 이런 환경에서 오히려 여자를 만나기 어렵다는 사실을 깨달았습니다. 왜냐하면, 남자 수가 너무 없어서 미팅을 할 수가 없었고, 그래서 CC를 할 게 아니면 외부에서 찾아야만 했던 겁니다. 그래서 저는 자연스럽게 소개팅을 자주 하게 됩니다.

제 소개팅 경력은 어마어마합니다. 소개팅으로 스쳐지나간 여자들은 김○화, 박○영, 윤○주 등 서른 명이 넘죠. 이렇게 소개팅을 많이 하다 보니 나름의 노하우도 생겼고, 연애로까지 이어지는 경우도 드물지만 있었습니다. 하지만 그만큼 거절당하는 경험도 많아졌습니다. 그리고 어느덧 저를 거절하는 여자분들의 유형을 나눌 수 있게 되는 지경까지 이르렀습니다.

먼저 연예인형입니다. 연예인형 여자분들은 지나치게 많은 스케줄로 자신을 혹사합니다. 연예인형의 거절 유형을 카카오톡 대화로 살펴보겠습니다.

"○○야, 혹시 내일 시간 있어?"라고 제가 먼저 말을 건넵니다. 그러면 "미안, 내일 선약 있을 것 같은데."라고 답장이 옵니다. 약속이 '있는' 게 아니라 '있을' 것 같은 겁니다. "바쁘구나ㅋㅋ 주말은?"이라고 다시 보내면, "주말에는 팀별 과제가 있을 것 같아. 과제도 해야 할 것 같고."라고 답장합니다. 다시 제가 "그러면 너 시간 될 때 알려주라 ㅋㅋ"라고 말하면, 그 이후로 그녀는 답장이 없습니다.

연예인형 여자분들은 내일이든 모레든 항상 스케줄이 있을 거라는 확신을 가지고 있습니다. '~할 것 같아'라는 가정법을 많이 사용하는 경향을 보이는데, 저를 만나줄 시간은 도무지 내지 못합니다. 애매한 프로필 사진과 이중적 의미의 상태 메시지를 애용하여 남자들을 혼란스럽게 하는 특징을 가지고 있습니다.

그다음은 인간중독형입니다. 모든 인간은 나와 친구여야 한다는 강박관념을 가진 유형입니다. 자신의 프로필 대화명에 '오빠 내 친구!'라고 쓴 인간중독형의 거절 방식도 카카오톡 대화로 살펴보겠습니다.

"오빠는 정말 좋은 사람인 것 같아. 우리 친한 친구로 지냈으면 좋겠어"라고 먼저 저에게 말을 건넵니다. 그러면 저는 당황해서 "친한 친구 사이?"라고 답장을 보냅니다. 제 답장을 본 그녀는 "응. 사귀면 언젠간 헤어지고. 그러면 영영 오빠 못 보잖아. 앞으로 자주 볼 수 있는 친구. 우리 의남매 같은 사이가 되자!"라고 말을 합니다. 결국, 저는 "그래! 우리 자주 연락하고 지내자!"라고 아쉬움을 뒤로한 체 답장을 하지만, 그녀는 역시 그 이후로 답을 하지 않습니다.

인간중독형은 '남는 것은 친구뿐이다'라는 확고한 신념을 지니고 있고, 사랑보다는 영원할 수 있는 우정을 택하는 성향을 가지고 있는 것이 특징입니다. 또 가끔은 "오빠!"라고 연락이 와서 남자들을 미치게 하곤 합니다. 그리고 항상 남자들과 의남매를 맺기 때문에 대가족을 이루고 있을 가능성이 크다는 것이 특징입니다.

그다음은 대역죄인형입니다. '난 나쁜 사람이기 때문에 절대 나보다 착한 사람은 만날 수 없다!'라고 생각하는 유형입니다. 자신의 프로필 대화명에 '착해빠져서!'라고 적어둔 대역죄인형의 거절 방식도 살펴보겠습니다.

그녀가 "오빠는 나에게 과분할 정도로 너무 착하고 좋은 사람이야"라고 저에게 말을 건넵니다. 무슨 영문인지 모르는 저는 "응? 무슨 말이야?"라고 물어봅니다. 그러면 그녀는 "난 나쁜 사람인 것 같아. 오빠는 나보다 더 좋은 사람 만날 수 있을 거야. 정말 미안해 내가 이거밖에 안 돼"라고 저에게 답장합니다. 그 말을 들은 저는 "그렇구나! 날 좋게 봐줘서 고마워!"라고 그녀에게 감사의 마음을 표현하지만, 그 이후로 그녀와 대화를 할 수 없게 됩니다.

대역죄인형은 자기 자신에 대한 자신감이 없는, 자존감이 아주 낮은 유형이기 때문에 본인을 나쁜 사람으로 인식합니다. 그리고 자신이 착한 남자와는 절대 어울리지 않는다고 생각합니다. 또 미안하다는 말을 항상 하며 상대에게 자신감을 줄 정도로 친절합니다. 이 때문에 거절당해도 썩 기분이 나쁘지 않은 것이 특징입니다.

네번째로 소설가형입니다. 무한한 상상력과 엄청난 필력으로 무장한 유형입니다. '내 얘기 좀 들어 볼래'라는 프로필 대화명을 가진 소설가형의 거절 방식을 살펴보겠습니다. "오빠, 사실 나 고민 정말 많이 했는데 아무리 생각해도 이건 좀 아닌 것 같아서 이렇게 글 남겨. 사실 전 남자친구랑 헤어지고 외로워서 오빠를 소개받았어. 내가 아직 정리가 덜 된 상태에서…… (이하 생략)" 이렇게 긴 문장으로 거절을 통보합니다. 그럼 저는 "응, 그래. 잘 지내"라고 대답합니다.

소설가형은 '나는 말한다. 너는 듣기만 해!'라는 생각으로 자신의 말만 하고 절대 남의 말을 듣지 않습니다. 그리고 아주 논리정연하게 구성된 글을 쓰기 때문에 거절을 당한 사람이 할 말이 없게 만드는 능력을 지니고 있습니다. 또 카카오톡 글의 길이만 보고도 '거절이겠구나'라고 알 수 있는 것이 특징입니다.

마지막으로 침묵형입니다. '침묵은 금이다!'라는 말을 삶의 신조로 삼고 있는 유형입니다. "어제 잘 들어갔지?" "오늘은 모해?" 그녀는 이런 제 말을 절대 읽거나 답장하지 않습니다. 침묵형은 저도 따로 할 말이 없습니다.

하지만 어떤 유형이든 그녀들이 제게 말하고 싶었던 메시지는 단 하나였습니다. 너랑은 만나기 싫다는 거였죠. "내일 선약이 있을 것 같은데"라고 하는 연예인형의 말은 "너 싫으니까 그만 연락해"라는 의미였고 "우리 친한 친구로 지내자"라는 인간 중독형의 말도 "너 싫으니까 그만 연락하라고!"라는 의미였습니다. "오빠 너무 착하고 좋은 사람이야"라고 하는 대역죄인형 역시 "싫으니까 그만 좀 연락하라니까!"라고 말하고 있었던 것입니다.

이런 거절은 예의 있는 거절 방식이 맞을까요? 저를 포함한 대부분 남자들은 이렇게 돌려 말하면 잘 모릅니다. 그리고 그 메시지가 곧 거절의 메시지였다는 사실을 나중에 알게 되면 더욱 상처받고 맙니다. 〈마녀사냥〉의 그린라이트가 굉장한 인기를 끌었을 때 저는 이런 생각을 했습니다. '혹시 그린라이트인가요?'라는 질문 자체가 애매한 거절의 산물이고, 모호한 거절들이 서로에게 혼란을 주고 있다고요.

깔끔하고 담백하게 거절합시다. 느끼는 감정 그대로 솔직하고 담백하게. 가식 없이, 꾸밈없이. 성숙한 남녀로서 거절도 솔직하게 드러낼 수 있었으면 좋겠습니다. 그렇게 된다면 어떤 관계가 '썸'인지, '어장'인지, '그린라이트'인지 고민할 필요조차 없을 테니까요.

**박기백** TBWA 주니어보드 22기 아트디렉터로 활동했다. 대학에서 시각디자인을 공부했다. 망치 발표 당시 소개팅을 많이 받은 학생이었고, 지금은 광고 회사 메이트 커뮤니케이션즈에서 소개팅을 많이 받는 아트디렉터로 일하고 있다.

16

# 혼자 농구 보는 여자

류은비

프로농구 시즌이 언제 시작하시는지 아시나요? 10월 중순에 개막해서 4월 초에 끝납니다. 현재 농구 구단 수는 몇 개인지 아시나요? 고양 오리온, 인천 전자랜드, 서울 삼성, 서울 SK, 안양 KGC, 부산 KT, 울산 모비스, 창원 LG, 전주 KCC, 원주 동부, 이렇게 총 10개의 구단으로 이루어져 있습니다. 이중에서 지난 시즌 우승팀이 어딘지 아시나요? 창원 LG가 창단 처음으로 17년 만에 우승했습니다. 한 팀당 몇 명의 선수가 있는지, 그중에 몇 명의 외국인 선수가 있는지 아시나요? 한 팀당 한국 선수 13명, 외국인 2명으로 이루어져 있습니다. 유니폼 색상은 어떤 식으로 이뤄져 있는지 알고 계시나요? 홈팀이 진한 유니폼을 입고 원정팀이 흰색 계열의 유니폼을 입도록 규정되어 있습니다. 피파(FIFA) 다들 아시겠지만 피바(FIBA)도 아시나요? 축구에 피파가 있듯 농구에는 피바가 있습니다. 축구 월드컵처럼 피바에서 주관하는 농구 월드컵이 있다는 것도 다들 아셨나요? 2013년, 농구 월드컵에 우리나라가 16년 만에 진출하게 되었습니다. 다들 아는 사실이셨나요? 아마 모르셨던 게 더 많았을 것 같은데요. 그럼 저는 어떻게 아느냐고요? 저는 프로 농구 덕후거든요.

시작은 우연이었습니다. 우연히 간 농구장에서, 농구에 푹 빠졌습니다. 제가 얼마나 농구를 좋아하느냐 하면, 4월 농구 시즌이 끝나면 다시 시즌이 시작될 10월만을 기다릴 정도입니다. 그렇게 시즌이 시작되면 모든 팀의 경기를 하루도 빠짐없이 봅니다. 주말에는 연달아 두 경기를 보느라 낮부터 저녁까지 TV 앞에, 길게는 6시간을 찰싹 붙어 있기도 합니다. 적어도 한 달에 네다섯 번은 직접 경기를 보러 경기장에 가는데, 많이 갈 때는 일주일에 두세 번도 갑니다. 그냥 가면 허전해서, 좋아하는 선수의 이름을 적은 플래카드도 만들어서 갑니다. 경기 시작하기 전에 일찍 가서 선수에게 사인도 받고, 이벤트로 장미도 받고, 응원하는 팀이 경기에서 이기는 날에는 끝나고 선수들과 수고했다고 악수도 하고 사진도 찍으며 즐거운 시간을 보냅니다.

이렇게 자주 경기장에 가다보니, 어느덧 저를 먼저 알아봐주고 인사해주는 프로 선수도 생겼습니다. 멀리서 좋아하고 응원을 보내는 것으로 시작했지만, SNS로 메시지도 주고받고, 지금은 개인적으로 문자도 주고받을 정도로 친한 사이가 되었습니다. 보통 사람들은 별 것도 아니라고 생각하겠지만, 저한테는 마치 김수현하고 연락하고 지내는 것과 같은 일이었습니다.

연예인을 쫓아다니는 어린 학생들, 소위 '빠순이'들이 음악 프로그램에 쫓아다니다가 TV에 찍히는 걸 보면 한심하다고 생각했었는데, 어느 순간 제가 그렇게 되어 있었습니다. 자주 경기장에 가서 농구를 보다보니 TV에 몇 번이나 잡힌 거죠. 또 제가 좋아하는 구단의 버스가 빨간색이라, 빨간색 관광버스만 봐도 마치 연예인들 밴을 본 것처럼 설렙니다. 혹시 구단 버스는 아닌지, 다시 한번 확인하게 됩니다. 비시즌 기간에는 선수들이 훈련하는 모습, 대학 팀하고 하는 연습 경기를 보러 경기장에 가며 비시즌의 헛헛함을 견뎌냅니다.

이렇게 좋아하는 농구를 저는 언제나 혼자 보러 갑니다. 좋아하는 사람들과 함께 즐기면 더 좋을 것 같은 마음에 친구들에게 같이 농구를 보러 가자고 하면 십중팔구는 이런 대답이 돌아옵니다. "요즘도 농구 보는 사람이 있어?" "한국 농구는 수준 낮아서 안 봐."

현재 한국 프로농구가 인기 없는 스포츠 종목이 되어버린 것도 사실입니다. 하지만 한때 농구에도 전성기가 있었습니다. 94부터 97년까지인데요. 당시 우지원, 이상민과 같은 선수들은 연예인들보다도 인기가 많아서 가는 곳마다 소녀 팬들로 넘쳐났습니다. 요즘은 스포츠 채널마저도 외면하는 듯한 대학 농구를 (프로 리그 출범 전이긴 하지만) 그 당시에는 공중파에서 생중계해줬고 본경기는 물론 시범 경기까지 전석 매진이 되었으며, 개막전은 예매 시작 8시간 만에 매진될 정도로 인기였습니다. 인터넷도 없었는데 말이죠. 만화 『슬램덩크』는 모든 학생의 필독서였고, 드라마 〈마지막 승부〉는 시청률 35%를 넘길 정도였으며, 농구 선수를 모델로 쓰는 광고도 많았습니다. 점심시간이면 다들 약속이나 한 듯 뛰어나가 농구를 했고, 대학생들에게 좋아하는 스포츠에 대해 설문조사를 하면 1위가 농구일 만큼, 그야말로 '농구의 시대'였죠.

이제 상황은 달라졌습니다. 관중들로 꽉 찼던 농구장은 텅텅 비고 시즌 중에 표가 매진되는 일은 손에 꼽을 수 있을 정도입니다. 공중파에서는 농구 중계를 해주는 일이 거의 없고, 스포츠 뉴스 하이라이트 장면을 통해서나 겨우 봅니다. 그나마 남은 케이블 중계도 프로 야구 시즌과 겹치면 야구에 밀리고, 배구 경기라도 있는 날엔 중요한 결승전 경기를 3쿼터부터 생중계해주는 경우도 있습니다. 농구는 재방송과 인터넷 다시 보기 서비스로만 볼 수 있게 되어버렸습니다. 그렇게 눈에 띄지 않는 농구를, 사람들은 점점 보지 않게 되었죠.

농구는 정말 매력적인 스포츠입니다. 공수 전환이 빠르고 득점이 많아 지루할 틈이 없고, 연장을 가지 않는 한 두 시간 안에 경기가 끝납니다. 파워풀한 덩크슛, 깔끔한 3점 슛, 마지막으로 종료 버저와 동시에 공이 림에 빨려들어가는 버저비터…… 버저비터로 역전승했을 때 느끼는 전율은 말로 다 표현할 수 없을 정도로 짜릿합니다. 시간이 지난다고 매력이 변하는 것도 아닌데, 왜 농구가 예전만큼 관심받지 못하는지 정말 안타깝습니다.

친해진 프로 선수와 따로 만나 이런저런 이야기를 할 기회가 있었습니다. 그분은 제게 "예전에는 경기장이 꽉 차고, 환호도 응원도 많았는데, 지금은 관중도 별로 없고 응원해주는 사람도 적으니까 뛸 맛이 안 나. 네가 자주 와서 응원도 많이 해주고 그래"라고 말했습니다. 그 얘기를 들은 저는, 사람들이 농구에 관심을 갖지 않아서 선수들이 더 재미있는 경기를 못하는 것일 수 있겠다는 생각이 들었습니다. 더 많은 사람이 다시 농구에 관심을 가져주면 좋겠습니다. 그래야 경기도 재미있어지고, 경기가 재미있어지면 TV에 많이 등장할 것이고, 더 많은 사람들이 TV를 통해 농구를 다시 보게 될 테니까요. 그렇게 관심이 올라가면 농구는 예전 같은 인기를 다시 얻을 수 있겠죠. 저는 지금의 축구나 야구 경기를 보고 난 뒤처럼, 농구를 보고도 '어제 농구 봤어?' '어제 농구 어디가 이겼냐?'라고 친구들과 함께 농구 이야기를 할 수 있는 때가 다시 왔으면 합니다.

**류은비** TBWA 주니어보드 22기 디자이너로 활동했다. 대학에서 미디어디자인을 전공했고, 지금은 디자인회사 더코사인에서 일하고 있다.

# 17

# 스트리트 갤러리

강한결

얼마 전 종로의 갤러리 이곳저곳을 들뜬 마음으로 걸었습니다. 정확히 말하면 골목 이곳저곳을 걸었습니다. 보통 사람들은 노래방, 병원, 음식점 등이 즐비한 골목을 무심결에 지나치지만, 저에게 골목은 또 하나의 갤러리이기 때문입니다. 간판이라는 수많은 작품이 걸려 있는 스트리트 갤러리 말입니다.

간판이 눈에 들어왔던 건 '관심'이라는 프레임으로 골목을 다시 보기 시작하면서부터였습니다. 조금만 관심을 기울였을 뿐인데 평범해 보였던 간판 하나하나에서 전혀 새로운 것들이 느껴졌습니다. 노래방과 옷가게 사이, 그 사이 중국 식당의 2층에 있는 바둑 교실의 간판(사진 1). 간판 가운데에 사각형 바둑판 그림을 마름모꼴로 돌려두고, 간판 외형까지 마름모꼴에 맞추어 삐죽하게 커팅을 한 모습이었습니다. 간판에서 바둑판을 살리기 위한 참신한 아이디어였

습니다.

　바둑 교실의 간판처럼, 제 눈과 마음에 들어온 길거리의 작품을 하나씩 소개하려고 합니다. 스트리트 갤러리의 작품들은 모두 '간판'이라는 것 외에는 공통점과 공유하는 맥락이 없습니다. 그렇기에 그저 이 골목 저 골목을 돌아다니다 불현듯 눈을 사로잡는 멋진 작품을 만났다고 상상해보길 바랍니다.

　겨우 1층짜리 낮은 주택들이 틈 없이 늘어서 있는 비좁은 골목, 그 골목에 있는 작은 집의 늘어진 전깃줄 사이로 '세탁' 간판(사진 2)만이 삐죽 솟아 있습니다. 하늘 높이 매달려 바람에 흔들릴 것만 같은 모양새가 '세탁', 말 그 자체입니다. 간판을 보는 것만으로도 어디선가 청량한 냄새가 나는 것만 같습니다. 엄마가 깨끗하게 빨아 걸어둔, 햇빛 아래에서 바삭하게 마른 옷에서 나는 섬유 유연제 같은 냄새말입니다.

　다음 골목으로 접어듭니다. 많은 사람에게 이발소는 익숙하지 않은 공간일 것입니다. 제 또래 남자들은 미용실을 다니니 낯설 것이고, 아버지가 어머니의 독촉을 못 이겨 가끔 들를 만한 곳으로 생각됩니다. 하지만 오래된 골목에서 발견한 한 이발소의 간판(사진 3)

3                                    4

은 오랜 세월을 알고 지낸 친구를 만났을 때의 친근감을 줍니다. 주택을 개조한 듯한 낡은 단층 건물의 벽면에 명확한 상호도 없이, 동글동글한 글씨체로 그저 '어서오십시오. 정성껏 모시겠습니다'라는 문구가 쓰여 있습니다. 몇십 년 동안 자리를 지켜왔을 이발소의 지난 세월이 느껴지고, 빛바랜 회전 간판과 구불구불한 슬레이트 지붕도 조화로워 마치 영화의 한 장면을 보는 것 같습니다.

조금 더 골목 안쪽으로 걸어들어가봅니다. 푸른색으로 도색을 하는 곳인지 주변이 온통 새파랗게 변해버린 벽이랄까 간판이랄까 정체 모를 상호(사진 4)가 보입니다. 벽에 큼지막하게 쓰인 상호가 새로 칠한 스프레이에 덮이고 색도 바래서 흐릿하게 보입니다. 글자가 보일 듯 말 듯한 그러데이션의 아련함, 스프레이가 번진 자유로운 형태가 아름답습니다. 보고 있으면 '이게 바로 오리지널의 힘이구나' 하고 느낍니다. 포토샵에서 브러쉬를 이용하고 블렌딩 모드와 색감을 조절해 이와 비슷한 이미지를 만들어낼 수도 있을 겁니다. 하지만 이 간판의 색감과 자연스러움은 빛과 시간 그리고 우연이 작용한 결과인지라, 간판의 고유함까지는 무엇으로도 따라 할 수 없을 겁니다.

110

6

5

　계속해서 골목을 걸어봅니다. 이번에는 평양냉면집의 핸드메이드 세움 간판(사진 5)을 마주쳤습니다. 저처럼 어도비Adobe의 은총 속에 살다보면 일상생활에서 붓이나 펜을 쓸 일이 드물어집니다. 마이크로소프트 오피스MS Office와 아이폰의 은총도 한몫했을 겁니다. 그래서 때로는 손으로 무언가를 직접 그리고 쓰는 일이 두려워지기도 합니다. 그런데 손으로 쓴 그 간판의 글씨를 보는 순간, 자연스레 상상이 되었습니다. 한 사람이 담배를 한 대 피우고는 커다란 붓에 새까만 물감을 듬뿍 적셔서 단번에 간판 위로 글씨를 흘려 쓰는 모습이 말입니다. 'Ctrl+Z'가 없는 수작업의 세계에서 대담하게 직접 쓴 간판은 진정 '예술이구나!' 싶었습니다.

　재료를 재미있게 사용한 간판도 여럿 보였습니다. 어떤 식당은 음식을 나를 때 쓰는 트레이에 색을 칠하고 글을 써서 만든 간판(사진 6)을 걸어두기도 하고, 어떤 철물점은 버리는 케이블 접시를 이

7

8

9

10

용해 만든 독특한 원형 간판(사진 7)을 길모퉁이에 걸어두기도 합니다. 또 어떤 가게는 밧줄로 글자를 만들어 간판(사진 8)을 만들기도 했더군요. 주변 사물에서 새로운 쓰임새를 발견하고 재치 있게 간판에 응용한 모습을 보니 창의성, 크리에이티비티가 따로 있는 게 아니라는 생각이 들었습니다.

글자를 재미있게 쓴 간판 또한 많이 보였습니다. 어떤 공구점의 간판(사진 9)인데, 자그마한 간판 면적을 꽉 채워 최소 네 종류의 서체로 스카시, 스텐, 아크릴 등 공구점에서 취급하는 소재를 표현했습니다. 왜 이렇게 다양한 서체를 이용하게 됐는지 특별한 이유라도

112

있는 건지 궁금했습니다. 또 어떤 식당의 간판(사진 10)은 마치 그 식당만의 음식 철학을 고수하듯, 이상적으로 추구하는 'ㅅ' 획의 각도가 있었던 것 같습니다. 시트지에 메뉴를 프린트해 붙일 때, 굳이 'ㅅ'만을 수직으로 세워 붙여 평범하고 익숙한 명조체인데도 완전히 달라 보이게 만들었습니다. 세리프체와 산세리프체를 함께 써서 대비효과를 주는 센스도 돋보였습니다. 또 다른 골목에선 좀처럼 보기 힘든 다방 간판(사진 11)도 마주칠 수 있었습니다. 이 다방의 간판은 노래 가사를 장면 장면으로 단순하게 옮겨 표현했던 옛날 뮤직비디오처럼, 상호의 서체를 두 부분으로 나눠 표현하기도 했습니다. '타임' 부분은 디지털 숫자처럼 썼고, '다방' 부분은 예스럽게 둥글둥글하게 썼습니다. 놀랍게도 정말 '타임'과 '다방'스럽습니다. 또 다른 한 음식점의 간판(사진 12)은 '황소'라는 말을 쓸 때 '황'을 세

13

마크 제이콥 씨 진정하세요.
11:54 PM - 2013년 12월 25일
1,033 RETWEETS 253 FAVORITES

14

번이나 각도를 달리하며 연달아 붙여 역동적인 모양새로 표현했습니다. 상형문자 같기도 하고, 특히 '황' 아랫부분에 '소'가 맞물리는 부분은 소의 코뚜레를 표현한 걸까, 궁금증이 듭니다.

때로는 절규하고 있는 것처럼 느껴지는 간판을 마주치기도 합니다. 최소 여섯 군데에 '자석'이라고 쓰인 간판(사진 13)이 달린 가게입니다. 의심할 것도 없이 자석을 파는 곳입니다. 앞뒷면에 전부 '자석'이 쓰인 다른 간판도 있으니 '자석'이라는 글자가 총 열 번 쓰인 셈입니다. 자석집이라는 걸 굉장히 알려주고 싶었나 봅니다. 이토록 반복을 좋아하시는 모습을 보니, 어떤 브랜드에 쓰여서 화제가 됐던 이미지가 떠오릅니다. 그 이미지(사진 14)는 다름 아닌 해당 브랜드의 라벨인데, 'Marc Jacobs by Marc Jacobs for Marc by Marc Jacobs in collaboration with Marc Jacobs for Marc by Marc Jacobs'라고 쓰어 있습니다. 브랜드의 크리에이티브 디렉터 마크 제이콥스나 자석 간판을 만든 자석집 아저씨나, 다를 거 하나 없는 것 같습니다.

평소에 무심코 걷던 길들도 이렇게 간판 하나 유심히 보았을 뿐인데 재미있는 갤러리가 되고 소소한 즐거움을 얻는 곳이 됩니다. 여러분 주변의 스트리트 갤러리는 어떤 모습일지 감상해보는 건 어떨까요?

**강한결** TBWA 주니어보드 22기 AD로 활동했으며 대학에서 시각디자인학을 전공하고 있다.

# 18

# 마성의 네 단어

이승민

한 시기를 풍미하는 유행어들이 있습니다. 어떤 말이 일상의 언어가 되는 데는 다 이유가 있을 텐데요. 저는 많은 유행어 중에 유독 강한 마성으로 사람들의 입을 사로잡은 네 단어에 관해 이야기해보려고 합니다. 그냥 공개하면 재미없으니, 문제를 하나 내보겠습니다.

다음 대화를 보고 상황을 추론하시오.
 A : 야, 좀 봐봐. 개쩔어
 B : 헐 진짜. 대박이네

 1) 얼굴과 몸매가 훌륭한 이성을 봤다.
 2) 최고로 아끼는 아이돌의 열애설이 터졌다.
 3) 새로 생긴 돈가스집의 돈가스가 튼실하다.

간단해 보이지만, 막상 답을 고르려고 하면 망설여질 텐데요. 여러 개의 답이 있다고 느낀다면 제대로 느낀 겁니다. 제가 이야기하려는 단어들은 바로 문제 속의, '헐' '대박' '개' '쩐다'입니다.

평소 제가 은어 사용에 대해 심각한 우려나 남다른 의식을 갖고 있었던 건 아닙니다. 오히려 그런 은어를 입에 달고 사는 인간에 가까웠죠. 그런 제가 이런 단어들에 어쩌다가 주목하게 되었습니다. 문득, 그런 단어들을 너무 자주 쓰고 있는 스스로가 낯설게 느껴졌고, 계속 개운하지 못한 기분이 따라붙었습니다. 그래서 어느 순간부터 그런 단어들에 의식적으로 거리를 두게 되었습니다. 의심해보고, 다른 사람들이 사용하는 모습을 관찰도 하면서, 저는 단어들 사이에 존재하는 공통점을 발견했습니다. 이 공통점을 '마성'이라고 부를 건데요. 바로 이 '마성' 때문에 중독성도 생길 수 있었을 겁니다.

사람들은 기분이 좋고 즐거울 때 '헐, 쩐다!'라고 감정을 표현할 수 있습니다. 동시에, 정반대의 감정이 들 때도 역시 '헐, 쩔어'라고 표현하는 게 가능합니다. 팀플과 시험이 몰려 있는 상황을 가정해봅시다. 이미 충분히 지쳐 있는데 거기에 교수님이 과제까지 낸다면, '헐, 진짜 쩐다'는 말이 절로 나올 겁니다. 이번에는 학기가 끝나고 성적을 확인하는 상황을 가정해봅시다. 아름다운 A$^+$를 발견하고도 '대박' 하고 기쁜 마음을 표현할 수 있지만, 반대로 참혹한 D를 발견하고도 '대박'이라고 상황을 냉소할 수 있을 겁니다. 여기서 '대박'은 곧 반의어 '쪽박'과도 의미가 같아지죠. '개' 같은 경우에는 특히 활용도가 높은데, 다른 단어 앞에 붙어, 그 뉘앙스를 강하게 만들어주고 있었습니다.

긍정적인 상황이나 감정의 표현부터 부정적인 상황이나 감정에 대한 표현까지 모두 가능하다는 게 바로 네 단어의 공통점이자 '마성'이었던 겁니다. 그리고 나니 이번에는 네 단어로 대화하는 모습들이 눈에 밟히기 시작했어요. 거리에서도, 카페나 버스에서도, 카톡 창에서도, 예능 프로그램에서도 보였습니다. 그리고 그 모습들을 보며, 저는 어딘가 모르게 답답하고 아쉽다고 느끼게 됩니다.

저는 리처드 링클레이터 감독의 〈비포 선라이즈〉라는 영화를 좋아합니다. 많은 사람들을 비엔나로 날려 보내고, 여행자들에게는 여행지에서의 충동적인 로맨스를 꿈꾸게 했던 이 영화의 줄거리는 정말 단순합니다. 우연히 두 남녀가 기차에서 만나 하루 동안 함께 비엔나를 여행하는 게 전부죠. 영화 속 아름다운 트램, 레코드 숍, 방랑 시인, 거리가 영화를 풍성하게 만들고 있지만 사실 영화를 가장 풍부하게 만드는 건 다른 무엇보다도 대화였습니다. 만나는 순간부터 헤어지기 전까지 이어지는 그들의 대화에는 때론 무겁고 때론 가벼운, 때론 진지하고 때론 장난스러운, 그 순간에만 가능한 무게의 진심이 푹 스며 있는 것 같았습니다.

둘이 걷다가 화가 조르주 쇠라의 전시 포스터를 발견하는 장면이 있습니다. 셸린느는 쇠라의 그림에 대한 경험과 생각을 조목조목 말하기 시작합니다. 눈을 뗄 수가 없었고, 45분쯤 쳐다봤을 거라고 말하고, 〈철도〉라는 그림에 대해서는 사람들이 배경에 녹아들어 가는 듯한 모습이, 사람보다 환경이 더 강한 것 같아서 마음에 든다고도 합니다. 아마 제가 제시였다면, 말을 듣는 동시에 그녀가 그림 앞에 서 있는 모습을 떠올렸을 거고, 그녀가 환경과는 어떤 관계를 추구하며 사는지도 짐작해볼 수 있을 겁니다. 가까워지려고 가까워지자고 하는 게 아니라 마음을 다해 대화하니 가까워져버린, 그런 방식이 너무 멋져서 저는 영화와 같은 대화를 동경하기 시작했습니다. 가족, 연인, 친구 그리고 낯선 사람과도 진심으로 대화하는 모습은 상상하는 것만으로도 벅찼습니다.

물론 네 단어만으로도 얼마든지 그림에 대한 감상을 말할 수 있습니다. '나, 이 그림 개좋아해'라든가 '미친 와! 진짜 쩐다'고요. 쉽고 편하죠. 하지만 이렇게 말한다면, 듣는 사람에 입장에서는 대체 왜 좋아하고, 어디가 좋다는 건지 전혀 알 수 없을 겁니다. 다시 한번 되묻는 노력 없이는, 대화의 주제가 바뀌어버릴 거고, 아예 대화가 마무리될 수도 있을 겁니다. 그러고 나니 네 단어는 쓰기 쉽고 편하지만, 생각과 마음을 구체적으로 담아내는 데는 적당하지 않다는 생각이 들었습니다. 자주 두루두루 쓰이는 차원을 떠나, 다른 단어들이 쓰여야 하는 자리를 빼앗고 있다는 생각도 들었습니다. 그렇다면 이들의 '마성'은 대화를 좋아하고 대화를 희망하는 사람에게는 치명적일 겁니다. 바라던 대로 대화를 채워나갈수록 중요한 것들은 점점 비워지고, 그런 공허한 대화에서 허무함을 지우기 어려울 거니까요.

그러니 이제부터 네 단어를 쓰지 말자, 고 할 건 물론 아닙니다. 제가 할 수도 없는 일이고, 또 엄밀히 따지면 제 이야기가 꼭 네 단어에만 한정되는 것도 아니기 때문입니다. 지금은 '헐' '대박' '개' '쩐다'일 테지만, 몇 년 뒤에는 또 다른 단어들이 마성을 뽐내며 사람들의 입에 걸려 있을 겁니다. 네 단어에서 시작했지만, 저는 결국 사람들이 대화를 더 가치 있게 생각하고, 대화하는 데 노력을 더 한다면 좋겠다고 이야기하고 싶습니다.

그렇게 하려고 대화의 기술을 알려주는 책을 살 필요도 없을 겁니다. 저는 이미 사람들이 말과 대화에 있어서는 나름대로 일가견을 가졌다고 생각하거든요. 모든 사람에게는 어려서부터 책을 읽고, 교육을 받기를 반복하고, 거기에 개인의 역사가 붙으면서 충분히 두꺼워진 머릿속 사전이 하나씩 있을 겁니다. 처음에는 어색하기도 할 거고, 맞는 표현을 찾느라 시간도 더 걸리고 그러다가 말문도 막히겠지만, 사람들이 자기 사전 속의 단어들을 하나씩 더듬어보고, 다른 게 아니라 생각과 마음에 따라 선택해 대화를 채우기를 바랍니다.

예전에 박민규 작가의 『죽은 왕녀를 위한 파반느』를 읽다가 이런 문장을 본 적이 있습니다. '인간의 내면은 코끼리보다 훨씬 큰 것이고, 인간은 결국 서로의 일부를 더듬는 소경일 뿐이다.' 처음에 이 문장을 봤을 때, 저는 좀 슬펐습니다. 매일 함께 부대끼며 사는 가족이나 가까운 친구, 연인도 때론 무슨 생각을 하는지 도통 모르겠을 때가 있고, 충분히 이해했다고 생각했는데 그게 오해인 적도 많잖아요. 하지만 그렇기 때문에라도 사람들 사이에는 대화다운 대화가 더 필요하다고 봅니다. 간신히 대화를 통해서, 자신의 부분부분을 드러내고 상대방의 부분부분을 이해하는 게 가능할 테니까요.

**이승민** 주니어보드 22기 카피라이터로 활동했다. 대학에서 광고를 전공했다. 망치 발표 당시 학생이었고 지금은 콘텐츠 제작사에서 즐겁게 일하고 있다.

19

# Shall We Dance?

라규영

저는 9년째 춤을 추고 있습니다. 스트리트 댄스라는 장르를 아마 한 번쯤은 들어보셨을 겁니다. 스트리트 댄스에 대해 사람들이 통상적으로 떠올리는 것들이 있습니다. 먼저 미국 어딘가의 대도시가 떠오를 것 같습니다. 스트리트 댄스를 소재로 한 영화 〈스텝 업 Step Up〉과 같은 것을 전주 한옥마을에서 찍는다는 상상은 불가능합니다. 항상 LA나 마이애미 같은 미국의 대도시가 배경이 되고, 그 도시 안 이국적인 할렘가가 주무대가 됩니다. 그 지역을 주름잡고 있는 힙합 전사들은, 똥바지를 입고 잘 익은 순대 굵기의 금줄을 메고 길거리를 활보하며 "스웩, 스웩"거리고 있겠죠. 흑형, 흑누나들은 어깨에 어마무시한 붐박스를 짊어지고, 언제나 모든 것은 내 발아래에 있다는 거만한 표정을 지을 겁니다. 필이 충만한 툭 튀어나온 입술을 한 채 말입니다. 이런 모습들이 아마도 대부분의 사람들이 생각하는 스트리트 댄스에 대한 보편적인 이미지일 것입니다.

저는 스트리트 댄스를 두고 교양도, 품위도 없는 춤이라고 표현하는 사람을 만난 적이 있습니다. 춤을 추는 사람들을 두고 '노는 애' '양아치'라고 함부로 말하는 사람도 보았습니다. 요즘은 스트리트 댄스가 조금 더 대중적으로 알려지고 많은 사람들이 춤에 흥미를 가지게 되었지만, 여전히 사람들은 춤과 춤을 추는 댄서에 대한 편견을 가지고 있는 것 같습니다. 저는 오늘 날라리들의 겉멋 든 스트리트 댄스가 아닌, 일종의 무용이면서도 무용과는 또 다른 매력이 있는, 하나의 시각 예술이자 청각 예술인 스트리트 댄스에 대해 이야기해볼까 합니다.

제가 추는 춤은 '왁킹Waacking'이라는 춤입니다. 모 케이블 방송의 댄스 경연 프로그램인 〈댄싱 9〉 덕분에 대중에게도 알려진 춤으로, 힙합이나 비보잉과는 다른, 1970년대 LA의 디스코 클럽에서 발달된 춤입니다. 왁킹에 왁킹만의 독특한 역사가 있듯, '크럼프' '락킹' '댄스홀'과 같은 장르에도 각각 저마다의 독특한 기원과 발전의 역사가 있습니다. 왁킹이 게이 클럽의 디스코 파티로부터 유래되었다면, '크럼프'는 분노를 표출하는 장르로 유명하고, '락킹'은 우스꽝스럽지만 평키한 특징이 있습니다.

스트리트 댄스 장르는 장르마다의 특성과 독특한 역사뿐 아니라, 음악의 본모습을 보여주기도 합니다. 음악의 모습이라는 것이 무엇일까요? 청력을 잃은 사람이라도 제 춤을 보고 있으면 동시에 음악이 들려야 한다고 생각합니다. 눈으로 음악이 보여야 한다고 생각합니다. 왜냐하면 춤은 음악을 시각화할 수 있기 때문입니다. 힙합 날

라리들이 추는 스트리트 댄스라도, 춤은 하나의 예술입니다. 그래서 박자 하나하나를 몸짓으로 표현하고, 음악을 악보에 쓰여진 기호 이상으로 풍부하게 해주는 크리에이티브 과정이 진행됩니다.

음악을 들을 때 보통 몇 가지의 소리를 들을 수 있을까요? 노래가 한 곡이니 소리도 당연히 하나가 아니냐고 말하는 사람도 있을 거고, 보통 음악은 보컬과 MR로 나뉜다고 대답하는 사람들도 있을 겁니다. 하지만 춤을 추는 사람들은 음악을 들을 때 수많은 다른 종류의 소리를 전부 듣습니다. 강한 힘을 표현해주는 베이스와 비트, 선율을 표현해주는 멜로디, 감정을 드러내 주는 가사와 보컬, 똬리를 트는 뱀과 같은 레인 메이커, 해질녘을 연상케 하는 아련한 색소폰, 도도하지만 세련된 모델의 워킹을 생각하게 하는 일렉트로닉……

춤을 추는 사람들은 이처럼 같은 노래를 들어도 일반 대중들과는 다르게 듣습니다. 춤을 추는 사람들끼리도 각자 자신의 장르를 기준으로 같은 음악을 다르게 듣기도 합니다. 저와 같이 주로 음악 박자에 맞춰 팔을 움직이는 동작이 중심이 되는 '왁킹'을 추는 사람들은 음악을 들으며, '아, 여기 멜로디 흐름은 손끝으로 꽃잎을 그리고 싶게 만드네'라고 생각하거나, '이 음악의 강한 비트를 들으니 뭔가 날카롭게, 음표를 표현하고 싶다. 팔을 돌려서 비트에 맞춰 펀치를 날릴까?'와 같은 생각을 합니다. '이 음악은 나에게 열정적인 스페인의 축제, 피에스타를 생각하게 만드는데' 하는 생각이 들었다면, 또 더 나아가 '어떻게 내 머릿속에 있는 이미지를 몸짓으로 표현할 수 있을까?'라고, 계속해서 질문을 던집니다.

스트리트 댄스라고 해서 아무 생각 없는 가벼운 춤으로 치부하기엔 담고 있는 메시지가 너무도 많다는 이야기입니다. 춤이라는 것은 시각적 예술 형태를 띠고 있지만, 그것이 음악과 함께한다는 사실을 잊지 말아야 합니다. 그러므로 음악과 함께 공감각적으로 춤을 즐겨주시기 바랍니다.

나아가 춤은 듣고 보는 공감각적인 예술이기 때문에 소통의 매개체가 되거나, 그 자체로 충분히 하나의 예술 작품이 될 수 있다고 생각합니다. 그동안 귀 기울여 듣지 못했던 소리를 듣고, 또 그것을 춤의 형태로 볼 수 있게 해주는 것이 제가 하는 스트리트 댄스입니다. 귀로 보고 눈으로 들으며 저 같은 댄서들에게 공감해 주시고, 교감할 수 있다면 제대로 감상하는 방법이 아닐까 생각합니다.

**라규영** TBWA 주니어보드 22기 AE로 활동했다. 대학에서 정치외교와 비교문학을 공부하고 있다. 현재 군에서 새로운 경험을 즐기고 있다.

# 20

# 8월, 흔적

정재윤

언젠가부터 우리는 여행을 가거나, 맛있는 걸 먹거나, 분위기 좋은 카페에 있을 때 하나의 통과의례를 거칩니다. 화장과 머리가 흐트러지기 전에, 예쁜 케익이 포크질로 무너지기 전에 해야만 하는 일입니다. '인증샷.' 아마 쉽게 떠올릴 수 있을 겁니다. '인증샷' 덕분에 우리는 홍대의 카페를, 동남아시아의 리조트를, 유럽의 거리를 손바닥만한 화면을 통해 손쉽게 구경할 수 있게 되었습니다. 저 역시도 '인증샷'을 남기고 공유하는 것에 익숙합니다. SNS에 올라온 사진들을 구경하는 것도 재미있고, 제가 올린 사진의 반응을 기다리는 것도 재미있습니다. 하지만 이런 열성 SNS 이용자인 저에게도 '인증샷'으로만 남기기엔 한참이나 부족하다는 느낌을 주는 어떤 여름이 있었습니다.

2013년 8월 여름, 저는 태어나 처음으로 서핑을 시작했습니다. 물

125

에서 노는 걸 좋아해 수영도 다니고 있었지만, 서핑은 달랐습니다. 보드 위에서 팔을 저어 나아가 만나는 바다의 세상은 수영장의 세상과는 전혀 달랐습니다. 바다에는 '이 길을 따라가세요'라고 진행 방향을 알려주는 플라스틱 레인도 없고, '여기가 끝이니 되돌아가세요'라고 멈춰야 하는 지점을 알려주는 타일 벽도 없습니다. 바람의 방향에 따라 제 경로가 변하고, 그러면 원래 있던 해변으로부터는 멀리 떨어지게 되는데, 나중에는 신발을 찾는 일이 번거로워 해변까지 그냥 맨발로 걸어나가기도 했습니다. 쉴 때는 해변에 앉아 파도의 모양을 관찰했습니다. 날마다 시간마다 파도가 다르다는 것을 직접 관찰하기 전에는 미처 몰랐습니다. 파도가 거세게 위로 치솟은 날은 바다에 들어가는 것조차 버거워했고, 파도가 잠잠해 평평한 날에는 물이 서핑보드와 부딪혀 첨벙대는 소리를 들으며 바다 위를 둥둥 떠다녔습니다. 여름의 해변은 피서객이 몰려 대체로 소란스러운데, 바다에 나가 있을 때는 파도와 단둘이 있는 듯한 기분이 들어 좋았습니다. 따가운 햇볕을 쬐고 짭짤한 바닷물을 마시며, 그해 여름을 보냈습니다.

계절은 변하고, 저 역시 평생 파도 곁에 머무를 수는 없으니 서울로 돌아가야 할 날이 오고야 말았습니다. 해가 떨어지기 시작하고 서울행 기차 시간도 다가올 무렵 마지막으로 한 번만 더 파도를 타야겠다 싶었는데, 마침 딱 좋은 파도가 왔습니다. 팔을 젓다가 보드 위에서 중심을 잡고 일어섰는데, 그 순간 정말 기막히게도 해변에서 놀던 사람들이 폭죽놀이를 시작했습니다. 크지도 작지도 않아 딱 좋던 파도를 잡고 미끄러지는 동안, 펑, 펑, 솟았다 쏟아지는 폭죽을 지켜보며 문득 생각이 들었습니다. '이 순간을 갖고 싶다!' 반드시, 제대로 가져야 할 것 같았습니다.

어떻게 가질 수 있을까, 몸에 묻은 모래와 소금기를 씻어내고 옷을 갈아입으면서도 머릿속엔 온통 그 생각뿐이었습니다. 무얼 해야 좋은지도 몰랐지만, 일단 뭐라도 해야 할 것 같아서 노트를 한 권 사서 기차에 올랐습니다. 그리고는 아주 자연스럽게, 머릿속에 바다에서 보낸 시간을 펼쳐 놓고 떠오르는 장면들을 그리기 시작했습니다. 햇볕을 쬐며 누워 있던 일, 커다란 튜브 위에서 바다를 둥둥 떠다니던 일, 처음 서핑보드 위에 서서 중심을 잡으려고 했던 일, 파도를 기다리는 사람들이 수평선에 쪼르르 떠 있던 일, 곧 물속으로 처박힌다는 걸 알면서도 팔을 젓던 일, 그러다 결국 처박힌 일, 장면이 선명해질 때마다 그림으로 옮기며 노트를 채워나갔습니다. 누구에게 보여준다는 생각도 없었기에 예쁘게 그리지도 않았습니다. 그저 채워져 가는 노트를 보면 뿌듯했고, 틈틈이 들추어 보는 것이 즐거웠습니다.

무작위로 그린 그림들이지만 모두 저의 여름이었습니다. 한 장, 한 장, 여름의 조각을 넘겨보며 이 조각들을 그러모아 하나의 이야기로 만들면 좋겠다는 아이디어가 떠올랐습니다. 그렇게 된다면 하나의 여름을 온전히 가질 수 있을 것 같았습니다. 노트에는 소소한 순간을 그린 그림도 있었고, 큰 사건이라고 할 만한 순간을 그린 그림도 있었습니다. 그것들을 적절하게 배치해 줄거리를 만들고, 그 줄거리를 바탕으로 다시 그림을 그려 간단한 글을 덧붙였습니다. 비로소 한 권의 만질 수 있는 여름이 완성되었습니다. 지금부터 시작할 이

나도 해 보기로 마음먹었지.

친절한 보라머리가 말했어.
자신에게 맞는 파도가 꼭 오고, 그걸 잡는 것이 중요하다고.
잘 타려고 욕심을 내면 아무것도 하지 못한다고 말야아.

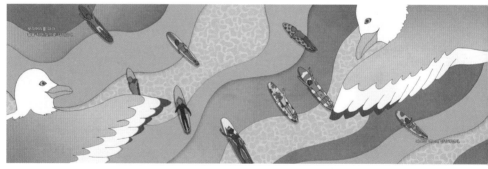

머리카락을 따라
물줄기의 흐름에 몸을 실어버려.

"곧 엄청난 게 오겠는걸."
멋진 언니가 수평선을 물끄러미 쳐다보다 말했어.

모두 훌쩍 꿈어 해변으로 올라나갔어.                                    다시 멋진 파도를 만나러 가야지.

야기는 저의 스물세 살 여름의 모든 것이 있었던 바다에 관한 이야기입니다.

바다에 갈 때는 수영복 위에 쉽게 벗을 수 있는 가벼운 옷을 입고 갑니다. 바다에 도착해 가벼운 겉옷을 훌렁 벗은 다음 곧바로 물로 뛰어들 수 있어 간편합니다. 그림 속 소녀는 옷을 하나씩 벗으면서 바다로 달려갑니다. 저의 여름 내내 때론 깔고 때론 덮으며 마르고 닳도록 썼던 오렌지색 비치타월도 빼놓을 수 없습니다. 비치타월을 펼치고 그 위에 누워 느긋하게 시간을 즐기다 보면, 주변 사람들과 풍경이 눈에 들어옵니다. 서핑하는 사람들이 먼저 있고, 소녀는 어느새 그 무리에 섞이게 됩니다.

기세등등하게 서핑을 시작했지만, 결코 생각처럼 쉽지 않아서, 대부분은 주로 파도에 치이고 물에 휩쓸립니다. 제가 물속 깊이 처박힐 때, 사람들은 파도 위를 춤추듯 지나갑니다. 움직이는 파도 위에 떠 있어야 하는데, 서핑보드는 생각보다 훨씬 크고 딱딱해서 자칫 잘못하면 정말 크게 다치겠다는 생각이 듭니다. 잘 타고 싶은 조급한 마음과 긴장 탓에 그림 속 소녀는 결국 녹초가 되어 해변으로 쓸려나갑니다. 하지만 자신에게 꼭 맞는 파도는 언젠가는 오고, 그걸 잘 잡는 것이 중요하다는 서핑 선생님의 말씀이 곧 소녀를 물속으로 다시 뛰어들게 합니다. 소녀만을 위한 파도가 언제 올지는 아무도 모릅니다.

사람들과 함께 넘실거리는 파도를 헤치고 바다로 들어가면, 가끔 이 모든 풍경을 위에서 내려다보면 어떨까 하는 상상을 하게 됩니다. 파도는, 어떤 날은 너무나도 거세어서 하나하나 넘는 것이 고행인 날도 있고, 쥐 죽은 듯이 잠잠해서 팔로 저으면 그저 앞으로 쑥 쑥 나갈 뿐인 날도 있지만, 멀찍이 날아다니는 갈매기들의 눈에는 그저 알록달록한 사람들이 둥실거리는 것처럼 보일 겁니다. 상상일 뿐이지만, 상상일 뿐인 시선도 담아보고 싶었습니다. 그렇게 어느 정도 부서지는 파도를 넘은 후에는 비교적 잠잠한 곳에서, 또다시 파도를 기다립니다.

소녀는 다른 사람들을 따라 수평선을 지켜봅니다. 서핑을 오래 한 사람들은 수평선에서부터 넘실대며 다가오는 작은 물결을 보고도 어떤 파도인지 읽을 수 있지만, 소녀에게는 역부족입니다. 도저히 잡아타기 힘든 정도의 큰 파도가 다가오는 걸 보고 있자면 시간이 더디게 흐르는 기분이 드는데, 넓은 바다에서는 파도를 피해 도망칠 곳이 없습니다. '아, 이제 곧 크게 당하겠구나' 하는 생각이 들 때, 하는 수 없이 그저 크게 숨만 들이켭니다. 파도가 소녀를 집어 삼키고, 한동안은 물속에서 뒤엉키게 되니 물을 먹지 않기 위해 숨을 꾹 참아야 하기 때문입니다. 그 순간에는 꼬르륵 하는 물소리 말고는 아무것도 들리지 않고, 팔다리는 떨어져나가 제각각 구르는 기분이 듭니다. 파도에 호되게 당하고 나면, 바다 안쪽으로 열심히 팔을 저어 온 것이 헛되이 느껴질 만큼 해변 쪽으로 다시 밀려납니다. 그러면 아예 물 밖으로 나가 헝클어진 머리도 다시 묶고 햇볕도 쐬며 숨을 고릅니다. 재정비하는 겁니다. 그러다가도 좋은 파도가 온다 싶으면 물속으로 뛰어들어갑니다.

바다가 가장 아름다운 때는 해질 무렵입니다. 그때까지도 바다에는 사람들이 많은데, 그 시간과 사람들이 함께 만드는 풍경이 참 좋습니다. 햇볕은 수면 위에서 찰랑거리며 반짝거리고, 저는 물 위에서 둥실 거리며 물결이 서핑보드에 부딪히며 내는 소리를 듣곤 했습니다. 해는 조금 더 아래로 떨어지고, 제게 그랬던 것처럼 소녀에게도 딱 맞는 파도가 찾아옵니다. 종일 연습했던 대로 신중하게 자세를 잡고 일어납니다. 주인공이 보드 위에 서서 해변을 마주하자 기다렸다는 듯이 하늘로 폭죽이 쏘아올려집니다. 모든 것의 시작이 되었던, 불꽃이 터지는 이른 저녁의 바다입니다. 아주 짧은 순간이었지만, 이야기의 가장 큰 사건이기도 합니다. 소녀가 그 순간의 감동을 오래 간직했으면 하는 마음에, 실제의 경험과는 다르게 소녀를 저녁 바다에 더 오래 머무르는 것으로 그렸습니다. 그리고 온몸이 까맣게 그을리는 동안에도 유일하게 하얗게 남아 있던 엉덩이 역시 잊지 않고 그렸습니다. 그림책 『8월, 서핑』은 이렇게 끝이 납니다.

처음에는 저도 추억을 남기기 위해서 바다에서 '인증샷'으로 셀카를 찍어 SNS에 올리기도 했습니다. '좋아요'도 받고 친구들의 댓글도 많이 받았지만, 그 사진은 채 하루도 안 돼서 타임라인 저 멀리로 사라져버렸습니다. 저는 제 인생에 손에 꼽을 정도로 멋졌던 여름이 그런 식으로 휘발되지 않았으면 좋겠다고 생각했고, 떠내려가버리는 기록이 아닌 분명한 흔적을 남기고 싶었습니다. 노트에 그렸던 낙서 같은 그림이 시작이 되어, 가을이 지나 겨울이 될 때까지도 여름을 붙잡고 다듬고 곱씹어서, 8월이 훌쩍 지난 12월에 한 권의 책으로 완성할 수 있었습니다.

이 책을 보고 다른 사람들이 느끼는 감상과 제 기억은 전혀 다른 모습일 겁니다. 이것은 오로지 저만이 가진 기억이기 때문입니다. 사람들은 책 속 소녀가 서핑을 하며 보낸 하루를 읽어내겠지만 저는 책의 어떤 장을 펼쳐도 제가 당시 어떤 생각을 했고 어떤 기분이 들었는지를 생생하게 떠올릴 수 있습니다. 바다에 있던 시간은 한 달뿐이었지만, 저의 방식으로 매만지다 보니 기억은 유연하게 계속 늘어나 몇 개월의 추억이 되었고, 한 권의 책으로, 영원한 흔적으로 남았습니다. 아주 특별했던 8월의 바다처럼 생각만 해도 짜릿한 기억을 다시 갖게 된다면 아마 저는 다시 그림을 그리고 이야기를 만들게 될 것 같습니다. 사람들마다 흔적을 남기는 저마다의 방식이 있을 텐데요. 제 방식은 그림이었지만 누군가는 음악으로, 누군가는 몸짓으로, 누군가는 글이나 사진 또는 영상으로 남길 수도 있을 겁니다. 가슴이 두근거리는 순간이 끝나고 나서도 오랜 시간 동안 꺼내볼 수 있는 그런 흔적 말입니다.

**정재윤** TBWA 주니어보드 22기 아트디렉터로 활동했다. 홍익대학교에서 시각디자인을 공부했으며 2014년 8월의 망치 발표 이후에도 언제나 여름 바다를 꿈꾸고 있다.

# 21

# 로맨틱이 필요해

이경훈

어느 날 저는 여자친구로부터 한 장문의 카카오톡 메시지를 받았습니다. 느낌이 좋지 않았습니다. 장문의 메시지였지만 결론은 간단했습니다. '우리 헤어져.' 그렇습니다. 저는 카톡으로 이별 통보를 받은 남자입니다. 카톡으로 이별 통보를 받았다는 현실을 받아들이는 것이 저에게는 무척 힘든 일이었습니다. 저는 굉장한 로맨티시스트이기 때문입니다. 지금부터 제가 얼마나 로맨틱한 녀석인지 말씀드리려고 합니다.

저는 사랑을 시작할 때, 그리고 이별하는 그 순간까지도 로맨틱에 충실해야 한다는 철학을 가지고 살아왔습니다. 1년 반가량 사귀었던 여자친구와 이별을 하던 날, 저는 제가 처한 상황을 완벽하게 애도하고 싶었습니다. 그 결과, 추운 겨울의 새벽 다섯시, 저는 한강으로 향했습니다. 이제는 아무렇지 않게 밝힐 수 있는 미담이지만, 그날 저를 태워주신 택시 기사님께서 저를 많이 걱정해주셨던 기억이 납니다. 어쩌면 당연한 일이었습니다. 그토록 늦은 시간에 수상한 박스를 들고 어두운 표정으로 택시에 탄 제가 했던 첫마디는 "아저씨, 가까운 한강으로 가주세요"였으니 말입니다. 제가 기사님이었어도 오싹했을 것입니다.

겨우 기사님을 진정시켜드린 저는 몇몇 사람들만이 아침 운동을 하고 있는 한적한 한강에 도착했습니다. 가장 먼저 해야 할 일은 반지를 처리하는 것이었습니다. 어디서 본 것은 많아 한치의 고민도 없이 반지를 빼 차가운 한강 물로 던졌습니다. 남은 것은 문제의 박스였습니다. 박스를 한강 물에 띄워 보내려고 하는데 물살이 약해서인지 제가 상상했던 모습대로 떠내려가지 않더라고요. 하는 수 없이 볼품없이 발을 뻗어 박스를 다시 건져 올린 뒤 불로 태워버릴 수밖에 없었습니다. 그리고 이날의 모든 기억을 중2병다운 추억으로 묻었습니다.

이렇게나 로맨틱을 추구하는 저에게 카톡을 통한 이별 통보라니. 이것은 재앙이자 저의 로맨틱 라이프에 오점을 남긴 사건임이 분명했습니다. 하지만 마음을 진정시킨 뒤 다시 상황을 곱씹다보니 저도 모르는 사이 이별을 수긍하고 있는 저의 모습을 발견하게 되었습니다. 분명 로맨틱한 사건은 아니었지만 말입니다. 아마 그 아이에게는 이것이 최선의 선택이었을 것이라는 생각마저 들었습니다. 아무래도 얼굴을 마주 보고 하기엔 조금 껄끄러운 말이었으니까요.

저는 낭만에 죽고 낭만에 사는 로맨티시스트입니다. 살아가는 데에 있어 낭만과 설렘이 없다면 그것만큼 슬픈 일도 없을 것입니다.

그런데 사람들은 우리가 사는 이 시대를 낭만이 죽은 시대라고들 말합니다. 그렇다면 저는 이제 어떻게 살아가야 할까요?

맞습니다. 인정할 것은 인정해야죠. 이제는 더는 사랑하는 사람과 연락하기 위해 공중전화를 붙잡고 있지 않아도 됩니다. 세상은 점점 더 간편해지고 빨라지고 있고요. 그러다보니 연락의 빈도가 그 연애의 뜨거움을 결정하는 세상에 우리는 살게 되었습니다. 최근에 헤어졌다는 지인의 이별 이유가 '메시지 답장을 꼬박꼬박 하지 않아서'라는 이야기를 들은 뒤, 저는 확신할 수 있었습니다.

세상은 기다림의 설렘이 없는 인스턴트 세상이 되어가고 있습니다. 그러나 저는 이러한 인스턴트 세상에서도 로맨틱은 존재한다고 생각합니다. 우리가 사는 이 시대에는 카카오톡이 있습니다. 하루의 반이 카톡이고 이 카톡 메시지 하나에 울고 웃는 세상이 된 것입니다. 다양한 대화의 방법이 존재했던 과거와는 달리 우리의 일상 속에서 카톡은, 남녀노소 불문하고, 독보적인 소통 수단으로 자리잡았습니다.

이러한 카톡에 대해 사람들은 흔히들 가볍다고 얘기합니다. 하지만 여러분, 카톡은 절대 가볍지 않습니다. 카톡 메시지 하나에, 이 10KB의 메시지 하나에 저희는 말투와 표정, 그리고 성격까지도 모두 담아 보냅니다. 그러니 겉으로 보기에 가벼워 보이는 카톡 세상에서도 분명 로맨틱은 존재합니다. 저와 같은 로맨티시스트가 설 자리가 아직 남아 있다는 것입니다.

그렇다면 카톡이 로맨틱한 이유는 무엇일까요? 카톡에는 특별한 요소가 있습니다. 바로 상대방의 수신 여부를 알 수 있는 숫자 1입니다. 질문을 드릴게요. 여러분에게 카톡의 1은 어떤 의미입니까?

저의 경우 평범한 숫자인 1이 카톡의 1로 변하는 순간 무언가 알 수 없는 설렘을 느낍니다. 일부 사람들은 카톡의 1이 없었으면 좋겠다고 하지만 저는 반대합니다. 이 1 덕분에 카톡이 더 재미있고 설렌다는 생각 때문입니다.

어느 날 친구가 좋아하는 여자에게 받은 카톡을 읽기만 하고 바로 답장을 하지 않는 모습을 보고 그 이유를 물었더니 너무 빨리 메시지를 확인해 1이 곧바로 없어진다면 할 일 없는 남자로 보일 것이라고, 그래서 일부러 답장을 늦게 한다는 것이었습니다. 이것은 연애 초기, 관계의 긴장감을 유지하기 위해 '밀당'을 하는 시점에 흔히 있는 이야기입니다. 친구는 그녀에게 자신이 일에 집중하는 멋진 남자라는 어필을 하기 위해 카톡을 이용한 것이었습니다.

카톡의 두번째 특별한 요소는 바로 '선톡'입니다. 상대방에게 먼저 메시지를 보내는 것을 뜻하는 이 선톡을 인터넷에 검색해보니 '선톡하는 법' '선톡하지 않는 여자' '선톡 오게 하는 법' 등 이 시대를 살아가는 남녀가 먼저 연락을 하는 것에 대해 얼마나 신경을 쓰고 있는지 알 수 있는 관련 검색어들을 발견할 수 있었습니다. 선톡 오게 하는 법이라, 저 또한 아직 풀지 못한 숙제네요. 상대방에게 먼저 메시지를 받는 것도 굉장히 설레는 일이지만, 반대로 마음에 드는 이성에게 먼저 메시지를 보내는 것 또한 정말 설레고 떨리는 일입니다.

그런 의미에서 선톡을 하는 좋은 방법을 하나 알려드리려고 합니다. 이 이야기는 일본의 메이지유신 시대로 거슬러 올라가요. 당시 일본의 국민작가 나쓰메 소세키는 영문학을 전공한 뒤 종종 학생들을 가르치며 번역도 했다고 합니다. 그러던 어느 날 그는 번역 도중

'I love you'라는 표현을 마주하게 됩니다. 'I love you'를 해석할 말이 존재하지 않았던 그 시대에 나쓰메 소세키는 그 문장을 이렇게 해석했다고 합니다. '달이 참 예쁘네요.' 그 당시 남녀가 늦은 밤까지 함께하며 달을 볼 수 있는 관계는 주로 연인관계에서 가능한 일이었기에 그는 이러한 해석을 내놓았던 것입니다. 바로 이것이 저의 필살기입니다. 정말 마음에 드는 여자가 있다면 저는 일단 그녀에게 나쓰메 소세키의 이야기를 해줍니다. 그리고 새벽에 뜬금없이 선톡을 보냅니다. '달이 참 예쁘네요'라고. 카톡계의 나쓰메 소세키라고 할 수 있습니다. 너무 낯간지럽지는 않을까 걱정되는 부분도 있지만 성공 여부는 상대방의 성향을 얼마나 잘 파악했는지, 또 얼마나 능숙하게 대처할 수 있는지에 달려 있습니다.

이렇듯 별것 아닌 것으로 보여도 카톡 곳곳에는 로맨틱한 요소가 가득 담겨 있습니다. 대화창과 프로필 사진이 대표적입니다. 하루에 몇 번이고 친구들의 프로필 목록을 훑어보며 혹시 사진이 바뀌지는 않았는지, 상태 메시지가 바뀌지는 않았는지 확인하는 것은 저의 낙입니다. 심지어 좋아하는 사람의 프로필 사진의 경우 바뀔 때마다 캡처를 해 저장해두곤 합니다. 또 한 가지, 상태 메시지가 '왜 내가 힘들다는 걸 아무도 몰라주지'와 같이 의미심장한 문구로 바뀐다면 분명 그녀에게 무슨 일이 생겼다는 것을 확신하고 먼저 연락을, 즉 선톡을 합니다. 카톡의 프로필은 자기 자신을 반영하고 표현하는 중요한 역할을 하니까요.

프로필 사진뿐 아니라 그 사람과 대화를 나누었던 대화창 또한 중요한 재산입니다. 저는 늘 그녀와 대화했던 내용을 다시 확인하고

자는 버릇이 있습니다. 좋았던 대화, 기억하고 싶은 대화를 한 번 더 읽어보고, 떠올리고 싶은 마음에서 나오는 행동이라고 볼 수 있죠. 어느 날 여자 후배가 좋아하는 남자가 생겼다며 연애상담을 요청해왔습니다. 그러더니 갑자기 불쑥 휴대폰을 내밀고 그 남자와 했던 카톡 대화를 보여주는 것입니다. 그 순간 저는 다시 한번 느꼈습니다. 이제는 직접 만나서 나눈 대화뿐만이 아니라 카톡에서 나누는 대화도 중요한 시대가 되었다는 것을. 카톡을 통해서 그 사람과 감정을 공유할 수 있는 시대라는 것을 말입니다. 이렇게 카톡은 자연스레 연애의 뜨거움을 측정하는 지표가 되었습니다.

그런데도 사람들은 카톡이 가볍고 유치하고 시시하며 진심이 없다고들 말합니다. 하지만 그것은 생각하기 나름 아닐까요? 하루의 반, 어쩌면 그 이상의 시간을 카톡을 하며 보내는 우리. 카톡이 무미건조하고, 삶을 팍팍하게 만드는 일이라는 생각을 버리고 제가 그러하듯이 한번쯤은 카톡을 낭만적이고 따뜻하고 애틋하고 때로는 로맨틱한 일이라고 생각한다면 조금 더 설레는 하루가 되지 않을까요? 시대가 변하면 낭만도 변할 뿐, 아직 로맨티시스트가 살아야 할 이유는 존재하는 것 같습니다.

오늘은 달이 참 예쁠 것 같네요.

**이경훈** TBWA 주니어보드 22기 아트디렉터로 활동했다. 대학에서 시각디자인을 공부했다. 망치 발표 당시 학생이었고, 지금은 졸업 예정이며 먹고살 방도를 궁리중이다.

# 22

# Beat in a Box

윤태훈

저는 먼저 제가 중학생이었던 시절의 경험으로 이야기 상자를 열어
볼까 합니다. '중학생' '세 명의 여자' '아찔한 경험'. 이 세 문구를 보
면 여러분은 어떤 생각이 드나요? 이건 제게 실제 있었던 일입니다.
당시 제가 꽤 인기가 있었던 모양인지, 같은 학교에 다니던 여학생
셋이 저를 동시에 좋아했고 저는 모두와 일명 '썸'을 타는 사이였습
니다. 그러던 어느 날, 때마침 비가 추적추적 오는데 그 셋이 저를
불러내 이렇게 말했습니다. "우리 중 한 명을 선택해. 지금 이 자리
에서."

여기까지 들은 여러분은 '와, 폼난다, 정말 좋았겠는데?' 하고 생
각하실 수도 있겠지만, 사실 정반대였습니다. 당시 저는 4년 동안
애태우며 짝사랑하던 다른 여학생이 있었고, 그녀에겐 속 시원히 고
백조차 못했던 상황이었기 때문입니다. 결국 저는 그날 세 명 중 한

명을 선택하지도, 제가 정말 좋아하는 여자에겐 고백도 못한 채 중학교를 졸업했습니다. 폼나긴커녕, 세상에서 가장 어영부영하는 찌질이가 바로 저였습니다.

이 기억 때문인지, 고교에 진학한 저는 이번만큼은 멋있고 잘나가는 아이가 되고 싶었습니다. 통상 학교 교실 자리 배치는 보통 이렇습니다. 교실의 맨 앞 두어 줄을 차지하는 '공부만 하는 아이들', 그리고 맨 뒤쪽 줄에 앉는 '놀기만 하는 아이들', 마지막으로 그 사이에 가장 많은 부류인 공부도 그럭저럭, 놀기도 그럭저럭 하는 '어중간한 아이들'이 있습니다. 저는 여기만은 속하기 싫었습니다. 중학생 때의 악몽이 생각나서였을까요? 저는 공부도 곧잘 하지만 잘 놀기도 하는, 어쩌면 좀 '재수없는' 유형의 학생이 되고 싶었습니다. 저는 생각했습니다. 담배에 손대거나 오토바이를 타는 건 부담스럽고, 하지만 성적은 유지하면서도 폼은 났으면 좋겠고…… 대체 난 무엇을 해야 할까? 그때 떠오른 게 바로 당시 친구들 사이에서 화제였던 '비트박스'였습니다. 그때 저에겐 비트박스야말로 적당히 폼도 나면서 성적 관리에 지장도 주지 않는, 최고의 대안이었습니다. 저의 불꽃 튀는 비트박스 특훈이 시작되었습니다.

아마 누구라도 한번쯤은 침을 튀겨가며 비트박스를 따라 해본 경험이 있을 거라 생각합니다. 오래전 한 이동통신사 광고에서 후니훈이라는 래퍼가 '비트박스를 잘하려면 북치기, 박치기만 기억하라'고 전 국민에게 말했던 적도 있었으니까요. 그게 새빨간 거짓말이란 걸 저는 비트박스를 독학하며 알게 되었습니다. 비트박스를 구성하는 요소는 그보다 훨씬 복잡하고 체계적이었습니다. 가장 기본적인 비트박스를 하기 위해선 먼저 드럼 중 가장 소리가 깊은 '베이스 드럼'이라는 악기의 소리를 흉내낼 수 있어야 합니다. 입술을 모아 파찰음을 내 굵고 깊은 소리를 연습합니다. 다음은 드럼에서 박자를 쪼개고, 경쾌한 리듬감을 주는 '하이햇' 소리입니다. 혀를 입천장에 마찰시키며 짧게 끊는 연습을 합니다. 마지막으로는 '스네어 드럼'입니다. 가장 흉내내기 어려운 소리 중 하나로, 입술을 모아 숨을 들이마시며 마찰음을 냅니다. 이 세 가지 소리를 잘 배열하고 쌓아서 하나의 박자로 정리하는 게 바로 비트박스의 기본입니다.

하지만 이 정도의 비트는 조금만 연습한다면 누구나 다 할 수 있는 수준입니다. 당시의 저는 기본에 만족할 수 없었습니다. 좀더 잘하고 싶어서 연습에 연습을 거듭하며 더 많은 소리를 제 것으로 만들었습니다. 급기야 DJ가 멋지게 디제잉을 할 때 나는 기계음과 스크래치 소리까지 갖고 싶어졌고, 끈질기게 연습해 결국 그 소리를 얻었습니다. '입술에도 알이 배며, 혀에도 쥐가 날 수 있다'는 체험을 할 정도였습니다. 저의 비트박스는 점점 더 정교하게 완성되어 갔습니다.

아쉬웠던 건, 고교생의 신분에선 그렇게 갈고 닦은 비트박스를 선보일 일이 많지 않았다는 것입니다. 하지만 제가 대학교에 입학하면서부터 상황이 달라졌습니다. 다들 발뺌하는 신입생 환영회, MT 등에서의 장기자랑 순서가 저는 전혀 두렵지 않았습니다. 열심히 연습해온 비트박스 한 번이면 모두 제게 주목해 주었으니까요. 술자리가 이어져 분위기가 어느 정도 무르익었다 싶으면, 끈적한 숨소리를 섞은 비트박스를 선보여 분위기를 좌지우지할 정도였습니다.

생각지도 못하게, 비트박스는 저의 군대 생활에까지 도움을 주었습니다. 군대에 다녀온 분들이라면 공감할 겁니다. 선임병들이 신병들을 얼마나 짓궂게 괴롭히는지. 군생활 초반에 우연히 선보인 비트박스로 선임병들의 호감을 얻어, 저는 매우 예쁨받는 신병 생활을 할 수 있었습니다. 시도 때도 없이, 고참들이 원하는 어디서나 비트박스를 해야 하긴 했지만 말입니다. 그렇게 비트박스는 제가 타인에게 제 개성을 표현해야 할 때, 심지어 저를 지켜야 할 때에도 매우 유용하게 꺼내 쓸 수 있는 훌륭한 '무기'가 되어주었습니다.

비트박스와 함께한 지 어언 10년이라는 시간이 지난 지금, 저는 더이상은 비트박스를 예전처럼 꺼내 쓰진 않습니다. 이제 나이가 들어 조금 창피하기도 합니다. 다만 지금 저는 보통 사람들과 조금 다른 방법으로 음악을 듣습니다. 보통 사람들은 음악의 멜로디나 가사를 먼저 듣지만, 저는 저도 모르게 처음 듣는 음악의 박자를 먼저 듣고, 그 요소를 쪼개어 어떻게 그 박자들을 비트박스로 만들 수 있을까 고민해보는 습관이 있습니다. 이렇게 생각하면, 지금의 제게 비트박스는 남들에겐 없는 또 하나의 목소리나 언어 같다는 생각이 듭니다. 어영부영하지 않고 좀더 폼나는 고교생이 되고 싶다는 치기 어린 바람으로 시작한 비트박스가, 제게 요긴한 무기가 되어주었던 시기를 지나, 이젠 제게 원하면 언제든 꺼내 쓸 수 있는 '저만의 악기'가 된 셈입니다.

이 악기로 무얼 할 수 있을까? 저는 가끔 생각해봅니다. 지난 10년간 저와 비트박스의 관계는 계속 달라져 왔지만 앞으로도, 한 50년쯤 지나 제가 백발이 되어도 폼나고 싶은 저는 달라지지 않을 것 같습니다. 저는 나이가 들어도 멋있는 윤태훈이고 싶습니다. 그런 제게 언젠가는 제 아이들, 그리고 손자들이 생길 텐데, 저는 그때 할아버지인 제가 얼마나 멋진 삶을 살아왔는지 말해주고 싶습니다. 많은 재산이나 집 자랑 같은 것 말고 좀더 저다운, 폼나는 방식으로 말입니다. 바로 그때 제가 중절모를 쓰고 콧수염을 기른 채 저만의 상자Box 속에서 저만의 비트를 선보일 악기, 비트박스를 꺼내어 들려준다면 정말 멋지지 않을까요? 저는 그래서 그때까지 비트박스 연습을 남몰래 계속할 겁니다. 그리고 제 이야기를 들어주신 여러분들이, 각자만의 멋을 찾아 살아가실 수 있길 바랍니다.

**윤태훈** TBWA 주니어보드 22기 AE로 활동했다. 중앙대학교에서 영어영문학과 광고홍보학을 공부했다. 망치 발표 당시 학생이었고, 지금은 대기업에서 퇴사 후 방황하는 중이다.

# 23

# 포기하지 말지 맙시다!

김채은


제가 여섯 살 때 일입니다. 하루는 다니던 발레 학원에서 '투스텝'이라는 폴짝폴짝 뛰는 동작을 가르쳐줬습니다. 같이 배우는 친구들은 쉽게 따라 하는데, 저는 뒤뚱거리기만 하면서 동작을 따라 하지 못했습니다. 그게 너무 창피했던 저는 집으로 돌아와 늦은 밤까지 발레복도 벗지 않고, 눈물 콧물 다 흘리며 투스텝을 연습했습니다. 고작 여섯 살짜리 꼬마가 그렇게 끈질길 수 있다니. 비범해 보이죠. 하지만 이런 노력에도 불구하고 끝내 투스텝을 성공하지는 못했습니다. 저는 그냥 발레를 못하는 아이였던 겁니다. 그다음 달, 저는 바로 발레 학원 다니기를 그만 두었습니다.

우리는 포기하지 않는 삶이 아름답다고 강요받으며 삽니다. 특히 젊을 때는 더욱 그렇습니다. 끊임없이 도전하는 것이야말로 젊음에 대한 예의이고, '하면 된다'는 정신으로 무언가를 이루어내는 것이 가장 아름다운 일이라고 말합니다. 하지만 저는 그렇게 끈기가 있는 사람도 아니고, 위대하지도 않습니다. 그래서 살면서 크고 작은 포기를 한 적이 많습니다. 포기의 경험들을 통해서 제 나름대로 얻은 것이 있기에, 포기의 편에 한번 서보려고 합니다.

제가 미술사에 푹 빠졌던 적이 있습니다. 몽롱한 분위기의 인상파 그림들도 좋고 현대 미술도 매력 있고, 그림들을 보면서 그 의미와 디테일들을 해석하는 것도 굉장히 재미있었습니다. 그래서 저는 미술사를 전공하려고 마음먹었습니다. 하지만 정작 미술을 공부하는 학생이 되고 보니, 미술을 감상하는 재미에 몰입하는 제가 아닌 좋은 성적만을 자신에게 강요하는 저를 보게 되었습니다. 더 안타까운 것은 그런 제 마음과 노력이 무색하게 교수님은 제게 C학점을 마구 뿌리셨습니다. 제 성적은 점점 파국으로 치달았고, 더 심각한 것은 더이상 작품 감상이 재미있지 않게 되었다는 겁니다. 매력적이었던 작품들은 모두 점수로만 보이고, 마음에 부담만 되었습니다. 저는 고민 끝에 젊은 패기로, 미술사 전공을 과감히 포기했습니다. 원했던 공부를 스스로 포기했으니 자신을 향한 책망이 커질 줄 알았는데, 신기하게도 전공과목이라는 부담이 사라지자 미술관을 처음 가던 그때처럼 미술이 다시 즐거워지기 시작했습니다. 미술사 부전공과 좋은 성적을 포기했지만, 취미로 미술을 얻게 되었던 것입니다.

다른 포기의 경험도 있습니다. 불면증에 시달렸던 적이 있습니다. 잠이 오지 않아서도 괴로웠지만, 제가 가장 괴로웠던 이유는 '성실한 사람이 되려면, 아침 일찍 일어나 운동을 하고, 낮에는 공부도 하고 친구도 만나야 한다'는 부담감 때문이었습니다. 늦게 자고 늦게 일어나면서, 아침형 인간이 되어야만 한다고 자신에게 강요하고 있었던 겁니다. 그러던 저는 우연히 일본의 유명 작가 요시모토 바나나의 글을 읽게 되었습니다.

'일찍 자는 사람은 항상 밤이 짧다고 불평하지만, 밤을 새우는 사람들에게 밤은 엄청나게 길다. 아주 많은 걸 할 수 있는 시간이다.'

이 구절을 읽은 저는 고민 끝에, 젊은 패기로, 다시 한번 일찍 잠자리에 들려는 노력을 포기하게 됩니다. 그랬더니 제게 밤은 억지로 잠을 청하기 위해 괴로워해야만 하는 시간이 아니라 무엇이든 할 수 있는 온전한 제 시간이 되었습니다. 저는 아침을 포기한 것이 아니라, 아침을 남들보다 조금 뒤로 미뤘고, 대신 요시모토 바나나가 말했던 것처럼 엄청나게 긴 밤을 얻었습니다. 그리고 그렇게 얻은 밤은 아침을 포기한 게 하나도 아깝지 않을 만큼 제게 중요한 시간이 되었습니다. 밤에만 샘솟는 감성을 얻었고, 우연히 케이블 방송에서 〈마이 블루베리 나이츠My Blueberry Nights〉라는 제 인생의 영화도 만났습니다. 또 새벽 두시의 재즈 라디오를 들으며 평소에 듣지 않았던 재즈라는 장르도 접했습니다. 원래 저는 감성이 메마른 사람이었는데, 일기도 써보는 등 심야에 저 자신에게 집중하는 시간을 가졌습니다. 이 포기는, 아침을 포기함으로써 밤이라는 다른 시간을 얻게 해준 소중한 포기였던 겁니다. 일찍 일어나는 새에게는 밤이 없고, 늦게 자는 새에겐 밤이 있는 겁니다.

한때 제가 사업에 대한 꿈과 희망을 품었던 적이 있습니다. 야심차게 준비한 사업 아이템은 김밥이었습니다. 우리집에는 우리집만의 독특하고 맛있는 김밥 레시피가 있었습니다. 우리집 레시피로 만든 김밥을 거리에 들고만 나가면 사람들이 "와, 너무 맛있다!" 하면서 전부 사먹고, 그럼 제가 떼부자가 될 줄 알았습니다. 그래서 저는 친구와 함께 저만의 아이템 김밥을 들고 무작정 여의도로 나갔습니다. 집구석에 있던 허름한 박스 하나에 김밥을 넣고, A4 용지에 '김밥'이라고 쓴 팻말과 함께 말입니다. 총 열 줄의 김밥을 쌌는데, 그나마도 제가 버스에서 한 줄을 먹어치워 아홉 줄이 되었습니다. 그날 아주 놀랍게도, 여의도에서 단 한 줄도 팔지 못했습니다. 함께 간 친구와 오랜 대화와 고민 끝에 젊은 패기로, 또 포기했습니다.

　무기력하게 집에 누워 있다가, '왜 이렇게 실패할 걸 나는 진작 몰랐나' 하는 생각이 들었습니다. 일단 음식 장사는 신뢰가 최우선인데 허름한 박스에 담아 비위생적으로 보였을 테니 당연히 망할 만했고, 판매 아이디어 하나 없이 오기와 패기로만 나갔으니 망할 만했습니다. 당시 엄마가 엄청나게 만류를 하셨는데, 엄마 말을 좀 들을 걸 하는 생각이 들었습니다. 도전하는 것을 포기하고 나니까, 제가 잘못 온 길을 돌아볼 수 있었습니다. 앞만 보고 달릴 때는 열정과 성공에 눈이 멀어 걸어온 길은 보이지 않았는데 말입니다.

　결론적으로 드리고 싶은 말은, 굳이 어떤 것에 도전해야 할 이유가 없다면 포기해도 좋다는 겁니다. 또 포기한 만큼 또 다른 무언가를 얻을 수 있다면, 내가 실패하고 있는 걸 나를 제외한 모든 사람이 다 알고 있다면, 다시 포기해도 괜찮다는 겁니다. 포기하지 않고 끝까지 노력하는 것, 끈기 있게 하는 건 정말 힘든 일입니다. 하지만 포기도 그만큼 힘듭니다. 내가 못난 걸 인정하는 것 같아 자존심도 상합니다. 하지만 포기가 가져다주는 것도 뜻밖에 많습니다. 그러니까 열심히 달리는 사람만큼, 현명한 포기를 하는 사람들에게도 박수를 쳐줘야 합니다. 그런 의미에서, 여러분, 포기하지 말지 맙시다!

**김채은** TBWA 주니어보드 22기 AE로 활동하였다. 미국 노스웨스턴 대학교에서 커뮤니케이션을 공부했다. 망치 발표 당시 학생이었고, 현재도 무수한 도전과 포기를 거듭하며 학생의 신분을 유지중이다.

# 24

# 짝사랑의 아이콘

윤수연

저는 오늘 제가 제일 잘하는 것에 관해 이야기를 해보려고 합니다. 얼마 전, 저는 달리는 만원 지하철 안에서 페이스북 영상 하나를 보게 되었습니다. 이름도 모르고 성도 모르는, 그야말로 '모르는 사람들'이 즐겁게 유럽을 여행하고 있는, 그런 영상이었습니다. 그런데 영상을 들여다보던 도중 저는 문득 어떤 감정을 느꼈습니다. 전에도 느껴본 적 있는 익숙한 감정이었습니다. 그렇게 난데없이, 저의 네번째 짝사랑이 시작되었습니다.

돌이켜보면 늘 이런 식이었습니다. 저조차도 당황스러울 정도로 난데없이, 불쑥, 설렘이 찾아오곤 했습니다. 이런 감정을 처음으로 느껴본 것은 스무 살의 어느 날이었습니다. 당시 학원에서 강사로 일하고 있었던 저는 여느 때처럼 복사를 하려고 학원 복도를 걸어가고 있었습니다. 그리고 그런 저의 앞에 누군가 걸어가고 있었습니다. 그냥 걸어가고 있을 뿐이었습니다. 아무 생각 없이 그 뒷모습을 바라보는데 갑자기, 좋은 겁니다. 그렇게 이유도 모른 채 저는 처음으로 누군가를 좋아한다는 것이 이런 것이구나 알게 되었습니다.

그렇게 처음 짝사랑의 세계에 입문을 한 저는, 꼬박꼬박 성실하게 누군가를 좋아했던 것 같습니다. 스무 살에 한 명, 스물한 살에 한 명, 스물두 살에 한 명. 그런데 희한하게도 이 세 사람은 언뜻 봐도 닮은 구석이라고는 하나도 없는 사람들이었습니다.

머리부터 발끝까지 '교회 오빠'였던 사람, 이 사람의 카카오톡 프로필 사진은 줄곧 다양한 종류의 하느님 사진이었습니다. 까만 뿔테 안경을 쓴 채 무기력한 지식인의 느낌을 풍기던 사람. 그리고 매번 저에게 넌 여자애가 왜 그렇게 뻔뻔하냐며 사투리로 구박하던, 무뚝뚝한 부산 남자. 얼핏 봐도 정말 다른 세 사람이지만 그 와중에 저는 그들의 공통점 하나를 발견할 수 있었습니다. 그들 모두 '낯선 사람'이었던 것입니다.

보통 사람들은, 누군가를 알게 되고, 더 깊이 알아가면서 호감을 느끼고, 깊이 빠져들곤 합니다. 하지만 저는 언제나 그 반대였습니다. 일단 빠지고 봤거든요. 누군지도 모르면서, 이름조차 모르면서 아무 이유 없이 첫눈에 반해버리는. 조금은 특이한 과정이 자꾸만 반복되었습니다. 그리고 이 과정이 반복될수록 한 가지 커지는 게 있었습니다. 바로 환상이었습니다. 기타를 잘 친다는데 그럼 노래도 잘 부르지 않을까? 아이들을 좋아하네? 왠지 가정적이고 따뜻할 것 같아. 책을 많이 읽네? 차분하고 지혜롭겠구나.

상대방에 대해 아는 것이 아무것도 없을 때, 우리는 아는 것을 만들어내려고 합니다. 저도 그렇게 마음대로 여긴 자르고, 저긴 붙이면서 저는 점점 더 그 사람에게 깊이 빠져들곤 했습니다. 하지만 기대가 클수록 현실은 냉정한 법. 알고 보면 그 사람은 기타를 잘 치지만 기타만 잘 치는 사람일 수도 있고, 책을 많이 읽지만 딱히 지혜롭지는 않은 사람일 수도 있잖아요. 그래서 그 사람을 알아가면 알아갈수록, 환상엔 금이 갔고, 실망이 그 틈을 비집고 들어왔습니다.

그런데 이런 기대와 환상, 그리고 실망의 과정이 과연 사랑에만 해당이 될까요? 문득 저는 인생도 마찬가지라는 생각이 들었습니다. 너무도 다니고 싶었던 회사에 막상 출근하고 보니 상사의 구박에, 끝없는 야근에 머리를 쥐어뜯고, 너무도 먹고 싶었던 음식을 막상 먹고 보니 너무 맵고 짜고 싱겁습니다. 그렇게도 떠나고 싶었던 여행을 막상 떠나고 보면 낯선 길거리에서 길을 잃고, 소매치기까지 당할 수도 있고요. 이렇게 우리는 매일매일 현실의 벽에 부딪히며 살아갑니다.

그리고 많은 사람이 이 현실의 벽을 마주하는 것이 두려워 기대하는 것, 꿈을 꾸는 것을 주저합니다. 환상이 무너질까, 실망할까 '난 아마 안 될 거야' 하며 꿈보다는 현실에 끌려가는 경우를 저는 많이 보았습니다. 그런데 이쯤에서 저는 묻고 싶습니다. 현실에 부딪히는 것이 그렇게도 두려운 일인가요? 실망하고 좌절하는 일이 그렇게도 견딜 수 없는 일인가요?

지난 세 번의 짝사랑을 돌이켜보면, 제가 좋아했던 사람들과 해피엔딩으로 이어진 적은 없었습니다. 알아가면 알아갈수록, 생각했던 그 모습이 아니었던 적도 있고. 미처 말을 걸어보기도 전에 다른 여자친구가 생겼던 적도 있었거든요. 하지만 그렇다고 해서, 동화 속 주인공들처럼 오래오래 행복하게 살지 못했다고 해서, 저의 짝사랑이 정말 실패한 짝사랑일까요? 저는 그렇지 않다고 생각합니다. 짝사랑할 때마다 저는 매번, 정말 행복했기 때문입니다.

누군가를 좋아할 때, 저는 그 사람을 닮아가곤 했습니다. 그 사람이 좋아한다는 노래를 저도 한번 들어보고, 좋아한다는 책을 저도 읽어보고, 그 사람이 미쳐 있는 것에 저도 함께 미치고 싶어했던 것 같습니다. 그렇게 저에게는 좋은 노래 한 곡이 생기고, 마음을 채워주는 책이 한 권 생겼으며, 말하기 전에 한번 더 생각해보려는 성격의 변화까지 생겼습니다. 그리고 이 모든 과정이 저는 정말 행복했습니다.

그래서 저는 제 짝사랑에 후회가 없습니다. 비록 이루어지지 않았다고 해도, 그 사람을 좋아하는 동안의 제가 너무나도 행복했기에. 세 번의 짝사랑을 되돌아보면 저는 쓸쓸한 한숨보다는 나는 그때 얼마나 행복했던가 하는 생각에 미소가 번집니다. 그리고 그것으로 충분하다는 생각이 듭니다.

여러분은 혹시 아직 일어나지도 않은 미래를 미리 걱정하느라, 지금 당장 느낄 수 있는 현재의 행복을 포기하고 있지는 않으신가요. 어쩌면 현실의 벽에 부딪히는 일보다, 행복의 기회를 놓치는 것이 더 두려운 일일지도 모릅니다. 행복이라는 감정은 생각보다 쉽게 찾아오지도, 또 자주 찾아오지도 않으니까요.

『플로베르의 앵무새』를 쓴 작가 줄리언 반스는 이런 말을 했다고 합니다.

'가장 확실한 쾌락은 기대의 쾌락이다. 삭막한 성취의 다락방에 뛰어들 필요가 누구에게인들 있겠는가?'

아무리 원하고 갈망하던 일이라도 막상 성취하고 나면 실망할 수밖에 없다면, 기대의 쾌락을, 성취의 다락방으로 가는 행복한 과정을 우리 모두 조금 더 즐겨보는 게 어떨까요. 지금 짝사랑하고 계신 분, 허황한 꿈을 좇고 계신 분, 모두 파이팅!

**윤수연** TBWA 주니어보드 22기 카피라이터로 활동했다. 대학에서 신문방송학과 심리학을 공부하고 있으며 여전히 여기저기에서 글을 쓰고 있다.

# 25

# 동굴을 찾아서

이진우

옛날 얘기 좀 해보겠습니다. 때는 2001년 그리고 2002년, 당시 국내 최정상의 아이돌 그룹이었던 GOD의 하늘색 풍선이 교실 이곳저곳을 날아다니고, "신화창조"를 외치던 소녀들의 주황색 풍선이 밤하늘을 수놓던 시절입니다. 브라운 아이즈의 〈벌써 일 년〉이 음원 차트 1위를 석권하던 때이기도 합니다.

　그때의 저는 일개 초딩이었습니다. 당시 저는 대다수의 초딩들과는 달리, 에미넴의 음악과 닥터 드레의 음악을 즐겨 들었습니다. 또, 나름대로 길이를 수선한 힙합 청바지를 입고 말도 안 되게 큰 힙합 박스 티셔츠를 입고 학교에 다녔습니다. 그리고 인터넷 힙합 커뮤니티에도 초딩 신분으로 가입하게 됩니다. 막연하게 힙합이 끌어당기는 어떤 매력에 깊이 빠졌던 것입니다. 정확히 어떤 연유로 제가 그리 발악하게 되었는지는 솔직히 기억도 나지 않습니다만, 어쨌든 그

것이 결코 초딩스럽지 않은 모습이었던 것은 분명합니다. 열세 살의 언저리, 그즈음의 저는 이미 마음 저 깊은 곳에서부터 힙합 가수를 장래희망으로 삼고 있었던 모양입니다.

어느 날은 TV를 보다가 YG 패밀리의 한 꼬마 소년, 리틀 지드래곤(구 권지용)이 "멋쟁이 신사"를 외치며, 랩을 간지나게 불러젖히는 모습을 보고는 그것에 큰 감동을 받았고, 자극도 받았습니다. 이후 정말로 힙합퍼, 래퍼가 되고 싶었던 어린 저는 집에서 열심히 랩을 연마하기 위하여 불철주야 고군분투하게 됩니다. 나름으로 열심히 아주 힘겹게 멋진 랩을 발사하기 위하여 노력했으나 저의 래핑은 빠른 시 낭독에 그쳤고, 굿거리 장단을 벗어나지 못했습니다. 그것은 저에게 매우 처참한 일이었고, 그 즉시 저는 힙합 가수로의 꿈을 접게 됩니다.

그와 동시에 저는 2003년 중학교에 입학했습니다. 저는 다시 힙합에 대한 전문가가 되고 싶었습니다. 힙합 전반을 아우르는 비평가든 평론가든 무엇이든 상관없었습니다. 그즈음에 저는 인터넷 검색으로 각종 힙합 관련 개념 및 앨범들을 찾아보는 낙으로 방과후를 보내곤 했었는데, '꿈을 그리는 사람은 마침내 그 꿈을 닮아간다'는 당시 네이버 지식인 답변의 마무리 멘트에 혹하기도 했을 만큼 순진한 학생이었습니다.

그러던 와중 저는 1990년대 초중반 미국의 힙합 카테고리에 푹 빠졌습니다. 한국의 힙합은 물론, 미국의 최신 힙합 등에는 관심도 두지 않고, 고전적인 미국 힙합만을 주야장천 들어재끼고 공부했습니다. 정말 미친 듯이 듣고, 미친 듯이 가사를 해석했습니다. 그 시간은 생각보다 꽤 길어졌고 그것은 굳어진 취향이 되어서 고등학교 때까지 이어졌습니다. 이 시기를 다시 말하자면, '중1 때 처음 접한 90년대 미국 힙합이 종국에는 수능을 망치게 되는 일련의 과정'이라고 깔끔하게 정리할 수 있을 것입니다.

저는 힙합 전반을 아우르는 전문가가 되고 싶었는데, 아주 안타깝게도 일부만을 너무나 깊게 파고들었던 나머지 힙합 전반을 논하는 전문가가 되기에는 역량이 매우 부족함을 뼈저리게 느끼게 되었습니다. 하지만 저의 강점은 빠르게 또 후회 없이 꿈을 포기할 줄 아는 점입니다. 고등학교 졸업식이 있던 날, 정든 교복을 후배들에게 물려주며 힙합 전문가의 꿈도 함께 물려주었습니다.

그리고 바야흐로 저는 대학생이 되었습니다. 성인이 된 것입니다. 그제야 저는 힙합을 그저 즐기기로 하였습니다. 취미 생활로서의, 일상으로서의 힙합 즐기기에 충실하기로 한 것입니다. 그런데 이상하게도 갈수록 이전보다 힙합을 향한 열정은 더욱 커져만 갔고, 힙합을 향한 애정은 식을 줄을 몰랐습니다. 힙합 관련 서적을 들여다보는 일, 국내외 힙합 뮤지션의 디스코그래피를 정리해가며 감상하는 일, 인터넷을 통해 미국 가수의 가사 해석본을 열심히 읽어재끼는 일은 제 일상의 굉장히 큰 부분이 되어버렸습니다. 그리고 그것은 지금까지도 한심하게 이어져 오고 있습니다.

정말 객관적으로 쓸모없는 일들을 주관적으로 아주 열심히 해온 것입니다. 하지만 저는 행복하기만 했고, 지금도 여전히 행복하기만 합니다. 10년은 족히 넘은 저의 힙합 짝사랑, 여기 쏟아부은 엄청난 물리적 시간과 정신적 노력을 제가 조금 더 객관적으로 쓸모 있는 것들, 생산적인 것들에 주었더라면 저는 아마 지금쯤 더 큰 인물이 되어 있었을지 모릅니다. 하지만 저는 전혀 후회하지 않습니다. 왜냐하면 저는 저만의 평생 쉼터를 만들어놓았기 때문입니다. 언제든 들어가 숨어서 가장 행복한 순간의 나, 가장 열정적인 순간의 나를 만날 수 있는 동굴을 만들어놓았기 때문입니다.

비록 제가 현실에서는 아주 비리비리하게 생긴 허여멀건 한 대학생입니다만, 힙합 동굴 속에서의 저는 금시계와 금 액세서리를 온몸에 두르고 매일 스웨깅swagging하고 허슬링hustling하는 'I don't give a f**k'의 정신으로 무장한 슬픈 눈을 가진 흑형이 됩니다. 저는 힘들고 지치고 우울할 때면 항상 저만의 은밀한 힙합 동굴로 들어갑니다. 저에게 힙합 동굴은 현실에서의 고민과 걱정들을 잠시나마 잊을 수 있는 지상 최고, 지상 최대의 행복의 공간입니다. 그곳에 들어서는 순간, 저를 둘러싼 모든 것들이 다 차단되고 저만의 새로운 우주가 펼쳐집니다. 또한, 꾸밈이 없는 나, 거짓이 없는 나를 대면하면서 말도 안 되게 커다란 자신감을 부여받기도 합니다.

그런데 이것은 굉장히 중요한 것 같습니다. 우리는 모두 현실 속에서 피곤하게 살고 있습니다. 해야 할 일도 많고, 하지 말아야 할 일도 많습니다. 여기저기 눈치도 봐야 합니다. 그런데 이것들은 아마 나이가 먹으면 먹을수록 더할 겁니다. 이런 상황에서 뭔가 언제나 변함없는 나만의 공간이 존재한다는 건 정말 매력적인 것 같습니다. 13년이 넘는 시간 동안 제 옆에는 힙합이 있었습니다. 아마 그것은 알게 모르게 저의 정체성을 형성하기도 했을 것이고, 저만의 독특한 가치관을 만들어내기도 했을 것입니다. 앞으로 제가 얼마나 더 나이를 먹든 어떤 직업을 선택하게 되든, 저의 뒤에는 언제나 든든한 조력자처럼 힙합 동굴이 크게 버티고 서 있을 것이라고 믿습니다.

이상한 취향, 이상한 취미, 남들이 미쳤다고 하는 나만의 것들에 대해 감사합시다. 더 미치고, 더 파고듭시다. 그게 무엇이든 상관없습니다. 어떻게든 좋게 발현될 겁니다. 우리가 어떤 것을 좋아하게 된 데에는 다 이유가 있으니까요. 저는 그것을 무시하지 말고 놓치지 않았으면 좋겠습니다. 왜냐하면, 좋은 게 결국 좋은 거니까요.

여러분들도 동굴 하나씩 만들어보실래요? 참 좋습니다.

**이진우** TBWA 주니어보드 22기 카피라이터로 활동했다. 대학에서 광고홍보학을 전공하고 있다. 발표 당시 평범한 학생이었으며, 현재도 신분의 변화는 없다.

# 26

# 삽시다, 쫌!

유소영

저는 얼마 전에 한 국내 항공사에서 진행하는 '기내식 체험단' 프로그램에 신청해 다녀온 적이 있습니다. 항공사가 준비한 기내식을 사전 체험자로서 먹어보고 의견을 내는 행사가 끝나고, 그 사진을 찍어 SNS에 올렸는데 한 친구가 이런 댓글을 남겼습니다.

"와, 유소영은 진짜 죽기 전에 자기 관까지 미리 체험해볼 기세네. 평생을 '체험 삶의 현장'처럼 보낼 거야?"

친구는 제게 왜 이런 말을 했을까요?

옛말에 '참새가 방앗간을 그냥 지나랴'라는 말이 있습니다. 저는 어릴 때부터 그냥 지나칠 수 없는 방앗간이 아주, 심하게 많은 참새 같은 아이였습니다. 유달리 호기심도 많았고 그 호기심을 꼭 충족을 시켜줘야 직성이 풀렸습니다. 그래서 어릴 때부터 남들 다 하는 피아노나 미술은 기본이고 발레, 리듬체조, 판소리, 장구까지 안 해본 게 없습니다. 엄마에게 물어보니, 다 제가 먼저 해보고 싶다고 졸랐다 하더라고요. 쪼끄만 게 뭐 그리 하고 싶은 게 많았는지.

대학생이 되어서도 제겐 하고 싶은 일이 너무나 많았습니다. 앞서 말씀 드린 항공사 기내식 체험단부터 시작해, 등산복 회사가 제공하는 고산 등정 체험, 카드회사의 홍콩 원정대, 미국 육류수출협회의 미국 카우보이 원정대 등 온갖 기업 후원 행사엔 모조리 지원해서 다녀왔습니다. 그리고 제 전공상 관심이 있는 광고 관련 경험도 대학 내 광고 동아리 활동부터 광고마케팅 잡지 기자 활동, 각종 프레젠테이션 경연 참여뿐 아니라 광고 회사에서 운영하는 대학생 대상 멘토링 코스도 두 가지나 경험했습니다. 이뿐인가요? 드라마 보조출연, 미소 국가대표 활동, 대학로 문화축제 기획, 바르셀로나 투어 가이드까지 제 대외활동 경험을 모두 늘어놓자면 제목만 적어도 슬라이드 한 페이지가 모자랄 지경입니다.

이렇게 다양한 활동을 학기마다 소화하는 제게 친구들이 꼭 하는 질문이 있습니다. "소영아, 너 휴학한 거 맞지?" 하지만 저는 지금껏 단 한 번도 휴학한 적이 없습니다. '아니 그럼 쟤는 학교를 다니면서 저 많은 걸 어떻게 다 했다는 거야?'라고 생각하실지도 모르겠습니다. 그럼 이제부터 제가 몇 가지 팁을 알려드리겠습니다.

저는 먼저 한 학기 시간표를 짤 때, 하루에 7시간씩 수업을 듣는 한이 있더라도 공강일을 한 주에 이틀은 꼭 확보합니다. 그 공강일을 정할 때, 먼저 달력을 펴고 그 학기에 공휴일이 어느 요일에 몇 번 있는지 체크합니다. 만약 수요일과 금요일에 공휴일이 몰려 있다면, 무조건 화요일과 목요일을 공강으로 만들어 그 주에는 길게 이어 쉴 수 있게 만듭니다. 이렇게 시간을 확보하면 제가 좋아하는 여행을 학기중에도 다녀올 수가 있습니다.

지금 제가 '저처럼 열심히 살아 봅시다!'라고 주장하고 있는 건 아닙니다. 저는 여러분에게 그런 말을 할 만큼 완벽한 사람도, 멋있게 살아온 사람도 아니니까요. 다만 저는 좋아하는 것을 하기 위해 선택을 했을 뿐입니다. 그 선택 때문에 제가 소홀히 했던 것을 말씀드리면 이해하시기 쉬울 것 같습니다.

저는 남들은 한 번도 보기 싫어하는 수능을 세 번이나 쳤고, 그렇게 힘들게 들어온 학교에서는 한 학기에 세 번씩이나 결석계를 내는 바람에 교수님들께 온갖 타박을 들었습니다. 학기중 학점을 다 채우지 못하다 보니 재수강과 계절학기를 더해 35학점이나 추가로 들어야 했는데, 이는 학교를 1년 더 다닌 거나 마찬가지인 학점 수입니다. 제게 지금 이 망치발표의 기회를 준 TBWA라는 광고 회사의 주니어보드 프로그램엔 네번째 지원 끝에 합격했고, 심지어는 운전면허까지 3수를 했습니다. 2종 보통이었는데…… 맞습니다. 저는 '3수의 아이콘'입니다.

제가 조금 남다른 점이 있다면, '3수의 아이콘'이라는 수식어나 지난한 재수강과 같은 일들을 제 인생의 큰 실패로 여기지 않았다는 점 정도일 것 같습니다. 비록 세 번의 수능을 쳐야 했지만, 저는 재수 시절 첫사랑을 만나 누구보다 행복한 한 해를 보냈습니다(부모님께서 이 글을 읽고 화를 내실지도 모르겠습니다). 또, 교수님께 꾸중은 많이 들었지만, 성수기를 피해 학기중에 떠났던 여행들은 제게 정말 특별한 기억으로 남았습니다. 끝이 보이지 않을 만큼 광활한 미국

목장에서 말을 타며 소를 모는 카우보이도 되어보고, 아름다운 홍콩의 야경을 훨씬 더 넉넉한 맘으로 즐길 수 있었으니까요. 혈기왕성한 지금이 아니라면 제가 언제 해발 3000m의 산에 올라 고산병과 싸울 수 있었을까요? 씻지도 못하고, 아픈 몸으로 산에 올랐지만, 그때 찍은 사진 속의 저는 그 어느 때보다 행복해 보입니다. 거의 1년간 학교를 더 다니느라 힘들었지만, '미소 국가대표' 활동을 통해 짧은 영어로 외국인들에게 한국을 알려본 일, 누가 시키지도 않았는데 한글날의 소중함을 알리겠다며 한복을 빌려 서울 곳곳을 누비며 춤을 춰본 경험들은 돈을 주고도 살 수 없을 것 같습니다.

이런 제게 많은 후배나 친구들은 "우와, 부러워, 멋있다" 하며 "나도 하고 싶어"라고 말하곤 합니다. 그런데 저는 이 기회를 통해 그들에게 되묻고 싶습니다. 하고 싶은데, 왜 하지 않는 거냐고요. 저는 이런 생각을 가지고 있습니다. '하고 싶다'고 계속해서 말하는 것은 '할 수 없다'고 계속해서 말하는 것과 마찬가지라고요.

저를 부러워하면서도 행동하지 못하는 이들은 늘 걱정이 많았습니다. '이걸 하면 저건 못하고' '학교는 어떡하고?'라는 식으로요. 사실 하고 싶은 걸 하면서 살다 보면 3수나 4수를 할 수도 있습니다. 하지만 저는 지금껏 그게 뭐 대수인가? 다른 방법으로 적당히 책임져가면서 살면 되지 않을까? 생각하며 살아왔습니다.

우리는 고등학생 때는 대입을 준비하는 수험생이었고, 그렇게 바라던 대학생이 되고 나서는 또다시 입사를 준비하는 취준생으로 살고 있습니다. 아마 그렇게 취업을 하고 나면 1년차, 2년차 같은 이름이 붙고 그후엔 또 결혼을, 노후를 준비하게 되겠죠. 우리는 늘 오지도 않은 미래를 준비하며 사는 데 익숙합니다. 그렇지만 생각해보면, 우리가 지금 사는 현재 또한, 언젠가 행복하기를 바라며 준비해왔던 그 미래가 아닌가요? 힘든 수험생활을 버티게 해줬던 바로 그 미래요. 저는 지금껏 수험생이나, 취준생이 아닌 유소영으로 살고자 했습니다. 이 글을 쓰고 있는 순간의 저도 그냥 '유소영 25년 차'일 뿐입니다. 이게 맞는 거 아닐까요?

한 학기는 16주지만 그중 집중해서 공부하는 시간은 솔직히 시험기간 일주일 정도일 겁니다. 좀더 양보해서 그 앞뒤로 1주일씩 더해 총 4주간 공부를 한다고 가정해도 우리에겐 12주라는 어마어마한 시간이 남게 됩니다. 여러분은 이 시간에 무얼 하고 싶은가요? 저는 벌써 여러 가지 계획들이 마구 떠올라 생각만으로도 벅차고 설렙니다.

여기 대학생으로서 해야 할 일들을 하며 미래를 준비하고 있는 유소영이 있고, 그냥 참새같이 하고 싶은 것은 다 하면서 사는 유소영이 있습니다. 어떻게 사는 게 더 맞는 걸까요? 사실 저도 정답은 모르겠습니다. 하지만 제 현재의 답은, 지금 제게 주어진 이 소중한 순간을 함부로 낭비하고 싶지 않다는 겁니다. 마지막 한마디로 저의 망치질을 마무리 지어볼까 합니다.

여러분. 우리 삽시다, 쫌!

**유소영** 망치 발표 당시 유소영 25년차였으며, 그후로도 계속해서 자신만의 방식으로 연차를 쌓아가고 있다.

# 대한민국에 청춘이 있습니까?

박웅현

어떠셨습니까? 제가 무슨 얘길 해야 될지 모르겠습니다. 제가 말씀을 드리면 괜히 지금 느낀 감동을 흐트러뜨리는 게 되지 않을까, 그 감동을 그냥 고이 간직하고 가시도록 해드려야 되지 않나 생각이 듭니다. 그리고 저 자신이 얘기에 빠져서 듣느라 얘기 준비를 못했습니다. 물론 한 가지 생각은 했죠. 이 친구들과 경쟁하지 않는 시대에 태어난 게 나의 축복이구나. 연습할 때 불안해 보이고, 안될 것 같고 했는데, 어쩜 저렇게 여우처럼 잘하는지 아주 예뻐 죽겠습니다.

이번이 두번째인데 첫번째 망치를 진행할 때 발표자로 나섰던 친구들이 했던 말 몇 가지 들려드리겠습니다. 그 친구들 몇 명이 오늘 청중석에도 앉아 있습니다. 처음에는 이렇게 말했습니다. '망치를 망치고 도망치고 싶었다.' 스트레스가 얼마나 크겠어요? 저 같으면 아마 떨려서 아예 포기했을 것 같은데…… '과연 내 얘기가 누군가에게 가치가

165

있을까?' 그냥 대학생들이니까요. 무슨 대단한 상을 받은 것도 아니고 내세울 게 뭐 있다고…… 그 고민을 가장 많이 얘기 했습니다. '이게 얘 깃거리가 될까?' '내 발표는 재미 없을 것 같은데' 이런 얘기도 많이 했습니다. '자신감이 많이 없었어요. 너무 평범하게 살아왔으니까.' 그렇습니다. 너무 평범하게 살아왔대요. '400명 앞에서 내가 할 수 있는 얘기가 있을까?' 이런 얘기들이 망치 1 때 나왔습니다. 제가 보기에는 이번에도 크게 달랐을 것 같지는 않습니다. 처음에는 그랬습니다.

망치 1 발표가 끝난 다음에 술을 마셨습니다. 술을 마시고 (아! 오늘 이 친구들이랑도 끝나고 술 마시러 갈 겁니다. 아마 오늘 아주 광란의 밤을 보낼 텐데……) 그때 하는 말이 뭔지 아세요? 발표 끝난 친구들이? '아 나도 괜찮은 사람이구나'라는 걸 느꼈대요.

'학생들은 보통 앞만 보고 달려가는데 망치를 하면서 진지하게 돌아볼 수 있었어요.'

'인생에서 의미 없는 시간들이라고 생각했던 것들도 돌이켜보니 다 의미 있는 시간들이었고 그걸 이어갈 수 있어서 좋았어요.'

'남을 깨는 건 줄 알았는데, 나를 깨는 게 망치였어요.'

'6개월 전 제가 알던 건 수영장이었어요. 지금은 바다를 느끼는 것 같아요.'

'망치를 하는 게 아니고 심리치료를 하는 느낌? 건강해지고 있는 것 같았어요.'

지금 저기서 살짝살짝 웃는 것 보니까 자기가 쓴 멘트가 나오나봐요. 이게 망치 1 참가자들이 그때 쓴 거예요. 저는 그게 이 자리의 의미고, 그 의미에 있어서는 2기도 다른 것 같지 않다고 생각합니다.

이번 망치는 지난번 망치와 달리 주제들에 어떤 공통점이 있었던 것 같습니다. 이렇게 많은 입에서, 이렇게 많은 좌절의 얘기, 실패의 얘기, 포기의 얘기를 들어본 적이 없으실 거예요. 망치 2를 준비하는 동안 주제의 초점이 저절로 한 군데로 모아졌는데, 그것은 '빼앗긴 들에도 봄은 오는가'였습니다. 빼앗긴 청춘에도 봄은 오는가…… 청춘이 있습니까? 아까 사회가 얘기했지만, 이 대한민국에 청춘이 있습니까? 여기 계신 어른분들, 저와 같은 기성세대들, 자신 있게 말할 수 있습니까? 몇 년 전 어떤 신문에서 헤드라인을 이렇게 썼습니다. '10대라는 형벌.' 이거 미친 사회 아닙니까? 어떻게 10대가 형벌이 됩니까? 인생의 꽃이어야 할 10대가 말입니다. 근데 여기 계신 분들 중 몇 명이나 그것을 부정하시겠습니까? 10대가 대한민국에서 형벌이라는 걸 누가 부정하시겠습니까? 10대라는 형벌, 이 무서운 사회를 우리가 만들어났습니다. 그 10대라는 형벌이 끝나고 나면 20대라는 감옥에 갇히죠. 그래서 이 청춘, 거기 어디에 봄이 있습니까? 야단을 맞고 스펙 관리하는 삶만 있겠죠. 그것을 깨고 싶었습니다. 그리고 저는 이번에 보았습니다. 그 많은 좌절 속에서, 짝사랑만 해보고, 포기한다는 얘기만 듣고, 아무 쓰잘데기 없는 랩이나 하다가, 엄마한테 얼마나 혼났겠습니까? "너 지금 랩해서 뭘 이뤘니? 네 전공이 랩이니?" 이 얘길 얼마나 많이 들었겠어요. 그리고 "비트박스 따위로 장기자랑이나 하려고 입술 터지고…… 왜 그러니?" 춤을 보여준 친구는 전공이 비교문학이에요. 전부 쓸데없는 것 같은 것들, 어른들이 보기에는 생산적이지 않은 것들, 이런 것들을 했습니다. 그리고 야단을 많이 맞아봤겠죠. 그들의 다양성이 오늘 펼쳐진 거라고 저는 봅니다. '한 가지 축으로 보지 않는 사회'가 얼마나 다양할 수 있는지 그것을 오늘 본 것 같습니다.

저와 다른 멘토들이 가르치는 역할을 맡았지만 실은 더 많이 배웁니다. 기성세대의 한 사람으로서 많이 반성합니다. 이런 기회를 더 많이 만들어야 할 것 같고, 그래야 사회가 건강해질 것 같습니다. 저 '찌질이 몇 퍼센트'들을 진짜 칭찬해줘야 될 것 같고, 저 친구들이 만든 '자기만의 동굴'에 우리들이 따라 들어가야 할 것 같습니다.

# 망치 3

2015. 2. 11. 수요일 오후, 홍익대학교 홍문관 가람홀

# 27

# 낙생고의 전설

김재두

가납초등학교, 남성초등학교, 계상초등학교, 주성초등학교, 청솔초등학교. 이 다섯 개의 초등학교는 모두 제가 다닌 초등학교입니다. 저는 초등학교 6년 동안 네 번의 전학을 했고 다섯 개의 초등학교에 다녔습니다. 1년에 한 번꼴로 전학을 다니다보니 초등학교 6년 내내 저는 '전학생'이었습니다. 새로운 친구들에게 자신을 소개하는 일은 굉장히 익숙한 경험이 되었지만, 친구들과 헤어지는 것은 늘 힘든 일이었습니다. 그렇게 어린 시절부터 만남과 이별을 반복하면서, 만남이 있으면 이별이 있고 이별이 있으면 잊혀짐이 있음을 남들보다 일찍 깨달았던 것 같습니다.

　이별에 조금씩 익숙해지던 초등학교 6학년, 저는 엄마에게 이런 말을 듣게 됩니다.

　"재두야, 이제 전학 안 가도 돼."

그것이 제게 의미하는 것은 곧 친구들과 다시는 헤어지지 않아도 된다는 것이었습니다. 어린 시절부터 뜻하지 않게 친구들과 헤어져야 했던 저에게는 아주 큰 의미로 다가왔습니다. 덕분에 초등학교 졸업 후 친했던 친구들과 자연스럽게 근처 중학교로 다함께 진학하게 됩니다. 친구의 소중함을 누구보다도 잘 알고 있었기에, 초등학교 친구들과 중학교 3년을 함께 보낸다는 것이 저에게만큼은 엄청난 행복이었습니다. 정말 행복한 중학교 시절을 보냈습니다. 멀지 않았던 학교와 집 사이에 친구 경석이네 집이 있었는데, 정말 매일매일 경석이네 집에 갔습니다. 경석이네 집에서 매일매일 같이 노래를 듣고 PC방도 둘이 꼭 붙어서 들락거렸습니다.

행복한 중학교 3년 동안 친구들도 많아지고, 친구들과의 관계도 깊어졌습니다. 그리고 어느새 고등학교 진학 시기가 다가왔습니다. 고등학생이 된다는 설렘보다 일생에서 가장 많은 시간을 함께한 친구들과 헤어지는 것이 너무 두려웠습니다. 어쩌면 어린 시절 이별을 많이 겪어봐서 헤어진다는 것이, 그리고 잊혀진다는 것이 무엇인지 너무 잘 알기 때문에 더 두려웠는지도 모르겠습니다. 그래서 저는 친구들과 헤어지지 않을 수 있는 방법이 무엇일까 모색하기에 이릅니다.

제가 고등학교를 진학하는 지역은 평준화 지역이었습니다. 전체 학생을 추첨을 통해 해당 지역에 있는 고등학교에 나누어 배정하는 방식이었습니다만 어느 정도는 학생들의 지망 의사를 반영했습니다. 즉, 학생들이 지원하고 싶은 고등학교 지망 순위를 적고 이 지망 순위가 반영이 되기도 했습니다. 곰곰이 생각해보니, 분명 학생들이 선호하는 학교와 선호하지 않는 학교가 있을 것이고, 만약 아무도 가고 싶어하지 않는 학교를 나와 내 친구들이 모두 1지망으로 지원한다면, 우리들은 헤어지지 않고, 모두 같은 학교에 진학할 수 있을 거라는 확신이 들었습니다.

그래서 찾은 학교가 바로 낙생고등학교입니다. 낙생고등학교는 분당구 판교동에 있는 고등학교인데 지금은 분당구 전체에서 가장 인기가 많은 학교이고 대학 진학률도 가장 좋은 학교입니다. 하지만 제가 고등학교를 지원했던 11년 전에는 비평준화 시기의 하위권 학교의 이미지가 여전히 남아 있고, 교통도 정말 불편해서 모두가 가기 싫어하는 학교였습니다. 모든 학생이 가장 마지막 순위인 17순위를 적는 학교였고, 남학생들은 누구나 제일 가기 싫어하는 학교였습니다. 여학생들에게는 그래도 제일 가기 싫은 학교는 아니었습니다. 저희 지역에서 유일한 여자 고등학교인 영덕여자고등학교가 있기 때문이었습니다. 그래서 낙생고가 되면 그래도 울지는 않는데 영덕여고에 진학하게 된 친구들은 정말 서럽게 울곤 했던 것이 기억이 납니다.

저는 저의 생각을 실현하기 위해 친구들 한 명 한 명을 찾아가서 낙생고등학교를 1지망에 적도록 설득하기 시작하였습니다. "고등학교 다 똑같으니 공부야 자기가 열심히 하면 잘하는 거 아니겠냐" "교통 불편한 것만 좀 참으면 우리는 헤어지지 않을 수 있다" "다른 것보다 난 너랑 정말 헤어지기 싫으니 함께 가자"라며 설득했습니다. 이 과정은 그냥 제 친구들만 설득한다고 되는 것이 아니라 그 친구가 또 부모님을 설득해야만 하는 험난한 과정이었습니다.

이 험난한 과정을 넘어 결국 저는 50명의 친구를 설득하는 데 성공하였습니다. 실제로 어느 정도 친구들이 모이니까 저와 친한 친구들은 모두 낙생고를 진학하는 분위기가 되어서 나머지 친구들을 모으는 것은 조금 더 쉬운 일이었습니다. 물론 결국 부모님 설득이라는 벽을 넘지 못하고 생이별을 해야 했던 친구들 기억도 납니다. 그렇게 고등학교를 진학하고 보니 낙생고등학교를 1지망에 적은 학생들은 우리 청솔중학교 학생들밖에 없었습니다. 의도한 바는 아니었지만, 어떻게 하다보니 50명의 친구들 덕분에 저는 낙생고등학교 전교 회장까지 하게 되었습니다.

이쯤 되면 사람들은 궁금해합니다. 저에게 친구는 어떤 의미인지. 저는 친구는 엄청나게 좋아하지만, '의리'라는 말은 싫어합니다. 의리라는 말에는 강요의 뉘앙스가 있는 것처럼 느껴지기 때문입니다. 제가 생각하는 친구의 의미는 아무런 조건 없이, 아무런 강요 없이 제가 좋아할 수 있는 사람입니다. 그저 같이 있는 것이 즐겁고 그것만으로도 충분한 사람들입니다. 이런 즐거움이 저는 제일 좋습니다.

고등학교를 졸업하고도 저의 친구 사랑은 그치지 않았습니다. 평소에도 친구들을 좋아하는 저인데 문득 떠오른 생각이 있었습니다. '내가 좋아하는 친구들이 다 같이 함께 모이면 얼마나 더 즐거울까!' 그렇게 궁리를 하다가 제 친구들이 모두 모일 수 있는 파티를 기획했습니다. 2년간 두 차례에 걸쳐 '분당'의 친구들 모두와 함께 '비 파티B-party'를 열었습니다. 밴드를 하고 있는 친구가 와서 무료로 공연하고, 디제이 하는 친구가 와서 디제이를 하고, 좋아하는 친구들을 부르고, 그 친구들의 친구들까지 초대하니 거의 200명의 친구들이 모여 파티를 했습니다. 이 파티를 통해서 제 친구와 친구가 친구가 될 수 있었고 제가 친구의 친구와 또 친구가 될 수 있었습니다. 저는 이렇게 주변 사람들을 연결하는 것이 참 좋습니다. 저는 초등학교 친구, 중학교 친구, 고등학교 친구, 대학교 친구의 구분이 없는 편입니다. 함께 만나는 것을 좋아해서 같이 만나다보니 그렇게 되었습니다. 파티 기획단 또한 초등학교 친구, 중학교 친구, 고등학교 학생회 후배가 모두 골고루 섞여 있었습니다. 그중엔 심지어 같이 학교를 다녀본 적도 없지만 지금은 제일 친한 사이가 된 친구들도 있습니다.

그로부터 벌써 3년이란 시간이 훌쩍 흘렀습니다. 어느새 각자 바쁜 일상을 보내며 친구들을 만나는 일조차 쉽지 않은 일이 되어버렸습니다. 그렇지만 친구들과 함께 보낸 소중한 시간은 언제나 가슴에 남아 있고 그것은 제가 살아가는 데에 정말 큰 힘이 됩니다. 여러분 가슴속의 친구들은 잘 계신가요?

**김재두** TBWA 주니어보드 23기 AE로 활동했다. 건국대학교에서 커뮤니케이션을 공부하고 중앙대학교에서 경영학을 공부하고 있다. 현재 졸업을 앞두고 있으며, 새로운 서비스 개발에 관심이 많고 스타트업을 준비하고 있다.

# 28

# 잡아먹지 않아요

박지우

촌스러운 2D 그래픽의 아바타들이 목검을 들고 몬스터를 사냥하는, 90년대의 그 게임 혹시 기억하시나요? 바로 넥슨에서 나온 '바람의 나라'라는 롤플레잉 게임입니다. 제 인생의 첫 게임인 동시에 제가 가장 오래 플레이했던, 역사적인 게임이었답니다. 이젠 로그인 화면 BGM만 들어도 가슴이 쿵쿵대는 추억이 되었습니다. 이처럼 '어릴 적부터 게임에 푹 빠져 살아온 여자'인 저에 대해 이야기해 보려고 합니다.

초등학교 3학년 때의 제 일기에는 이런 내용들이 있습니다.

11월 27일. 온라인 게임인 바람의 나라를 깔았다. 바람의 나라는 머그게임으로 레벨 20이 넘으면 돈을 내야 하기 때문에 나는 20까지만 하고 하지 않는다. 아이템은 도토리, 토끼고기, 목도…… 정말 다양하고 멋지고 많은 아이템이 있다.

　1월 10일. 인터넷에서 다운로드받은 '엘리멘탈 사가'라는 게임을 했다. 캐릭터를 정하여 마을로 나가서 돈을 벌어서 멋진 모험을 한다.

　1월 14일. '크레이지 아케이드'를 하였다……

　게임과 저 사이의 오랜 사랑의 시작을 알리는 증거들입니다. 그 이후로 스물세 살이 된 지금까지도 저는 쉬지 않고 셀 수 없이 많은 게임을 섭렵해왔습니다. 고수로 불릴 수 있는 경지에 올랐던 게임만 세더라도 스무 개는 족히 넘을 것 같습니다.

　10대 학생들의 방학 일과는 다음과 같을 겁니다. 8시 기상, 아침 식사, 산책, 점심, 독서, 일기 쓰기, 취침. 이런 패턴이 일반적이겠죠. 그러나 저의 방학 일과는 판이했습니다. 밤새워서 게임을 하고 나서 아침 7시쯤 해 뜨는 걸 보며 잠들고, 점심때 기상하면 길드 채팅창 확인하고, 아이템 시세 확인하고, 저녁 먹고 또 밤새워서 게임을 하는 일상의 반복이었습니다. 오죽하면 어머니가 두 손 두 발 들고 라면을 끓여다 주시기까지 했을 만큼 게임과 저 사이는 각별했습니다.

　말콤 글래드웰이라는 분이 '1만 시간의 법칙'이라는 걸 이야기했다고 합니다. 내용인즉슨, 어떤 분야든지 만 시간을 넘게 투자하면 그 분야의 전문가가 될 수 있다는 겁니다. 제게도 저만의 '게임 1만 시간의 법칙'이 적용될 것 같습니다. 계산해보니 대략 만 시간이 넘어가니 말입니다. 초등학교 시절 3000시간, 중학교 시절 6000시간, 고등학교 시절 500시간, 대학 와서 1000시간! 그래서 저는 게임의 전문가가 되었을까요?

바람의 나라에선 소위 '만렙' 즉 레벨 99도 찍고, 메이플스토리 스카니아 서버 랭커 & 길드 마스터도 해보고, 크레이지아케이드 승률 87%나 되어보고, 롤lol, League of Legends 하다 남자친구랑 싸워서 결국 헤어지기도 해봤습니다. 이 전적들이 제가 게임에서 얻은 훈장 아닌 훈장, 자랑 아닌 자랑거리들입니다. 게임을 하면서 보낸 시간이 헛수고는 아니었다는 생각에 뿌듯하기도 합니다. 나름 게임의 준 전문가가 된 거죠.

이쯤 되면, 대체 어쩌다가 게임을 이렇게 많이 하게 되었을까 궁금해집니다. 그것도 여자애가! 마치 엄마 뱃속에서부터 게임을 할 운명을 안고 태어난 아이 같기도 합니다. 이 연원을 알아보기 위해 저의 어린시절로 다시 거슬러올라가보겠습니다. 어렸을 적 저는, 지금과는 꽤 다른 모습의 아이였습니다. 저는 누가 봐도 '선머슴' 같은 여자애였습니다. 소녀들이라면 누구나 한번쯤은 빠져보기 마련인 인형 놀이에는 일말의 관심도 없고 로봇, 미니카, 총 같은 것들에 환장했습니다. 남자애들이랑만 어울려 다니다가, 어쩌다 한번 여자애들이랑 놀게 되면 역할놀이에서 꼭 왕자님 역할을 맡았습니다. 심지어 저에게 좋아한다고 고백한 여자애까지 있을 정도였습니다.

그런데 이렇게 용맹한 박지우가 점점 숨기 시작한 건 초등학교 고학년이 되면서부터였습니다. 사회화가 진행되면서 또래 여자아이들처럼 아기자기하게 다이어리를 꾸미고, 치마를 입고 학교에 가는 게 사회적으로 훨씬 용인받기 쉽다는 사실을 깨닫게 된 겁니다. 그래서 저는 이 사회에 녹아들어가기 위해서 여자다움, 참함 같은 덕목

들을 함양하기 시작했습니다. 여자답고 참한 박지우로 거듭나고 나서도 제 안에는 여전히 남자 같은 구석이 살아 있었습니다. 다만 널리 떨치지 않았을 뿐이었죠. 여자애니까 꽃핀도 꽂고, 레이스 달린 옷도 입고, 수업시간에 얌전히 굴다 보니까 저의 진짜 자아는 기가 죽었습니다.

그러다 우연히 초등학교 4학년의 어느 날, '바람의 나라'라는 롤플레잉 게임을 접하게 된 겁니다. 게임 속 저의 분신은 남자 캐릭터였고, 제가 칼과 방패를 차고 전장에서 적을 마구 무찔러도 누구 하나 손가락질하는 법이 없었습니다. 오히려 잘한다고 칭찬을 받았지요. 그제야 저는 제가 숨 쉬면서 살아갈 수 있는 자유로운 세계를 하나 얻은 기분이었습니다. 게임 속 세상은 제가 하고 싶은 모습대로 소년처럼, 기사처럼 살아도 되는 공간이었습니다. 그 이후로 저의 달콤한 이중생활이 계속되었습니다. 집에서 저는 철저히 소년으로 살았습니다. 바깥에서 들어와서 다시 바깥으로 나가기 전까지 저의 온 시간은 모조리 게임 속 세상에서 지내는 데 쏟아졌습니다.

이쯤 되면 누군가는, '애 게임 중독 아니야?' 내지는 '비행 청소년이었나?' 하고 우려할 수도 있을 것 같습니다. 하지만 저는 그렇게 생각하지 않습니다. 게임을 즐긴 나날들은 저를 지킬 수 있었던 소중한 시간이었습니다. 게임을 붙잡은 덕분에 저는 바깥세상에서 무사히 힘을 내서 더 잘 살 수 있었습니다. 학교에서 저는 여자답게 꾸미고 다니고 수업도 열심히 듣는, 어떻게 보면 '정도'를 걷는 아이였습니다. 하지만 저는 자칫 범생이 같은 제 모습이 맘에 들지는 않았습니다. 그보다는 게임 속의 늠름하고 자유분방한 저의 자아가 훨씬 맘에 들었습니다. 게임은 몰래나마 제가 저의 본모습을 입을 수 있게 해주는, 일탈과 전복의 장이었습니다.

게임은 답답한 사회의 통념—'여자애는 여자다워야 한다'는 요구로부터 저를 훌쩍 들어올려서 하늘을 자유롭게 걸을 수 있게 해준, 마법사 친구 같은 존재였습니다. 지금도 저는 게임이 제 인생에 들어와준 것에 무척 감사합니다. 그러니까 저는 게임에 잡아먹힌 게 아닙니다. 사실 게임뿐만 아니라, 사회가 걱정하는 몇몇 것들도 마찬가지인 것 같습니다. 게임은, 만화는, 술은, 덕질은, 19금은 나를 잡아먹는 괴물이 아닙니다. 하기에 따라서 오히려 나를 지탱해주고 에너지를 주는 멋진 친구가 될 수 있다고 생각합니다. 누구나 답답함이 있고 힘든 속내가 있기 마련입니다. 그런 걸 날려줄 수 있는 마법사 친구 한 명쯤은 곁에 두어도 좋지 않을까 싶습니다. 게임이 '잡아먹지 않아요!'

**박지우** TBWA 주니어보드 23기 카피라이터로 활동했다. 연세대학교에서 행정학을 전공했다. 망치 발표 당시 학생이었고, 지금은 광고 회사 TBWA 코리아에서 1년차 카피라이터로 일하고 있다.

# 29

# 그래, 나 못됐다

유승미

요즘 들어 제게 '변했다'고 말하는 사람들이 많습니다. 친한 친구들뿐 아니라 함께 사는 가족들까지 그런 말을 하니, 확실히 제가 좀 변하긴 한 모양입니다. 문제는 그게 좋은 변화에 대한 칭찬이 아니라, 말끝에 꼭 '너 되게 못돼졌어'라는 말이 따라온다는 겁니다. 제가 많이 변했다는 건 인정할 수 있습니다. 실제 저 스스로도 요 몇 년 사이 어떤 변화를 겪긴 했으니까요. 하지만 내가 못돼진 건가에 대해선 쉽게 답하기 어려운 것 같습니다. 뭔가 억울하기도 하고요. 저는 이 기회에 제 가장 가까운 친구 ― 최근에 제가 못돼졌다고 원망하며 울기도 했던 ― 에게 사과도 할 겸, 편지를 써보려고 합니다. 이 편지를 통해 저도 제가 왜 이렇게 되었는지 생각해보고 싶습니다.

영은이에게,

영은아! 나 오늘 너에게 꼭 하고 싶은 말이 있어.

요즘 네가 나한테 되게 못돼졌다고 하잖아.

네가 뭐 같이 하자고 하면 한번에 응! 하는 일도 없고

네 속상한 일 하소연할 때도 늘 뜩한 반응이라고.

맞아. 내가 그런 거 인정할게.

근데 너한테만 그러는 건 아니야.

난 요즘 다른 친구들한테도, 가족들한테까지도

변했다, 못돼졌단 이야기를 많이 듣는 편이거든.


오랜 친구인 네가 젤 잘 알다시피

어렸을 때 나 정말 착했잖아.

모두 신기 싫어하던 촌스러운 학교 지정 양말,

그래서 교문 나서자 마자 모두들

집에서 싸온 걸로 바로 갈아 신던 그 양말을

난 학교 선생님이 볼까봐,

엄마한테 들킬까봐 365일 신고 다녔지.

난 지각하는 것도 엄청 무서워했어.

선생님께 혼나는 것도 싫고,

지각한 날 나쁘게 보실까봐 걱정됐거든.

한번은 낮잠을 자다 학원에 늦었는데,

버스를 타고 가던 내내 펑펑 울었던 기억도 나.

(이 이야긴 부끄러워서 네게도 못했어.)

그리고 나는 친구들이랑 어울리는 것도 좋아했었지.
너랑, 그리고 친구들이랑 같이
학원 다니며 노는 게 너무 좋아서,
엄마를 졸라 두 개 다니던 학원을 과목별로
다섯 개까지 늘려가면서 다녔었어.
사실 그때 내 성적엔 학원을 그렇게 많이
다닐 필요도 없었는데 말이지.
난 재수도 하나도 두렵지 않았어! 친구들 모두
"재수는 필수, 삼수는 선택"이라기에
나도 정말 그렇게 생각했거든.

그땐 엄청 즐거웠어. 걱정은 없었고 마냥 좋았지.
고등학교 때도 즐거웠는데, 대학생이 되면 얼마나 더 즐거울까?
재수까지 해서 들어온 대학교에 드디어
합격했을 때 정말 설레었어.

근데 있잖아. 뭔가 이상한 거야.
그렇게 바라던 대학생이 됐는데, 하나도 즐겁지가 않았어.
대학교에 대한 내 첫 기억은, 처음 학교 가던 날 교문 앞이야.
한 여자 선배가 거기서 담배를 피우고 있었는데,
사실 대학에선 그럴 수도 있는 건데
난 그때 '여긴 뭐 하는 데지?' 하는
낯설고 불편한 기분이 먼저 들었어.

신입생 환영회 가는 것도 너무 부담스럽고,
새 친구들을 사귀는 것도 어려웠어.
게다가, 학기가 시작되어 난 늘 하던 대로 열심히
공부했는데, 나보다 공부도 안 하고
결석도 몇 번이나 했던 친구가 나보다
더 좋은 성적을 받아가는 거야.
그런 이상한 일이 한두 가지가 아닌 거야.
적응하기 정말 어려웠어.

그래도 난 열심히 친한 친구들을 만들어
고교 때처럼 열심히 붙어 다녔어.
그런데 어느 날, 그 친구들과
다음 학기 시간표를 맞춰 짜겠다고
내가 이 과목, 이 과목은 꼭 같이 듣자고
열심히 친구들을 설득하고 있었는데
그중 가장 어린 친구가 내게 이렇게 물었어.
"언닌, 혼자선 뭐 못해?"
영은아, 나 그때 정말 큰 충격을 받았어.
그 아인 별 뜻 없이 한 말이었는데
난 뭔가 정곡을 찔린 것 같았나봐.

중고등학교 때는 부모님, 선생님이 하라는 거 하고,
하지 말라는 거 하지 않고 공부만 착실히 하면

나를 되게 좋은 사람이라고 말해줬거든.
그런데 대학교에선 아무도 나한테 그런 이야길
해주지 않았어. 다 내 마음대로 하래.
근데 난 그게 너무 무서웠어.
뭐든 다 내 마음대로 해야 한다는 게.
사람들은 '대학시절은 해방이고,
낭만의 시기니 맘껏 즐겨라'는데
난 나 혼자 이렇게 무서워하는 게 너무 싫었어.
그래서, 나는 뭐가 그렇게 무서운 걸까? 또 생각해봤지.

한참을 고민해보고 주위를 둘러보니 답이 나오더라고.
내가 무서워하는 건 주변 사람들이 나에게 던지는 질문이었어.
고등학교 때 주변 사람들은 늘 나한테
'넌 얼마나 착한 사람이니?'라고 물었어.
그런데 대학교 때 사람들이 내게 묻는 건
결국 '넌 어떤 사람이니?'더라고.
근데 나는 그 말에 대답할 것이 없었던 거야.
그게 두려웠던 거야.
왜냐면 그때까지 난 4할이 엄마, 3할이 선생님,
2할이 친구들, 1할이 아빠로 이루어진 사람이었거든.
넌 어떤 사람이니? 라는 질문에 대답하려고
엄마, 아빠, 친구들, 선생님을 다 덜어내면,
나는 내 안에 아무것도 없는 텅 비어버린 사람이었어.

이렇게는 안 되겠다는 생각을 했어.

비어 있는 나를 채우기 위해서, 그래서

'넌 어떤 사람이니?'라는 질문에 답하기 위해서

내가 첫번째로 선택한 방법은 자기 계발서를 읽는 거였어.

서점에서 자기 계발서를 잔뜩 사와 읽고 있는데,

읽을수록 짜증이 나는 거야,

자기 계발서가 하는 말은 다 똑같았어. 열심히 살아라!

그런데…… 나는 이미 열심히 살고 있었거든. 최선을 다해서.

이런 나에게 뭘 더 열심히 하라는 거야? 싶었지.


안 되겠다 싶어서 내가 택한 두번째 방법은,

스스로에게 '왜?'를 묻는 거였어.

나를 둘러싸고 있는 모든 것들에 '왜?'를 묻고 그 답을 찾으면

그 답들로 나를 채울 수 있을 거 같았거든.

아주 자그마한 거부터, 예를 들면,

내가 물냉면을 되게 좋아해서

너희랑 밥 먹으러 가면 꼭 그걸 시키는데,

그건 '왜?'인지 너무 궁금한 거야.

답을 찾다 찾다 엄마한테까지 물어봤더니

나를 임신했을 때, 냉면을 많이 먹었다는 거야.

좋아, '왜?' 하나 해결. 그다음은?

그렇게 하나하나씩 내게 끊임없이 물어봤지.

그런데 내가 계속 이러고 있으니까,
친구들이 나에게 많이 변했다고 하더라.
느려졌대. 그리고 답답해졌대.
예전에는 친구들이 뭐 하자고 제안하면
"그래!" 하고 생각 없이 대답했고
뭔가 말하면 "그렇구나~" 하고 바로
수긍했었는데 지금은 아니거든.
늘 나에게 '왜? 안 하면 안 되는 거야? 다른
방법은 없어, 유승미?'를 묻고
머릿속에서 한번 더 생각을 정리해봐야 하거든.

영은아,
왜 그때 있잖아. 너 울었던 날 기억나?
네가 엄마랑 싸우고 와서 나한테 하소연했던 날.
그때도 내가 네게 그랬잖아. '그게 왜? 그렇게 화날 일이야?'
그랬더니 너 울었지. 진짜 못돼 처먹어가지고.
힘든 사람에게 따진다고.

미안해. 그때 내가 한창 '왜?'에 빠져 있을 때였거든.
영은아, 근데 앞으로도 내가 또 그럴지도 모르겠어.
그건 너한테 따지거나 널 괴롭히려고 하는 말이 아니라,
나한테 던지는 질문이거든. 나를 채우고 싶어서.

이 방법이 옳은지 그른지는 나도 아직 모르겠어.

근데 당분간은 계속해봐야 할 것 같아.

나는 이제야 나를 조금씩 채워가고 있는 기분이거든.

당분간 내가 너의 말에 공감하지 않더라도,

또 '왜?'라는 질문으로 귀찮게 하더라도

조금만 이해 부탁할게!

**유승미** TBWA 주니어보드 23기 AE로 활동했다. 대학에서 언론정보학을 공부하고 있다. 그때도 지금도 '왜?'라는 물음으로 누군가를, 무언가를 귀찮게 하고 있다.

좋아요가 싫어요

정수현

저는 원래 페이스북과 인스타그램을 즐기던 흔한 'SNS 유저'였습니다. 틈만 나면 스마트폰으로 새 '좋아요'는 없는지, 새 댓글은 없는지 확인하는 게 저의 일상이었는데, 지금 저의 스마트폰엔 그 좋아하던 페이스북과 인스타그램이 모두 사라졌습니다. 물론 SNS들이 그냥 사라진 것은 아닙니다. 사라지게 된 계기가 있었습니다.

전 최근 9개월 동안 영어 학원 생활을 했습니다. '말하는' 학원이다 보니 프리토킹한다고, 연극 준비한다고 많은 사람들을 만나야 했습니다. 처음에는 사람을 만나는 일이 마냥 즐거웠습니다. 그런데 그 만남들이 대부분 깊이 있게 이어지지 않았습니다. 어느새 저는 오면가면 기계처럼 "하이!" 하는 인사만 주고받고, 그 이상의 대화는 이루어지지 않는 생활을 하고 있었습니다. 그러다 어느 순간 '이런 관계는 대체 뭘까?' 하는 생각이 들었고, 그 생각들에 피곤해하던 찰나에 스마

폰을 들여다봤습니다. 바로 그때 저의 SNS들이 눈에 들어왔습니다.

제 페이스북에는 500명이 넘는 친구들이 있었습니다. 그중 제가 정말 가깝다고 생각하는 친구는 30명이 될지 모르겠습니다. 30명이 아닌 나머지 친구 중 몇 명을 소개해 드리고자 합니다.

저에게는 외국인 친구 한 명이 있습니다. 아마도 K-Pop을 좋아해서 페이스북에서 제게 친구 맺기를 걸어온 것 같습니다. 이 친구는 크리스마스에 제게 '메리 크리스마스' 하고 인사를 건넸습니다. 저도 반가워서 '메리 크리스마스' 하고 답장을 줬지만, 우리의 대화는 그렇게 끝이 났습니다. 그리고 며칠 뒤 새해가 되자 이 친구는 또다시 저에게 '해피 뉴 이어' 인사를 보내줬고, 저 역시 '해피 뉴 이어' 답장을 줬지만, 역시 대화는 그렇게 끝나버렸습니다. 이번 크리스마스에 이 친구에게 또 연락이 오지 않을까 생각하고 있습니다.

이번엔 다른 친구를 소개해드리겠습니다. 이 친구는 제 생일에 저의 페이스북에 '생일 축하해!'라는 정말 정직한 축하 글을 남겨줬습니다. 저는 뭐라고 답장을 주고 싶었지만 사실 몇 년 전에 얼굴 두어 번 본 게 전부인 친구라서 마땅한 말을 찾지 못했습니다. 그래서 결국 저도 '고마워!'라는 답글로 대화를 끝내버렸습니다. 생각을 해보니 저의 SNS에는 위의 두 친구처럼 정말 친하다고 할 수 없는, 친구라고 하기에도 애매한 그런 관계들이 참 많았습니다.

이 생각은 'SNS 속 친구들과 학원에서 인사만 하고 지나가는 그 사람들과 정말 별다를 것이 없겠구나' 하는 생각으로 이어졌고, 저는 또다시 피곤함을 느꼈습니다. 하지만 저는 저의 피곤함을 그 친구들 탓으로 돌리려는 것은 아닙니다. 생각을 해보니 그런 관계들을 만들고자 노력했던 것은 바로 저였습니다.

사람들은 생각보다 쉽게 '암 걸릴 것 같다'는 말을 씁니다. 하지만 저는 그 말을 쓰지 않습니다. 이미 한번 암에 걸려봐서 그 말이 담고 있는 무게를 잘 알고 있기 때문입니다. 중학교 3학년 때 저에게 찾아온 뼈암, 그리고 그 뼈암과 함께했던 10개월간의 병원 생활은 저에게 참 많은 것을 준 것 같습니다.

저는 한번 몸이 안 좋았던 경험이 있어서 그런지 술이나 담배는 별로 즐기는 편이 아닙니다. 대신, 병원에서 입맛이 없을 때 한두 잔 마시기 시작한 커피가 술, 담배의 자리를 대신해 저에게 즐거움을 주고 있습니다. 또, 어릴 때 나름 큰일을 겪어봐서인지 웬만한 일은 그냥 무던히 넘겨서 '평화의 상징, 비둘기'라는 별명도 얻었습니다. 그리고 다소 내성적인 지금의 성격도 얻었습니다. 당시 제가 만날 수 있던 사람들은 가족, 병원 사람들, 그리고 가장 친했던 5명의 친구가 전부였습니다. 가끔 퇴원해도 저는 면역력이 떨어졌기에 집 밖을 잘 나갈 수 없었고, 그 5명의 친구들은 매일같이 우리집에 와서 종일 놀다 가곤 했습니다. 그런 생활에 익숙해져서였는지 점점 누군가에게 새롭게 다가가는 일이 어려워졌습니다.

치료를 마치고 고등학생이 되어서도, 마음 맞는 한두 명의 친구와 깊이 지내는 것이 좋았습니다. 그래서 사실 저에게 고등학교 친구는 그렇게 많지 않지만 그래도 그때는 아무도 뭐라고 하지 않았습니다. 그런데 대학교에 입학할 즈음 갑자기, '대학교에서는 아무도 널 안 챙겨줄 거다' '인간관계도 스펙이라던데 너는 어쩌려고 하냐?'라는 말들이 들리기 시작했습니다. 저는 이런 말들에 겁을 먹어서 '내 성격에 친구 많이 못 사귈 텐데' 하는 생각을 했고, 흔히 말하는 '아싸(아웃사이더)'가 되지는 않을까 걱정했습니다. 그래서 당시의 저는 마치 해야만 하는 일인 것처럼 사람들을 만나려고 했던 것 같습니다. 그리고 그렇게 알게 된 사람들은 아직 잘 모르더라도 일단 SNS 친구로 만들었습니다. 저에게 친구를 새로 사귄다는 일은 쉬운 일이 아닌데, SNS에서는 클릭 몇 번이면 '친구'라고 해주니 그게 좋았던 것 같습니다.

그런데 이제는 '그 관계를 정말 친구라고 할 수 있을까?' 하는 의심이 들어버린 겁니다. 생각해보면, 10명만 모여 있어도 '사람이 많구나' 하고 힘들어하는 저에게 수백 명이 부대끼는 페이스북, 인스타그램은 말도 안 되는 공간입니다. 그래서 요즘에는 SNS 속 500명을 모두 내려놓고 제가 좋아하는, 그리고 저와 가까운 20명에게 집중하며 살고 있습니다. 예전의 저는 '인간관계'라는 단어에 겁을 잔뜩 먹고 저와는 어울리지 않게 사람들을 많이 사귀려 했지만, 저는 원래 작은 관계를 좋아했던 사람이니까요. 그렇게 SNS를 지워버리고, 소규모 관계를 좋아하던 원래의 제 모습으로 살아가니까 달라지는 것들이 있었습니다.

예를 들면 이런 겁니다. 저는 원래 전화 통화에 무척 소극적이었습니다. 너무 떨렸습니다. 사실 아직도 많이 떨리지만, 저의 주변 사람들과 마음을 나누기에는 전화만큼 좋은 연락수단이 없는 것 같아서 익숙해지려 노력하고 있습니다. 그러다보니 최근에는 재미난 일도 있었습니다. 한 친구를 만나러 가는 길에, 뭔가 묻고 싶어 그에게 전화를 걸어 이야기하며 걷고 있었습니다. 그렇게 걷다가 길에서 또 다른 친구를 만나서, 전화하고 있던 친구에게는 '잠깐만!'이라고 말을 하고 길에서 만난 친구와 잠시 이야기를 나눴습니다. 그리고 제가 통화를 하고 있었다는 사실을 잊어버린 겁니다. 약속 장소로 갔더니, 저와 통화를 하고 있던 그 친구는 저와의 전화를 끊지 않고 기다리고 있었습니다. 저는 친구에게 너무 미안해서 "이걸 안 끊고 기다렸어? 진짜 미안하다" 하고 말하니 그 친구는 당연하다는 듯이 "네가 잠깐만이라며!"라고 말해줬는데 저는 그 한마디가 정말이지 좋았습니다. 그동안 제가 주고받았던 수십 개의 '좋아요', 댓글들, 또 '하이!' '메리 크리스마스!' '생일 축하해!' 같은 말들과는 비교되지 않는 한마디였던 것 같습니다. 그래서 저는 이제는 누군가의 수십 개의 '좋아요' 중 하나로 남기보다는 제가 좋아하는 친구에게 저런 한마디를 건네주며 살고 싶어서 흔한 'SNS유저'였던 예전의 저로 다시 돌아가고 싶지 않습니다.

요즘 주변에서 "너 인스타에서 안 보이더라?" "이제 페북은 안 해? 왜?" 하는 말들을 참 많이 듣고 살고 있는데, 이번 기회를 빌려 말해주고 싶습니다.

"그것들이 사라져서 나는 이제야 훨씬 잘 살고 있어"라고요.

"그래서 나는 '좋아요'가 이제 싫어"라고요.

**정수현** TBWA 주니어보드 23기 카피라이터로 활동했다. 망치 발표 당시 심리학을 공부하는 학생이었고 여전히 학생이자 흔한 카피라이터 지망생 중 하나이다.

# 31

# 사진관집 둘째 딸

이보경

저는 오늘 25년 동안 제가 걸어온 길에 대해 이야기하려 합니다. 먼저 저의 인생에 가장 중요한 도플갱어 한 분을 소개해드리고 싶습니다. 저의 처진 눈매와 웃을 때 튀어나오는 광대까지 똑같이 닮은 사람, 네, 바로 저의 아버지입니다. 외모뿐만 아니라 제 삶에도 가장 큰 영향을 주셨기 때문입니다.

아버지의 어릴 적 꿈은 하늘을 나는 파일럿이었습니다. 실제로 공군에 입대하셔서 조종사관 후보생으로 그 꿈을 남들보다 일찍 이루셨지만, 비행 훈련 도중 사고를 당하시면서 결국 제대를 하게 되셨습니다. 그후 아버지는 대학에서 토목을 공부하시고 할아버지의 회사에 다니셨지만, 이 사업 또한 잘 풀리지 않았습니다. 다시 아버지는 대구로 내려가 은행원이 되셨습니다. 은행과 관련된 경험은 없으셨지만 성실히 일하신 만큼 좋은 평판을 얻으셨습니다. 그런데

1997년 IMF 사태가 터졌고, 결국 저희 아버지도 구조조정으로 어쩔 수 없이 명예퇴직을 하게 되셨습니다. 그후 아버지가 선택하신 직업은 사진가였습니다. 고등학교 때부터 늘 손에 쥐고 계시던 카메라로 사진관을 차리게 되셨고, 그렇게 저는 사진관집 둘째 딸이 되었습니다.

자라면서 저는 아버지가 겪으셨던 경험들을 들으면서 아버지와 많은 시간을 보낼 수 있었습니다. 매주 아버지의 손을 잡고 사진 세미나에 참여하기도 했습니다. 많은 사진 작가분과 선생님들을 만나면서 사진을 싫어할 수 없는 환경 속에서 성장했습니다.

제가 초등학교 5학년이 되던 해, 하루는 아버지께서 제 방에 제 인생을 바꿀 결정적 사진 한 장을 걸어주셨습니다. 그런데 그 사진은 어린 제가 봐도 칙칙하고 기분 나쁜 무덤 사진이었습니다. 분홍색이 가득한 귀여운 방을 원했던 어린 저는 그 사진이 너무나도 싫었습니다. 어떻게 하면 사진을 떼어낼 수 있을까 고심 끝에 아버지를 따라다니며 세미나에서 배운 지식을 총동원해 아버지를 설득하고자 했습니다. 사진의 배경인 무덤에서부터, 사진 속 등장인물의 얼굴 바로 앞에서 잘린 불안정한 프레임과 배경에 걸린 찢어진 현수막의 의미까지 구구절절 설명하며 어떻게든 사진을 떼어놓으려 했습니다. 하지만 저의 예상과 달리 아버지의 눈빛이 오히려 반짝이시는 겁니다. 저는 다만 제 방에 걸어두고 싶지 않은 사진이라는 걸 알리고 싶었을 뿐인데 그러한 저의 의도와 상관없이 아버지는 저에게 사진을 보는 눈이 있다, 사진에 재능이 있다고 생각하신 겁니다.

사실 다른 집 부모님들은 "우리 딸 의대 가자, 법대 가자"라고 하시는 게 보통인데, 저희 아버지는 늘 "우리 딸 사진학과 가자"라는 말씀을 하셨습니다. 부모님 입장에서 이토록 구체적인 진로를 어려서부터 추천해주시는 경우는 드물 것 같습니다. 어쩌면 제가 저희 아빠를 좋아하는 이유이기도 합니다. 그러다보니 저 또한 자연스럽게 사진작가에 대한 꿈을 품게 되었고, 정말로 사진학과에 가고 싶어졌습니다. 그런데 이 꿈을 이루는 것이 만만치가 않았습니다.

사진학과에 가기 위해 학원을 등록해야 하고, 고가의 장비를 사야 하며, 그뿐만 아니라 사진학과는 그 어느 대학보다 비싼 등록금을 내야 하는 예술대였습니다. 이러한 금전적인 문제들이 10대인 제 눈에도 보이기 시작했습니다. 게다가 저의 언니는 이미 예술대인 서양화과에 진학해 다니고 있었습니다. 조그마한 사진관을 운영하는 부모님의 경제 상황을 누구보다 잘 아는 제가 부모님께 '사진학과'에 가게 해달라는 말을 차마 할 수가 없었습니다.

결국, 전 사진학과를 포기하고 경제적 부담이 덜한 학과를 선택했습니다. 비록 사진학과 진학을 포기하긴 했지만, 여전히 사진이 좋았기에 병행할 수 있을 만한 학과를 찾아보았고, 신문방송학과가 적합할 것 같아 신문방송학과를 목표로 정하고 공부를 했습니다. 그런데 제가 공부를 너무 열심히 했던 걸까요. 놀랍게도 4년 장학생으로 대학교에 입학하게 되었습니다. 그것도 제가 꿈에 그리던 바로 그 '사진학과'에 말입니다. 운이 좋게도 순수 성적만으로 학생들을 모집하는 수시 전형으로 사진학과에 들어가게 된 것입니다. 걱정했던 경제적 문제는 그렇게 해결이 되고 꿈에 그리던 사진학과를 다니게 된 저는 누구보다 열심히 사진을 찍었습니다.

그런데, 또다시 제 인생에 '그런데'가 찾아왔습니다. 그렇게 원하던 사진을 찍는데도 이상하게 가면 갈수록 '이게 아닌데⋯⋯'라는 생각이 들었습니다. 방황하던 2학년 때 교수님께서 저에게 이런 말씀을 해주셨습니다.

"수업 참여도나 부지런함을 봤을 때 여기서 내 어시스턴트를 뽑으라면 너를 뽑겠다. 하지만 너만의 예술을 해야 하는 작가로서는 잘 모르겠다."

사실 저는 아직도 이 말을 남들에게 이야기하는 게 부끄럽고 숨기고 싶습니다. 지금도 저는 이 말을 듣던 때를 떠올리면 마음이 아픕니다.

교수님께 작가로서의 부족함을 지적받았을 때, 비로소 제가 사진을 온전히 즐기지 못하고 있다는 걸 깨달았습니다. 동시에 사진작가의 길은 어쩌면 저의 길이 아니라는 것 또한 알게 되었습니다. 제가 원했던 사진의 길과 실제 제가 할 수 있는 현실 사이의 괴리를 느끼며 세상이 무너지는 것을 느꼈습니다. 결국 저는 사진을 포기했습니다. 그런데 참 인생이라는 게 신기합니다. 몇날 며칠을 울다가 방황하던 중에 우연히 학교 수업으로 템플 스테이에 참여하게 되었는데 그곳에서 저는 일면식도 없던 디자인과 사람들을 만난 것입니다. 절망에 빠져 있던 저는 그들에게 제 고민을 이야기했고 하나의 조언을 들었습니다.

"너, 그럼 순수예술 말고, 광고를 해보는 게 어때?"

순간 제 눈은 반짝였고 이것저것 조사를 해보며 광고 디자인에 대한 호기심을 갖게 되었습니다. 알면 알수록 더욱 광고 아트디렉터가 되고 싶어졌습니다. 그래서 시각디자인을 복수 전공하게 되었습니다.

그때부터 여러 사람들과 아이디어를 공유하고 하나의 아이디어가 더 큰 아이디어로 발전되는 과정을 확인하면서 순수예술을 할 때보다 더 행복해하는 제 자신을 볼 수 있었습니다. 그렇게 좋아하는 일을 하다보니, 하나둘 포트폴리오와 공모전 수상 경력이 쌓여가고, TBWA의 주니어보드까지 오게 되었습니다.

제가 걸었던 25년의 여정을 돌아보면, 하나의 문장으로 간단히 정리되진 않는 것 같습니다. 사진관집 둘째 딸로 자라며, 사진이 하고 싶었는데, 사진학과를 포기할 수 밖에 없었고, 또 우연한 기회로 다시 사진을 하게 되었지만, 생각보다 잘 풀리진 않았고, 새롭게 광고 디자인을 배우고 있으니까요. 어떻게 보면 사진과 함께 살아온 25년 동안 제 마음대로 된 적이 한 번도 없었습니다.

우리는 자라면서 이런 말을 많이 듣는 것 같습니다. "좋은 대학에 가려면 지금 좋은 고등학교에 가야 해. 좋은 직장에 가려면 지금 좋은 대학에 다녀야 해!" 미래를 위해 계획을 세우고, 그 계획대로 살아야만 성공한 거라 배워왔습니다. 믿고 노력하면 미래가 보상해줄 거라는 기대 속에서 살았던 겁니다.

그러다보니 계획대로 일이 풀리지 않으면 인생이 실패한 것처럼 괴로워하는 것 같습니다. 저 또한 그랬습니다. 하지만 인생의 모양은 곧고 순탄하게 뻗은 직선으로 생기지 않은 것 같습니다. 아버지의 인생이 그러했고, 저의 짧은 25년 여정이 그랬습니다. 직선의 모양대로 직진을 추구하는 각자의 노력과 예상치 못했던 환경의 요인들이 뒤얽혀서 이리저리 굽이져 흘러가는 곡선에 가까운 모양인 것 같습니다. 앞으로도 마찬가지일 거라 생각합니다. 한치 앞을 모르는 게 인생인데 계획대로 되지 않았다고 너무 실망하거나 좌절하지 않 았으면 좋겠습니다. 우리 인생이 생긴 자연스럽게 굽이진 모습 그대 로 모두 흘러흘러 살아가면 좋겠습니다.

**이보경** TBWA 주니어보드 23기 AD로 활동했다. 중앙대학교에서 사진학을 공부했다. 망치 발표 당시 학생이었고, 지금은 이랜드에서 마케터로 일하고 있다.

# 32

# 민주 미술사

고민주

저는 가장 민주적인 이야기, '민주 미술사'에 관해 이야기하려고 합니다. 영국을 대표하는 영웅 아서 왕의 이야기가 열다섯 살짜리 소년이 성검 엑스칼리버를 손에 쥐면서 시작되듯이, 민주 미술사도세 살짜리 어린아이가 크레파스를 손에 쥐면서 그 이야기가 시작됩니다.

그림 1이 바로 제 최초의 그림입니다. 제가 태어나서 처음으로 혼자 힘으로 그린 그림인데, 저희 엄마는 이 그림을 정말 좋아하셔서 20년이 넘은 지금까지도 보관하고 계시고, 아직도 이 그림을 보시면 제가 이 그림을 그리던 당시를 생생하게 이야기하곤 하십니다. 아이가 한 낙서에 웬 호들갑이냐고 할 수도 있지만 제가 이 그림을 그렸을 때는 고작 세 살이었고, 그냥 낙서라 하기에는 실제 저희 아

1

버지와 너무 닮지 않았나요?

이 그림을 시작으로 저는 그림 그리는 것을 정말 좋아하게 되었습니다. 그림이 왜 좋은지는 몰랐지만, 그림을 그릴 때 저는 가장 행복했고 그래서 계속 그림을 그렸습니다. 가족끼리 나들이를 가도 스케치북을 들고 다녔고, 보이는 모든 것을 그리려 했습니다. 얼마나 그림이 좋았던지, 어린 시절 일기와 독후감도 온통 그림일 정도였습니다. 어떤 날은 뜬금없이 집의 모든 물건의 형태와 길이를 측정해서 기록하기도 했습니다.

초등학교 2학년이 되어서는 만화 한 편을 연재(그림 2)했는데, 지금 봐도 재미있을 정도로 공들여 그렸습니다. 주인공인 훈이와 미미는 공부를 열심히 하지 않는 까불이 학생들입니다. 이 두 주인공은

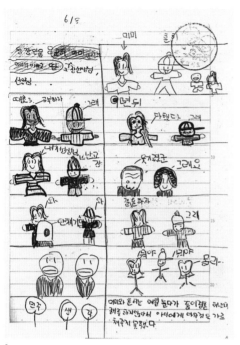

고등학교를 졸업하고 나서 겁 없이 학교 선생님을 사칭합니다. 그러다 진짜 선생님께 들켜서 얼차려를 받는데, 얼차려를 받는 도중 결혼을 결심합니다. 결혼 후에는 두 아이를 낳는데, 이 두 자녀가 자라서, 부모가 된 훈이와 미미에게 궁금한 것들을 묻습니다. 하지만 훈이와 미미는 학생 시절에 공부를 하지 않았기 때문에 아이들에게 아무것도 가르쳐주지 못합니다. 그래서 슬프게도 그 아이들은 바보가 됩니다. 좋은 부모가 되기 위해서는 학생 시절에 공부를 열심히 해야 한다는 교훈을 주는 만화입니다. 어린 시절에 이런 만화를 그리다니, 얼마나 그림 그리기를 좋아했는지 아시겠지요?

이렇게 어려서부터 그림 그리기를 좋아했던 저는 고등학생이 되어서 자연스럽게 미대 진학을 결심하고 미술학원에 다녔습니다. 미술학원에서는 미대에 가기 위한 그림을 배웠습니다. 미대에 가기 위한 그림들은 제가 그렸던 그림들과 달리 재료와 주제, 심지어 제한 시간까지 정해져 있었습니다. 그림이라기보다는 암기나 공식에 가까웠던 것 같습니다. 많은 학생이 쉽게 따라 그릴 수 있도록 만들어진 자료에, 대학이 발표한 주제만을 더하면 되는 그림이었습니다.

솔직히 말하면 입시 미술은 고되었지만 어렵지는 않았습니다. 저는 오히려 학원에서 그림을 잘 그리는 편이었고 선생님께 칭찬도 많이 받았습니다. 하지만 이상하게도 그때는 그림을 그릴수록 그림이 점점 재미없어지고 나중엔 피하고 싶기까지 했습니다. 매일 같은 그림만을 그리면서 저는 입시가 빨리 끝나기만을 기다렸습니다.

제가 이 망치 발표를 준비하면서 입시 기간에 그렸던 그림들과 사용한 연습장을 찾아보다가 우연히 '죽고 싶다'고 쓴 메모를 봤습니다. 제가 이걸 메모한 날은 제가 수시로 지원한 학교의 합격자 발표 날이었고 저는 불합격이었습니다. 정말 열심히 준비했는데 떨어지니까 많이 속상하고 답답했고 그래서 조금은 죽고 싶다고 생각했었던 것 같습니다. 정말 속상했지만, 그 상황에서 제가 할 수 있는 건, 그리고 해야 하는 건, 더 열심히 그림을 그려서 정시에는 꼭 대학을 가는 것밖에 없었습니다. 그래서 저는 진짜 열심히 그림을 그려서 입시가 끝날 무렵에는 무척 복잡하고 어려운 그림(그림 3)을 한 시간 반 만에 그리는 실력에 이르렀습니다. 그리고 목표로 했던 대학에 합격도 합니다. 하지만 대학에 합격했다는 사실보다는 이제는 더는 그림을 그리지 않아도 된다는 사실이 행복했어요.

그 행복도 잠시, 대학에 와서도 저는 계속 그림을 그렸습니다. 고등학생 때 그림을 정말 많이 그렸다고 생각했는데, 그것보다도 더 많이 그렸습니다. 과제가 너무 많아서 정말 셀 수 없이 많은 그림을 그렸는데, 생각해보면 그때 솔직히 맘에 드는 그림은 별로 없었습니다. 고등학생 때 그렸던 그림들과 마찬가지로 내가 지금 그리고 있는 그림이 내 맘에 드는지 안 드는지는 중요하지 않았고, 제 마음보다는 교수님 마음에 들어야 좋은 점수를 받을 수 있었기 때문입니다. 그렇게 4년 동안 남의 눈에 맞추기 위한 그림을 그리다가 어느새 저는 졸업까지 해버렸습니다.

　그런데 졸업 전시를 마친 어느 날 졸업을 기념하며 방을 정리하다가 제 인생 최초의 그림을 우연히 발견했습니다. 그 그림을 보면서 이상한 기분을 느꼈습니다. 그림 속의 아버지가 제게 말을 거는 것 같기도 했습니다. 그림을 빤히 바라보면서, 제가 그림 그리는 걸 정말 좋아했었다는 생각이 문득 들었습니다. 그 순간 가슴이 콩닥콩닥 뛰면서 다시 그림이 그리고 싶어졌습니다.

　급하게 서랍을 뒤져 스케치북과 크레파스를 꺼내어 그림을 그리려는데, 막상 뭘 그려야 하는지 떠오르지 않았습니다. 그래서 저는 백지를 다시 빤히 들여다보기만 했습니다. 한참을 그렇게 고민하다가 '예전에는 뭐가 그렇게 좋아서 그림을 그려댄 거지?'라고 생각하며 어렸을 때 그렸던 그림들을 찾아보기 시작했습니다. 삐뚤빼뚤하고 이상한 그림들이었지만 한 가지 공통점이 있었습니다. 그것은 바로, 그냥 제가 그리고 싶었던 것들이라는 점이었습니다. 저는 그때 정말 한 대 맞은 것 같은 기분이 들었습니다.

4                             5

   그림은, 그냥 그리고 싶은 걸 그리고 싶은 대로 그리면 됩니다. 그게 정말 좋은 그림이고 행복한 그리기인데, 너무 긴 시간 남의 눈에 맞춰 그리느라 저는 그걸 잊어버린 것입니다. 세 살 때는 누가 알려주지 않아도 스스로 알던 것을, 저는 이렇게 스물네 살이 되어서 다시 생각해냈습니다. 저는 이걸 생각해내곤 제 그림들을 다시 '민주화'하기로 했습니다. 제 그림에서 '제가 아닌 것'들은 빼버리는 작업입니다. 저는 이제는 아무 거리낌 없이 제가 그리고 싶은 걸 그리고 싶은 대로 그립니다. 아무도 제게 무엇을 그려라 시키지 않고, 틀렸다고 꾸중하지도 않기 때문입니다.

   어렸을 때처럼 책을 읽고 그림을 그리기도 하고, 비 오는 이태원 거리에 감동해서 집에서 그대로 옮기기도 합니다(그림 4). 또 제가 정말 좋아하는 친구를 위해 그림을 그리기도 합니다(그림 5). 저는 이렇게 딱 1년 동안 제가 그리고 싶은 걸 그리고 싶은 대로 그려봤는데, 그 1년 동안 정말 놀라운 일들이 벌어졌습니다. 어떤 기간보다 그림을 진짜 많이 그렸고, 그림 실력도 많이 늘었습니다. 어떤 날은 일러스트 작가로 섭외되어 돈을 받고 그림을 그리기도 했습니다.

정말 많은 일이 있었지만, 가장 놀라운 것은 어렸을 때 느꼈던 그 행복이 다시 느껴진다는 것입니다. 어렸을 적 그렸던 그림과 제가 미술 학원을 다니던 시절의 그림, 두 그림을 비교해 보면 누가 봐도 후자의 그림이 훨씬 비례도 맞고, 원근법도 잘 적용되었고, 재료도 다양한 멋진 그림일 것입니다. 반면에 전자의 그림은 그저 아이가 한 낙서에 지나지 않을 것입니다. 하지만 만약 누가 저에게 둘 중 하나를 선택해서 후손에게 물려주라 한다면 단 1초의 고민도 없이 어렸을 적의 그림을 선택할 것입니다. 왜냐하면, 그 그림이 훨씬 '민주적'이기 때문입니다. 세 살 버릇이 여든 간다고 하는데, 저는 세 살의 민주가 처음 그림을 그렸던 그 마음으로 여든 살 할머니가 될 때까지 행복하게 그림을 그릴 것입니다.

민주 미술사는 여기까지입니다. 이처럼 그림을 사랑하는 제가 작은 갤러리를 하나 운영하고 있습니다. 바로 제 인스타그램 @minjoworld입니다. '민주적'인 그림들을 꾸준하게 올리고 있습니다. 궁금하시면 놀러 오세요!

**고민주** TBWA 주니어보드 23기 아트디렉터로 활동했다. 건국대학교에서 시각정보디자인을 공부했다. 망치 발표 당시 학생이었고, 지금은 이노션월드와이드에서 아트디렉터로 일하고 있다.

# 33

# 메롱, 내 인생

이경선

수능을 준비하는 학생들이라면 대부분 N수생이라는 말을 잘 알고 있습니다. 시험이 두번째인 학생들은 재수생이라고 하지만 그보다 많은 횟수를 거듭한 수험생들은 본인의 처지가 부끄러워 불특정한 자연수를 나타내는 N을 사용하여 N수생이라고 표현합니다. 저 역시 다른 사람들보다 수능을 여러 번 봤기에 자신을 N수생이라고 소개해왔습니다. 제가 버리지 못하고 간직해온 수험표는 총 여섯 장, 저는 여섯 번의 수능을 봤습니다. 지금부터 제가 수능을 준비했던 2007년부터 2012년까지 6년의 기간 중 가장 힘들었던 순간에 관해 이야기하려 합니다.

저의 6년은 모두가 예상하듯 쉬운 시간은 아니었습니다. 여러 힘든 순간이 있었습니다. 2008년, 수능 신청하러 모교에 갔을 때 아는 선생님을 마주칠까 두려웠고, 2009년 허리디스크 수술을 했을 때도 많이 아팠습니다. 마지막으로 한 번만 더 수능을 봐야겠다고 말씀드릴 때도 쉽지 않았습니다. 하지만 제게 가장 힘들었던 순간은 6수를 하던 2012년의 '이별'이었습니다. 그것은 제가 기르던 반려견 '메롱이'와의 이별이었습니다.

메롱이는 저와 2003년부터 9년간 함께한 반려견이었습니다. 사람을 매우 좋아하는 시추로 혓바닥을 항상 내밀고 있어서 메롱이라는 이름을 가지게 되었습니다. 오랜 기간을 함께한 메롱이와 이별해야 했던 이유는 메롱이가 걸린 만성 신부전증 때문이었습니다. 만성 신부전증은 신장이 점점 기능을 상실해가는 병으로, 관리는 가능하지만 완치가 불가능한 병입니다. 사람의 경우 혈액투석이나 신장 이식까지도 하지만, 동물의 경우 수명을 조금 연장하는 것밖에 할 수 있는 것이 없습니다.

저는 언제나 곁에 있었던 메롱이가 갑자기 사라질 것이라고는 생각해본 적이 없었습니다. 그래서 저는 메롱이의 상태를 알고 나서 아무것도 할 수가 없었습니다. 수많은 후회가 밀려왔기 때문입니다. 메롱이는 제가 허리디스크 수술을 받아 아플 때나, 몰래 만화책을 보면서 놀 때, 고민에 빠져 아무것도 보이지 않을 때도 늘 변함없이 곁에 있어주었습니다. 메롱이에게 저는 커다란 주인이었겠지만, 저는 메롱이와 있으면 작은 아이가 된 것 같은 푸근함을 느꼈습니다. 저에게 큰 존재였던 메롱이가 사라진다고 생각하니까, 사소한 순간들마저 얼마나 소중했는지 깨닫게 되었습니다.

패닉 상태에 빠진 저에게 수의사님은 얼마 못 사는 병이지만 주인이 관리하기에 따라 더 오래 살 수도 있다고 말씀하셨습니다. 그런데 마치 운명의 장난같이 메롱이의 병을 발견한 때는 2012년 2월, 제가 여섯 번째 수능을 준비하던 때였습니다. 그 수능이 저에게는 대학 캠퍼스를 밟을 수 있는 마지막 기회였습니다. 그만큼 2012년은 그때까지의 삶 중 정말 중요한 시기였지만, 저는 그 시간을 아낌없이 메롱이를 위해 쓰기로 했습니다.

수능 준비 기간의 반을 메롱이 간호에 더 집중하면서 보냈습니다. 2월 초부터 일거수일투족을 기록하며 매일 간호 일기를 작성했고, 사료보다 좋은 것을 먹이고 싶어서 영양소와 칼로리를 분석해 자연식을 만들었습니다. 값이 꽤 나갔지만 쓸 수 있는 약도 다 챙겨 먹이고, 병에 대해 알기 위해 수의사 선생님께 질문도 참 많이 했습니다. 죽어가는 메롱이를 간호하면서 마음이 아렸지만, 항상 힘들기만 한 것은 아니었습니다. 입맛이 없어서 사료를 거부하던 메롱이가 제가 만든 자연식을 순식간에 비웠을 때는 행복했습니다. 메롱이와 함께 평소와 비슷하게 보냈지만, 후회하지 않겠다는 생각으로 매 순간을 맞이했기에 이전과 비교할 수 없는 시간이 되었습니다.

극진한 간호로 더 오래 살 수 있을 것 같은 희망을 품고 있었으나, 피할 수 없는 때가 다가왔습니다. 갑자기 메롱이의 상태가 안 좋아져서 병원에 가는 횟수가 잦아졌고, 집에서 직접 링거를 맞히느라 이틀 밤을 꼬박 새우게 되었습니다. 너무 피곤했던 나머지 저는 아침에 깜박 잠이 들고 말았습니다. 그런데 메롱이는 하필 그때 제 곁을 떠나갔습니다.

일주일 동안 하염없이 울다가 스스로 합리화하기 시작했습니다. 차라리 잘된 거라고, 메롱이가 더 오래 아팠으면 제 인생은 망했을 거라고 생각했습니다. 슬퍼할 여유도 없이 마음을 다잡고 그동안 소홀했던 공부를 시작했습니다. 메롱이를 더는 떠올리지 않으려고 노력했습니다. 그렇게 공부하다 보니 대학에 합격했고, 힘들었던 시간은 뒤로하고 바쁜 대학 생활을 즐겼습니다. 얼마 전까지는 잊어버리고 생각도 하지 않았습니다.

그런데 새로운 사람을 만날 때마다 "6수 하는 동안 뭐 했어요?"라는 질문을 많이 받았습니다. 아마 신기했을 겁니다. 다른 사람들이 제가 왜 6수를 했는지, 어떻게 그 시간을 보냈는지 궁금해하는 것은 당연했습니다. 그런 질문들을 받고 나는 6년 동안 어떻게 지냈나, 무엇을 했나 돌이켜보니 다른 것보다 메롱이가 먼저 떠올랐습니다. 그동안 생각도 잘 나지 않았고 즐겁게 지냈는데, 왜 인제 와서 메롱이를 떠올렸을 때 슬픈 것인지 이해가 되지 않았습니다.

그 이유를 생각해보니, 지금 이렇게 슬픈 것은 제가 메롱이를 떠나보내던 순간에 제대로 정리를 못했기 때문이었습니다. 저는 공부를 계속해야 했고, 슬픔을 느끼면서 공부하는 것은 불가능했습니다. 생각하지 않으려고 노력하고, 스스로 잘못한 것이 없었다고 합리화하다 보니 제 이별은 제대로 마무리되지 않았던 것입니다. 이별을 그대로 느끼고 받아들이지 않아서, 뒤늦게 메롱이는 제게 6년 중 너무나 어려운 존재가 되어버린 것입니다. 마치 몇 년 전 그리다 그만둔 그림, 쓰다 멈춘 글을 발견하고 계속 신경이 쓰이는 것과 같았습니다. 그래서 저는 그때를 다시 기억하고 다시 힘껏 슬퍼하면서 메롱이를 제대로 보내주기로 했습니다. 메롱이를 위한 일로 보일지 몰라도, 이건 저를 위한 일이기도 했습니다.

마음속에 억지로 닫아놓은 상자를 열어보았습니다. 메롱이의 흔적, 그리고 제가 남긴 흔적을 다시 돌아보았습니다. 메롱이에 대해서만 떠올릴 거라고 예상했던 것과는 달리 저 자신에 대해 더 알게 되는 시간이었습니다. 스터디 플래너는 그렇게 귀찮아하던 제가 미친 듯이 기록했던 간병 일지를 보며 지금 메모를 남기는 데 집착하게 된 이유를 알게 되었습니다. 이뿐만 아니라 제가 잊어버리고 있던 여러 가지를 돌아보았습니다.

그리고 메롱이에게 편지를 쓰며 마음을 정리해보았습니다. 편지는 고마움으로 가득했습니다. 메롱이는 저의 벽을 허물고 생명의 온기를 느끼게 해주었습니다. 그래서 정말 고맙고, 할 수만 있다면 제 수명조차 나눠주고 싶었습니다. 저에게 중요한 시간이었지만, 그때 메롱이가 아파서 다행이라고 생각하게 되었습니다. 그 덕분에 메롱이의 소중함을 깨달았고, 함께한 9년의 세월 중 그 어느 때보다 메롱이를 제대로 느낄 수 있는 시간이었기 때문입니다. 그래서 이제는 '미안해'가 아니라 '고맙다'고 말하고 싶습니다. 그리고 멈춰 있던 '이별'을 매듭짓고 싶습니다.

메롱아, 고마워.

**이경선** TBWA 주니어보드 23기 AE로 활동했다. 숙명여자대학교에서 경영학을 공부하고 있다. 망치 발표 당시 학생이었고 아직 재학중으로, 대학 생활은 4년 안에 깔끔히 끝낼 예정이다.

# 34

# 멋진 사나이

박경원

때는 1999년 11월, 다가오는 새 시대에 대한 기대감도 함께 무르익
어가던 어느 가을 아침이었습니다. 당시 초등학생이었던 저는 학교
에 도착해 책가방을 풀고 있었습니다. 그런데 교실 앞문에서 누군가
제 이름을 부르는 소리가 들렸습니다. 고개를 들어보니 한 여자아이
가 문으로 고개를 빼꼼히 내민 채 저에게 복도로 나오라는 손짓을
보내고 있었습니다. 궁금증을 안고 복도에 나간 제 눈에 여자아이
의 손에 들린 빼빼로 꾸러미가 들어왔습니다. 그날은 11월 11일, '빼
빼로 데이'였던 것입니다. 저는 그날 그렇게 총 세 명의 여자에게 빼
빼로 선물을 받게 되었습니다.

그렇게 빼빼로 꾸러미를 품에 안고 집에 돌아오는 저의 작고 여린
마음속에서는 이상한 욕망이 꿈틀대기 시작했습니다. 그것은 '이런
게 행복이구나. 이렇게 계속 인기남이 되고 싶다'라는 욕망이었습니

다. 그다음 날, 저는 각 반을 돌아다니며 어떤 친구들이 인기가 있는지를 관찰해보았습니다. 각 반을 둘러보고 나니 '잘생김의 세계'에 있는 친구들이 인기가 많다는 것을 발견할 수 있었습니다. 하지만 저는 본능적으로 잘생김의 세계는 제가 속할 수 있는 세계가 아니라는 것을 깨달을 수 있었습니다. 슬픔에 괴로워하던 저는 고민 끝에 결국 제가 들어갈 수 있는 세계를 찾아내게 됩니다. 그 세계는 바로 '멋짐'의 세계였습니다.

많은 사람이 혼동하지만 사실 잘생김과 멋짐은 서로 같은 개념이 아닙니다. 잘생김이 '선천적으로 타고나는 외형적인 특징'이라면, 멋짐은 '느껴지는 분위기나 행동 방식'에 관련된 더 큰 개념이라고 저는 생각했습니다. 그 깨달음 이후, 저는 저만의 '멋의 길'을 걷기 시작합니다.

'왼손은 태양을 보지 않는다.' 이 문장은 그날 이후 저의 신조였습니다. 저는 그날부터 시간과 장소에 상관없이 왼손을 주머니에 찔러 넣는 버릇이 생겼습니다. 이 버릇 때문인지 제 왼손은 오른손보다 희고 고와졌습니다. 초등학생 시절 신조에는 '우산은 짐일 뿐'도 있습니다. 어린 저는 우산을 잘 가지고 다니지 않았습니다. 비는 저에게 피해야 할 대상이 아니라 받아들여야 할 대상이었고, 또 비에 젖은 머리칼 사이로 바라보는 세상이 더 좋았거든요. 중학생 시절에는 '바람아, 책장을 넘겨다오' 신조로 책을 읽을 때는 일부러 햇살과 바람이 살랑살랑 들어오는 창가에 걸터앉아 독서를 하고는 했습니다.

이러한 생활신조 외에도 저는 체육 시간에 셔츠 앞 단추 풀기, 짝사랑 그녀와 야자 도망가기, 새벽에 야동 대신 라디오 찾아 듣기 등

학창 시절 내내 멋있다고 생각한 일들을 차근차근 실천해나갔습니다. 그런데 이렇게 거칠 것 없던 저의 멋의 길 앞에 너무나 두렵고 피하고 싶은 장애물이 나타났습니다.

그것은 바로 멋의 무덤이라고 생각했던 군대였습니다. 제 머릿속 군대는 각개전투로 흙과 땀을 뒤집어쓰고 화생방 훈련으로 다섯 구멍에서 진득한 물을 쏟아내는, 멋과는 거리가 먼 곳이었습니다. 쉽게 멋을 포기할 수 없던 저는 국방부의 부름에 최소한의 반항으로 '제복이 멋져 보이는' 공군에 지원했습니다. 제복을 입은 늠름한 저의 모습을 상상하며 힘든 훈련들을 견뎌냈는데, 아니 웬걸? 제가 배치를 받은 곳은 태어나 한 번도 들어본 적 없던 '공군 소방구조중대'라는 곳이었습니다. 그곳에서 저는 제복 대신 퀴퀴한 땀냄새가 풀풀 나고 너무 커서 몸을 움직이기도 힘든 방화복을 입는 소방차 운전병이란 직책을 맡게 되었습니다.

공군의 소방차 운전병은 화재 신고가 접수되면 소방차를 화재 지역까지 신속 정확하게 운전하는 임무를 맡고 있었습니다. 또한, 비상 상황인 항공기를 추격하는 임무도 함께 가지고 있었습니다. 그리고 가장 힘든 점은 이러한 사건들이 24시간 동안 시간과 장소를 가리지 않고 일어났다는 점이었습니다.

2011년 11월, 갓 시작한 소방차 운전 연습에 지쳐 곯아떨어져 있던 새벽 2시경. '따르르르르릉!!' 저는 갑자기 울리는 비상벨 소리에 잠을 깼습니다. 부대 내에 대형 화재가 발생한 것이었습니다. 운전병은 가장 먼저 소방차의 시동을 걸어야 하기에 저는 부리나케 소방차로 달려갔습니다. 시동이 걸린 소방차 안에서 저는 커다란 핸들을 꽉 붙잡고 있었습니다. 근데 갑자기 제 팔이, 온몸이 조금씩 덜덜 떨려오기 시작했습니다. 저는 차가웠던 가을밤을 탓하고 싶었지만, 그것은 처음 마주하는 커다란 화재에 대한 두려움과 아직 부족한 저의 운전 실력에 대한 불안함 때문이었습니다.

그렇게 몸을 덜덜 떨고 있는데 갑자기 '똑똑' 노크 소리가 났습니다. 고개를 돌려보니 운전병 선임이 차문 밖에 서 있었습니다. 선임은 제 얼굴을 보더니 말했습니다.

"야, 이거 큰 불이다. 내가 나갈게."

나름 십몇 년간 멋을 추구해온 저는, 선임이 하는 말이 끝남과 동시에 소방차에서 뛰어내렸습니다. 선임은 그렇게 비상 사이렌 소리와 함께 멀어져 갔습니다. 폭풍 같던 순간이 지나고 몇 시간 후 온몸의 떨림이 가라앉아갈 무렵, 화재를 진압한 소방차가 부대로 돌아왔습니다. 저는 미안하기도, 고맙기도, 부끄럽기도 하여 한쪽 구석에 우물쭈물 서 있었습니다. 그런 저에게 선임이 담담하게 해준 한마디.

"너도 고생 많았다. 늦었으니 얼른 자."

그렇게 멀어져가는 선임의 뒷모습을 보는데 그 모습이 너무 멋있는 겁니다. 저는 속으로 '나도 저렇게 멋진 선임이 되어야겠다'고 다짐했습니다. 그 사건 이후 저는 피나는 운전 연습에 돌입했습니다. 그렇게 수많은 훈련과 출동을 통해 소방차 운전이 익숙해졌을 병장 무렵, 부대 내의 미군 기지에서 커다란 화재가 발생했습니다. 출동을 위해 소방차로 달려가보니 운전병 후임이 긴장된 표정으로 운전대를 잡고 있었습니다. 드디어 저에게 멋있어질 순간이 찾아온 것입니다. 저는 차문을 두드리고, 준비했던 멘트를 날렸습니다.

"야, 이건 너에게 너무 위험해. 어서 내려."

그런데 후임이 떨리지만 단호한 목소리로 대답하는 겁니다.

"아, 아닙니다. 저도 할 수 있을 것 같습니다. 다녀오겠습니다!"

그렇게 출동하는 후임의 뒷모습을 바라본 저는 그날 밤 많은 생각을 했습니다. '나는 이렇게 멋있으려 애를 쓰는데 어떻게 저들은 저리 멋있을까?' 저는 긴긴밤을 뒤척이며 고민한 끝에 그들이 저와는 다른 멋을 가지고 있다는 것을 깨닫게 되었습니다. 제가 추구했던 멋이 남들에게 보이기 위한 '겉멋'이었다면 그들이 가지고 있던 멋은 마음에서 우러나오는 '진짜 멋'이었습니다. 그리고 그 진짜 멋은 타인의 입장과 처지를 생각할 줄 아는 '배려심'과, 자신의 맡은 일에 최선을 다하려는 '책임감'이었습니다.

저는 그렇게 멋의 무덤인 줄 알았던 군대에서 진짜 멋을 배우고 사회로 나오게 되었습니다. 그런데 무언가 이상했습니다. 사회에는 멋을 잃어버린 사람들이 너무나 많았기 때문입니다. 다른 사람의 처지를 생각할 필요성을 못 느끼고, 또 자신이 맡은 일의 무게를 너무 가볍게 생각하는 사람들이 어디에나 있었습니다. 사실 이런 이야기를 하는 저도 늘 항상 멋의 길을 걷고 있지는 못합니다. 왜냐하면 멋의 길은 정말 험난한 길이기 때문입니다. 지키면 왠지 손해를 보는 것 같고, 때로는 포기하면 편하다는 생각도 드는 길입니다.

옛말에 '매일매일 새로운 삶을 살라'는 뜻을 가진 일신우일신日新又日新이라는 말이 있습니다. 그런데 저는 이것을 조금 바꾼 '일멋우일멋─매일매일 조금 더 남을 배려하고, 내가 책임을 지는 삶을 살

216

자'는 생각을 가슴에 품고 살고 있습니다. 마지막으로 여러분에게 한번 여쭙고 싶습니다. 여러분께서는 지금 '멋있게' 살고 계신가요?

**박경원** TBWA 주니어보드 23기 AE로 활동했다. 대학에서 경영학과 광고홍보학을 전공했다. 이 순간에도 멋을 위해 스프레짜투라(Sprezzatura) 정신을 계승하고 있는 꿈 많은 소년.

# 35

# 병신 아닙니다

신동혁

저는 여러분께 저의 아주 오래된 경력에 관해 이야기하려고 합니다. 세상에는 수많은 사람이 있습니다. 그중 어떤 사람은, 다른 사람들이 이젠 '시대가 변했다' 말해도 자신은 소나무처럼 변함없이 어떤 가치를 지키며 살아가기도 합니다. 저도 그런 사람 중 한 명인 것 같습니다. 그 이유는, 저의 삶이자 굳은 신념인 바로 '혼전 순결' 때문입니다. 저는 올해로 혼전 순결 28년 차가 되었습니다. 제가 혼전 순결주의자라고 말하면 사람들은 몇 가지 의혹들을 제기하곤 합니다.

첫번째로, 혹시 문제가 있는 것 아니냐고 하는 사람들이 있는데, 저는 대부분의 대한민국 남자들처럼 유년 시절 고래를 잡고 나서 축구를 하다 상대 공격수의 슈팅에 의해 큰 사고를 겪어 진짜 문제가 생길 뻔했지만, 회복과 관리에 전념해서 지금은 신체적, 기능적으로 아무 문제가 없습니다.

무성욕자 아니냐는 사람들도 있었습니다. 그렇지 않습니다. 전 확실한 유성욕자입니다. 동서 식품에서 판매하는 모 커피 믹스와 이름이 같은 잡지를 몇 번 보기도 했고, EBS수능 특강 일본어 영역 폴더 안에 숨겨놓고 '빨리 해서 생긴 일' '하울의 움직이는 性'과 같은 제목을 가진 야동들도 봤었고, 봤을 때 좋았습니다.

게이 역시 아닙니다. 저도 걷다가 예쁜 여자를 보면 저절로 돌아가는 눈과 여자를 향해서만 두근거리는 심장을 가졌습니다. 인생에서 제일 돌아가고 싶지 않은 시기는 여자가 없던 남고생과 군인 시절입니다. 여자, 저도 참 좋아합니다. 전부 다 아니면 어떤 사연이라도 있었던 걸까요? 우선, 저는 모태 신앙이라는 남다른 출생과 함께 보수적 교회 오빠의 인생을 살아왔습니다. 하지만 정말 결정적인 이유는 따로 있습니다.

사실 저는, 모태 솔로입니다. 혼전 순결뿐 아니라 모태솔로 28년 차이기도 합니다. 그럼 여러분들은 이렇게 생각할 수 있을 것 같습니다.

'에이, 뭐야? 넌 하고 싶어도 못하는 비자발적 혼전 순결주의자네. 그럼 그렇지.'

운좋게도 '여자친구가 없어서 순결을 지킬 수 있어 다행이다'라고 생각한 적도 있지만, 사실 확신은 잘 서지 않았습니다. '내가 정말 자발적 혼전 순결주의자가 맞긴 할까?' 하는 고민을 했습니다. 그러던 저에게 일어난 사건이 하나 있었습니다.

재수생 시절이었습니다. 남자들끼리 술집에 갔다가 합석을 했고 자연스럽게 남녀 짝을 지어 놀게 되었습니다. 2차로 노래방을 갔는데 어느 순간부터 사람들이 나가서는 돌아오지 않았어요. 전 계속 노래를 부르고 있었는데 같이 놀던 누나가 너무 취한 것 같다고 자취방에 데려다 달라고 말했습니다. 그 누나를 보니까 말도 제대로 못 하고 몸도 못 가누어서 어깨동무하듯이 부축을 하면서 갔습니다. 자취방은 언덕 낀 골목들이 많은 원룸촌에 있었는데, 그 누나는 비틀비틀하면서도 이상하리만큼 집은 정말 잘 찾아갔습니다. 저는 속으로 '귀소본능이 진짜 뛰어난가보다' 생각했습니다. 방문은 도어락으로 잠겨 있었는데 비밀번호를 한 번도 틀리지 않고 단숨에 입력해서 정말 취한 게 맞나 의아하기도 했습니다.

데려다주었으니 이제 가보려고 했는데, 그 누나가 다급히 제 팔을 붙잡더니 다리에 힘이 없다고 침대에 눕혀달라고 하는 것이었습니다. 저는 '다리에 쥐가 나지 않은 이상 못 갈 거리가 아닌데? 그리고 침대에는 왜 눕혀달라는 거지? 뭐지, 이 누나?'라는 생각이 들었지만 결국 침대에 눕혀주고 팔을 빼려는데, 팔이 빠지지 않았습니다. 당황해서 그 누나를 봤는데 언제 취했느냐는 듯 저를 원하는 뜨거운 눈빛을 보내며 미소를 짓고 있었습니다.

그때가 돼서야 이상하다고 여겼던 모든 것들이 이해됐습니다. 팔이 눌린 채로 그 짧은 순간에 수많은 고민을 한 끝에 저는 그 누나의 눈을 바라보며 이렇게 말했습니다. "누나 내가 지금 콘돔이 없네. 금방 사올게. 조금만 기다려!" 제 말을 듣고 그 누나는 알겠다, 샤워하고 기다리겠다며 제 팔을 놓아주었습니다. 저는 그렇게 그 방에서 탈출할 수 있었고 밖으로 나온 저는 곧장 그 길로 편의점이 아닌 집으로 돌아갔습니다.

순결을 잃을 뻔한 위기를 임기응변을 발휘해서 벗어나고, 집으로 돌아오는 길에 저는 저 스스로가 자발적인 혼전 순결주의자임이 증명된 것 같아서 정말 기뻤습니다. 마음 한구석에 있었던 응어리가 눈 녹듯 사라진 느낌이었습니다. 스스로가 대견하기도 했습니다. '그런 상황에서 저 같은 선택을 할 수 있는 남자는 진짜 몇 명 없을 텐데'라는 생각도 했습니다. 하지만 친구들에게 이 이야기를 했을 때 대부분은 "어휴, 병신, 너 바보 아니야? 너 고자냐? 남자 맞아?"와 같은 반응을 보였습니다.

요즘은 혼전 순결에 대한 인식이 많이 변한 것 같습니다. 특히 사랑하는 연인 사이에서는. 하지만 제 생각은 좀 다릅니다. 저는 그 '사랑' 때문에 혼전 순결을 지킬 가치가 있다고 생각합니다. 잊지 못할 첫사랑보다, 지금의 사랑보다 더 중요한, 미래에 결혼할 단 한 명의 끝 사랑을 위해 인간의 3대 욕구 중 하나인 '성욕'을 누르고 순결을 지키는 것이기 때문입니다. 또, 저는 사랑하게 되면 그 사랑을 위해서 '무언가를 하거나' '무언가를 하지 않는' 두 가지의 행동이 나온다고 보는데, 혼전 순결은 '하지 않는' 것으로 드러나는 사랑의 방식 중 가장 고차원적이라고 생각합니다. 그래서 저는 혼전 순결은 지키는 것이 멋있다고 생각하고, 저를 포함한 다른 혼전 순결주의자들도 병신이거나 문제가 있는 게 아니라 멋있다고 생각합니다.

흔히 남자를 늑대에 비유하는데, '수컷 늑대는 평생 단 한 마리의 암컷 늑대만을 아내로 삼는다'고 합니다. 저는 한 마리 수컷 늑대처

럼 멋지게 살고 싶습니다. 앞으로 여자친구가 생겨도 제 혼전 순결
은 유지될 겁니다. 혼전 순결을 지키는 저는 병신이 아닙니다.

**신동혁** TBWA 주니어보드 23기 카피라이터로 활동했다. 한동대학교에서 경영과 어문을 전공했다.
망치 발표 당시 순결한 학생이었고, 지금도 이를 지키기 위해 한 그루 푸른 소나무와 같이 고군분투하
고 있다.

# 36

# 순이

이승하

어린 시절 저는 상당히 고상한 아이였습니다. 친구들이 아이돌 가수를 보며 열광하던 학창 시절, 저는 TV에서 가요 프로그램이 나오기만 하면 단박에 TV를 끄고 대신 아버지와 함께 클래식 음악을 들었습니다. 아이답지 않게 우아하면서도 한편으로는 꽤 고리타분한 취향을 갖고 있었습니다.

그런 제가 대학에 입학하면서 커다란 변화를 맞게 됐습니다. 바로 '순이'가 된 겁니다. 아이돌 '빠순이' 말입니다. 아이돌 가수에게 눈길 한 번 주지 않았던 콧대 높은 저를 사로잡아버린 것은, 당대 최고의 인기를 구가하던 아이돌 그룹 '빅뱅'이었습니다. 저는 그중에서도 특히 막내 멤버 '승리'를 제일 좋아했습니다.

승리. 광주 출신의 90년생. 본명 이승현. 심지어 저보다 한 살 어리기까지 한 이 '어린 오빠'의 어디가 제 마음에 들었던 걸까요? 일단 저는 승리의 옆모습을 무척 좋아했습니다. 사실 외모만으로 냉정하게 평가할 때 승리는 누구나 인정할 만큼 뛰어난 조각 미남은 아닙니다. 하지만 옆태를 찬찬히 뜯어보면 쭉 뻗은 콧대라든가 날렵한 턱선이 제법 준수하다는 것을 알 수 있습니다. 파르르 떨리며 광대뼈 위로 그림자를 드리우는 속눈썹도 앙증맞고, 이마는 또 어찌나 훤한지 복덩이 같습니다. 심지어 우리 승리는 하품하는 모습까지도 깜찍하기 이를 데 없습니다.

제가 승리에게 결정적으로 반하게 된 계기는 빅뱅에 대한 다큐멘터리를 본 순간이었습니다. 한때 승리는 기획사 내부에서 진행했던 자체 오디션에서 탈락해 정상적으로 가수 데뷔를 할 수 없게 되었습니다. 그러나 탈락한 뒤에도 연습실에 꾸준히 나와 구석에서 혼자 묵묵히 연습하고, 자신에게 한 번만 더 기회를 달라며 기획사 사람들을 끈질기게 설득했습니다. 그렇게 계속된 노력 끝에 간신히 기회를 얻어 빅뱅의 마지막 멤버로 합류하게 된 것입니다. 말하자면, 승리는 탈락한 지 2주 만에 스스로 운명을 바꾼 셈입니다. 정말 대단해 보였습니다. 다큐멘터리를 보면서 '참 멋지다'는 생각을 많이 했는데, 그렇게 갖게 된 호감이 점점 커지더니 어느 순간 저는 이미 승리의 지독한 빠순이가 되어 있었습니다.

저의 빠순이 생활은 대학교 1학년 여름방학 때 정점을 찍었습니다. 이때의 제 일과는 오전에도 빅뱅, 오후에도 빅뱅. 온종일 빅뱅과 함께였습니다. 아침에 눈을 뜸과 동시에 앨범 스트리밍을 시작하고, 밥을 먹으면서 빅뱅의 무대 영상과 직캠(팬이 직접 찍은 카메라 영상)들을 돌려봤으며, 저녁에는 팬클럽 회의에 참여해 앞으로의 빅뱅 후원 방법에 대해 진지하게 논의했습니다. 잠을 잘 때도 빅뱅 꿈을 꿨습니다. 당시 썼던 일기장에는 온통 승리에 대한 이야기가 넘쳐났고, 아르바이트하던 도넛 가게에서는 사장님 몰래 매장에 빅뱅 노래만 골라 틀다가 손님에게 지겹다는 항의를 받기도 했습니다. 또 빅뱅 얼굴을 언제든 지갑에서 꺼내보고 싶다는 이유로 선불 충전식 팬클럽 체크카드를 만들었는데, 저는 이 카드로 당시 빅뱅이 광고하던 아이스크림 브랜드 제품을 꼬박꼬박 사먹었고 서점에서 빅뱅의 자서전을 사서 읽었습니다. 말 그대로 하루 24시간 생활의 중심이 빅뱅이었습니다.

일상은 물론 빅뱅의 공연장에서도 저의 승리 사랑은 계속 되었습니다. 빅뱅의 공식 응원봉은 노란 왕관 모양의 커다란 장식이 달린 막대로 팬들 사이에서는 일명 '뱅봉'으로 통합니다. 저는 빅뱅이 출연하는 행사마다 부피가 꽤 나가는, 제법 무거운 뱅봉을 늘 네 개씩 가지고 다녔습니다. 두 개는 저의 양손을 위한 것이었고, 나머지 두 개는 미처 응원 도구를 구매하지 못한 다른 팬들에게 빌려주기 위한 것이었습니다. 왜냐하면, 뱅봉은 많이 있을수록 더 예뻤고, 그래야 우리 빅뱅이 더 기뻐하며 멋진 공연을 할 수 있을 거라 믿었기 때문입니다.

이렇게 빅뱅에 취해 살고 있던 제게 어느 날 충격적인 소식이 들렸습니다. 하마터면 데뷔도 못 할 뻔했던 우리 승리가 놀랍게도 연말 가요 무대에서 화려한 솔로로 데뷔를 한다는 것이었습니다. 노래 제목도 '스트롱 베이비Strong Baby'로, 빅뱅의 어린 막내의 모습이 아닌 새롭게 태어난 성숙한 남자의 매력을 보여주겠다는 것이었습니다.

승리의 솔로 데뷔 무대의 방청권을 얻는 방법은 상당히 까다로웠습니다. 방송국에서 내놓은 방청 안내문에는 다음과 같은 내용이 적혀 있었습니다.

(1) 12월 25일 목요일
(2) 목동 SBS 신사옥 로비에서
(3) 동방신기, 빅뱅, 2PM, 샤이니 등 출연 가수들의 팬클럽
   을 대상으로
(4) 선착순 1000명에게
(5) 오후 1시부터 방청권을 배부할 예정입니다

남들 눈에는 평범하게 보였을 이 공지가 제 눈에는 이렇게 읽혔습니다.

(1) 남들 다 노는 크리스마스 날
(2) 바람막이 하나 없이 춥고 외진 곳에서
(3) 다른 팬덤과의 기 싸움을 각오하고
(4) 새벽부터 추위에 떨며
(5) 하염없이 기다려 표를 획득하라

하지만 영원한 을로 존재할 수밖에 없는 빠순이에겐 선택권이 없었습니다. 결국 크리스마스 날, 저는 친구들과의 약속도 깨고, 해도 뜨지 않은 새벽부터 장장 8시간 동안 목동 방송국 앞에서 추위에

떨며 기다려 기어이 방청 티켓을 받아내고야 말았습니다.

그런데 뜻밖의 문제가 생겼습니다. 표를 얻느라 너무 무리해서인지 심한 독감에 걸려버린 겁니다. 너무 아파서 사람이 바글거리는 공연장에는 갈 엄두도 내지 못할 지경이었습니다. 우리 승리의 축복받은 데뷔 날, 고생 끝에 얻은 티켓을 쓸 수가 없다는 사실에 억울해서 눈물까지 났습니다. 저는 이를 악물고 우리집이 있는 분당에서부터 가요 무대가 펼쳐질 일산 킨텍스까지 왕복 네 시간 반의 대장정을 떠났습니다. 제가 힘들게 얻은 방청 티켓을 차마 버릴 수가 없어, 다른 승리 팬에게 표를 주기 위해 간 것이었습니다. 내가 아니라도 좋으니 나 대신 한 명이라도 더 많은 승리 팬이 현장에서 우리 승리를 응원해주길 간절히 바랐기 때문입니다.

승리를 향한 저의 지극한 정성이 마침내 하늘마저 감동하게 한 것일까요. 하루는 제가 승리에게 보낸 메시지가 오늘의 베스트 팬레터로 뽑혔습니다. "승리야. 부끄럽지 않은 팬 되려고 누나 열심히 살고 있어. 함께 당당한 사람이 되자." 베스트 팬레터로 선정되면 때때로 해당 아이돌이 직접 답장을 해주는 경우도 있었기 때문에, 저는 내심 제게도 그런 행운이 오지 않을까 기대했습니다. 하지만 끝내 승리에게선 답장이 오지 않았습니다.

그래서 저는 실망했을까요? 답은 아니요, 입니다. 기대는 했지만, 실망은 하지 않았습니다. 저는 아무런 보답을 받지 못하는 팬질을 하면서도 조금도 낙담하지 않았습니다. 제가 생각해도 신기한 일이었습니다. 저는 원래 제가 준 만큼 상대방으로부터 돌려받고 싶어하던 사람입니다. 그것이 감정이어도 마찬가지였습니다. 내가 좋아한

만큼 상대도 나를 좋아해주길 바랐던 것입니다. 그런데 승리에게만큼은 아무 받는 것 없이 아낌없이 주기만 하는데도 섭섭한 기분이 들기는커녕 하루하루가 마냥 기쁘고 즐거웠습니다. 왜일까, 그 이유를 곰곰이 생각해보니, 답은 뜻밖에 간단했습니다. 사랑하기에도 바빴기 때문입니다. 온 힘을 다해 사랑하기에도 바빠서 이것저것 복잡하게 계산하거나 머리 쓸 틈도 없었던 것입니다.

흔히 빠순이를 한심하다고들 합니다. 생각없는 애들이나 하는 짓이다, 나중에는 떠올리기만 해도 부끄러워서 이불을 차게 될 흑역사가 될 것이다, 쓸데없는 것에 체력과 시간을 낭비한다, 라고 합니다. 하지만 저는 더이상 빠순이가 아닌 지금도 저의 '순이 시절'을 결코 후회하지 않습니다. 오히려 저는 여러분에게 묻고 싶습니다. 아무 조건도 따지지 않고, 아무 대가도 바라지 않고, 그저 주기만 해도 오롯이 행복해지는 사랑, 해보셨는지요? 만약 단 한 번도 해본 적이 없다면, 진정으로 가엾은 건 여러분 아닐까요?

무엇이든 좋습니다. 순이가 되어보세요. 세상이 달라 보일 겁니다. 한번쯤 누군가의 '순이'로 산다는 것, 그 자체만으로 꽤 멋진 일일 것입니다.

**이승하** TBWA 주니어보드 23기 카피라이터로 활동했다. 고려대학교에서 노어노문학과를 비롯한 3개 전공을 수료했으나, '순이'로서 배운 것이 사실 더 많다. 현재 광고 회사 이노션에서 설레는 첫걸음을 내디딘 솜털 보송한 새끼 카피라이터.

# 37

# 하루살이 28년

남우식

평범한 주방의 풍경을 떠올려봅니다. 사람들은 보통 주방 가구나 집기들, 인테리어를 먼저 볼 수 있겠지만 제가 가장 먼저 관심을 가지고 보는 부분은 조금 다릅니다. 저에게는 팔팔 끓고 있는 냄비, 싱크대에 아슬아슬하게 올려져 있는 칼, 그리고 열려 있는 가스 밸브가 먼저 보입니다. 저는 가스 밸브가 열려 있기만 해도 가스가 폭발해 불이 날 것 같아 불안합니다.

매일 타는 버스 안에서도 마찬가지입니다. 승객들이나 창밖 풍경 대신 제가 먼저 보는 것은 혹시라도 버스가 급출발했을 때 잡을 손잡이, 사고가 났을 때 가장 안전한 자리, 그리고 만약 사고가 나서 내가 튕겨나가면 부딪힐 곳입니다.

매일 걸어다니는 거리에서도 제가 유심히 보는 것은 따로 있습니다. 저는 저의 손등에 화상을 입힐 수 있는 담배를 피우면서 지나가는 사람을 봅니다. 공사 현장에서 떨어질 만한 위험한 것들을 먼저 보고, 저에게 다가오는 사람을 경계하며 봅니다. 저에게 길이라도 물어보기 위해 다가오는 사람이 있다면, 뉴스에 나왔던 '묻지마 폭행'이나 살인 사건 등이 떠올라서 괜히 뒷걸음질부터 치게 됩니다.

이렇게 저의 시선에는 세상에 위험한 것들이 너무나 많아 보입니다. 크고 작은 모든 위험 요소들은 제게 너무나 큰 걱정과 불안을 가져다줍니다.

저는 작년에 처음으로 해외여행을 다녀왔습니다. 여행을 갔다가 저 자신이 어떻게 될지 모른다는 생각이 들어서, 출발하기 전에 자살하려는 사람에게 나타나는 증상이라는 '신변 정리'를 했습니다. 아무에게도 보여주기 싫은 물건을 숨기거나 버리고, 책상을 깔끔하게 정리해놨습니다. 기내에서는 아무도 보지 않는, 스튜어디스가 시범을 보이는 '사고시 대피 요령'을 단 한 동작도 빼놓지 않고 따라 하며 보았습니다. 도착한 필리핀에서는 떠나기 전 뉴스에서 봤던 한국인 피살 사건 때문에 저도 칼에 찔릴 것 같다는 생각에 모든 사람을 경계했습니다.

심지어 저의 걱정과 불안 증상은 주변 사람에게까지 옮겨갔습니다. 장롱 면허를 가지고 계신 엄마가 운전하실 땐 너무 불안해서 엄마가 한 시간 거리를 운전해서 가실 일이 있으면, 저는 꼭 한 시간 삼십 분 뒤에 연락드려서 잘 도착했는지 확인합니다. 정확히 한 시간 뒤에 전화를 하게 되면, 혹시 아직 운전중이실 때 엄마가 전화를 받게 되어 사고가 날 수도 있기 때문입니다.

한번은 비가 추적추적 내리는 날이었는데, 아빠가 전원주택의 정원을 가꾸시다가 작은 벼락을 맞으신 일도 있었습니다. 그런데 그 후에도 계속 궂은 날에도 야외에서 일을 하시는 걸 보았습니다. 이제는 비 오는 날 일하시는 걸 보면 제가 더 화를 내며 실내로 들어가시라고 합니다. 아직도 벼락치는 날이면 그 상황이 떠오르곤 합니다.

저의 이런 증상에 대해 주위에서는 이런 반응을 보입니다. "어떻게 그러고 사냐?" "정신병 아니야?"라고 합니다. 저는 "너야말로 세상에 위험한 것들이 얼마나 많은데 못 느끼고 그러고 사냐?"라며 오히려 반박합니다.

네, 맞습니다. 저는 안전 과민증에 빠져 있습니다. 오래전부터 대한민국이 빠져 있는 안전 불감증에 반대되는 말입니다. 리조트 붕괴 사고, 세월호 침몰 사고를 비롯, 2014년은 그 어느 때보다 사건사고가 잦았던 한 해였습니다. 큰 사고 후에도 계속해서 안전사고가 일어나는 것은 대한민국의 안전 불감증이 가장 큰 이유라고 생각합니다.

물론 저도 처음부터 이렇게 심했던 것은 아닙니다. 뉴스에 나오는 사건들을 보며, 저도 여러분들과 똑같이 '남의 일 아니야?'라는 생각을 했습니다. 이제 여러분에게 저의 지인들의 이야기를 해드리겠습니다.

신나는 마음으로 스키장에 도착하자마자 넘어져서 크게 다친 친구, 알고 지내던 고등학교 선배의 오토바이 사고 사망 소식, 그리고 몇 년 전 군대에서 발생한 총기 난사 사건에서 허벅지에 총을 맞았던 제 대학 동기의 동생. 뿐만 아닙니다. 친한 동생의 친구가 해외여행을 가서 '여기 정말 좋다'라며 SNS에 글을 남겼는데, 다음날 사고로 목숨을 잃었다는 소식을 들은 적도 있었습니다. 심지어 2013년 여름, 제가 사는 아파트 11층에서도 대형 화재가 발생해서 새벽에 모든 주민이 대피하는 일도 있었습니다.

작은 사고부터, 마음 아픈 큰 사고까지 이렇게 주변의 사건 사고 소식을 계속 듣다보니 '사고라는 게 남의 일이 아니구나. 내 일이 될 수도 있구나'라고 생각하게 되었습니다. 이렇게 저의 안전 과민증은 조금씩 커져 '당장 내일 죽을 수도 있겠구나' '아니, 지금 당장 죽을 수도 있겠구나!'라는 생각마저 하게 되었습니다. 어쩌면 저는 매일매일을 불안해하며 하루살이처럼 살아가고 있는지도 모르겠습니다.

안전 과민증은 저에게 한 가지를 알려주었습니다. 그건 바로 '지금'이라는 단어입니다. 저는 지금 당장 죽을 수도 있다는 생각에, 망설이던 것들을 지금 바로 실행에 옮겨보곤 합니다. 사랑하는 사람과 50년 뒤가 마지막이 될지 오늘이 마지막이 될지 아무도 모른다는 생각에, 부모님께 사소한 감사 인사, 연인에게 오글거리는 애정 표현을 지금 한번 더 하곤 합니다. "다음에 밥 한번 먹자" "언제 술 한잔 하자" 저도 자주 하게 되는 말입니다. 하지만 이제는 친구가 "언제 밥 한번 먹자"고 하면, "오늘 먹자!"라고 합니다. 맛있는 건 언제나 비쌉니다. 먹고 싶지만 가격을 보고 망설이던 메뉴, 이제는 먹고 봅니다. 내일 이 식당이 없어질지 내가 없어질지 모르는 일이라는 생각을 하기 때문입니다. 친구들은 모두 취업 준비로 영어 학원에 등록할 때, 저는 매년 미루고 미루던 기타 학원에 등록했습니다. 그리고 한식 조리 기능사, 스킨스쿠버 자격증에도 도전했습니다. '지금'이라는 단어는 단순하지만, 저에게 큰 변화를 가져다줬습니다.

많은 사람이 저를 보고 정신병이라고 하는데, 어떻게 생각하시나요? 이 정도면 정신병이라 해도 꽤 괜찮은 정신병 아닌가요?

**남우식** TBWA 주니어보드 23기 아트디렉터로 활동했다. 을지대학교에서 홍보디자인학을 공부했다. 망치 발표 당시 학생이었고, 지금은 스타트업 공동창업자로 새로운 서비스를 준비하고 있다.

# 38

# 삼각코

홍세진

저에게는 콤플렉스가 있습니다. 하지만 남들이 이 콤플렉스에 대해 '그것 때문에 많이 힘들겠구나'라고 말할 정도는 아닙니다. 하지만 저의 콤플렉스를 남들에게 들키는 순간 어쩔 수 없이 모두의 웃음 거리가 되기도 합니다.

저의 콤플렉스는 바로 '코'입니다. 사실 더 정확하게 말하자면, 제 코끝에 붙어 있는 '삼각 콧구멍'입니다. 이렇듯 이상한 모양의 콧구 멍 덕분에 정면에서 본 제 코는 못생겨 보이기까지 합니다.

삼각 콧구멍이라는 콤플렉스를 알게 된 건 초등학교 시절 사촌과 목욕을 하는 도중 이모의 말 한마디에서 시작했습니다. 저를 씻겨 주는 도중 대뜸 박장대소를 하며 이모가 말했습니다.

"어머 세진아! 너 콧구멍이 삼각형이야!"

초등학생이었던 저에게 콧구멍이란, 교과서를 봐도 그림 카드를 봐도 주변 사람들의 모습을 봐도 항상 동그라미였습니다. 하지만 저만 삼각형의 콧구멍이라니! 어린 나이에 남들과 다른 것을 가졌다는 것이 너무 큰 충격이었고 상처였습니다. 그 이후로 제 콧구멍이 저에게 콤플렉스로 다가왔습니다.

하지만 24년 동안 제 얼굴에 붙어 살아왔고, 앞으로도 계속 같이 살아갈 저의 일부분이라고 생각하니 마냥 밉게만 볼 수는 없었습니다. 그래서 저는 이번 망치를 계기로 제 콤플렉스를 정면돌파해보기로 했습니다. 일명 '미운 삼각 콧구멍 사랑하기 프로젝트'입니다. 이 프로젝트를 위해 저는 다양한 콧구멍 사랑법을 시도해봤고 그것들을 여러분에게 이야기하려고 합니다.

첫번째 저의 사랑법은 전문가의 의견을 들어보는 것이었습니다. 항상 거울로만 보던 제 코를 의학적인 관점에서 제대로 분석해보기 위해 강남의 유명한 성형외과에 예약을 했고 용기를 내어 찾아갔습니다. 오랜 대기시간 끝에 상담하게 된 의사 선생님은 저에게 이렇게 말씀하셨습니다.

"일단 코는 전체적으로 콧방울 축소만 할 코가 아니에요. 코가 뭉툭하고 코끝에 살이 많고 코도 두껍거든요, 그리고 콧구멍 모양이 너무 안 예뻐요."

이렇게 직설적으로 제 코의 문제점을 지적해주셨고 저는 자존심이 괜히 상하기도 했지만 상세하게 이야기를 들어보니 사실 저는 남들보다 코끝 뼈가 매우 발달한 사람이란 걸 알 수 있었습니다. 코끝 뼈가 발달한 만큼 뼈가 무거워서, 원래 동그랬던 제 코가 무게에 눌려 어쩔 수 없이 삼각형이 된 것이었습니다. 이렇게 발달한 코뼈 때문에 특이한 삼각코를 가질 수밖에 없는 운명이었지만 그로 인해서 남들보다 높은 콧대를 가지게 된 것이었습니다. 결국은 제 콤플렉스인 삼각코 덕분에, 비록 끝은 뭉툭할 수 있으나 남들보다 높은 콧대를 가질 수 있었던 것이었죠.

두번째 저의 사랑법은 '관상'이었습니다. 동양에서 관상학은 사람의 인생을 좌우할 만큼 중요시되는 철학인 만큼 관상학적 관점에서 제 코가 어떤지 궁금했습니다. 저는 관상가 '지산 선생님'을 만나러 갔습니다. 그분께서는 절 보시더니 대뜸 이런 말씀을 하셨습니다.

"네 얼굴에서는 코가 제일 압권이야."

좀더 이야기를 들어보니 저는 다양한 코 상 중에서 '사자 코'에 해당하는 사람이었습니다. 사자 코는 지혜롭고 국량이 커 박물군자博物君子의 기질을 가진 사람의 코를 의미하는 것이었고, 이러한 코가 제 얼굴에서는 최고의 압권이라는 의미였습니다. 밉기만 했던 제 콤플렉스가 이렇게나 큰 뜻을 품고 있었다는 사실에 웃음도 나왔고 한편으로는 뿌듯하기도 했습니다.

세번째로 저는 이렇게 마음에 안 드는 코가 왜 제 코여야만 하는지 검증해보고 싶었습니다. 그래서 최첨단 기술인 포토샵을 통해 작업을 해보기로 했습니다. 김태희, 전지현, 한가인 등 대한민국에서 내로라하는 미인들의 얼굴에 저의 삼각코를 합성해 보았습니다. 순식간에 예쁜 연예인이 이상하게 망가져 버리는 걸 눈으로 확인할 수 있었습니다. 이렇듯, 연예인도 소화하지 못하는 코를 저는 아주 잘 소화하고 있습니다. 이건 정말 저만이 감당할 수 있는 코 모양 아니겠습니까?

　마지막으로 저는 디자인을 전공하는 학생이기에 디자이너의 시각으로 제 코를 분석해 보았습니다. 먼저 사이즈는 가로 5.5cm 세로 4cm이며 콧구멍의 세 변은 0.8-0.6-0.5cm였고, 코를 앞에서 보나 밑에서 보나 옆에서 보나 삼각형의 모양이 절대로 흐트러지지 않는 모습을 발견할 수 있었습니다. 이러한 요소는 디자인학에서 통일성과 심미성을 충족시키는 완벽한 조형입니다. 하지만 이렇게 시각적으로만 완벽할 뿐만 아니라 기능적으로도 장점이 있었습니다. 평소 안경을 자주 쓰는 저에게 뭉툭한 코뼈는 안경을 장시간 흘러내리지 않고 안정적으로 낄 수 있게 해주는 고마운 역할을 합니다. 이렇듯 저의 코는 통일성과 심미성 그리고 기능성까지 갖춘 정말 완벽한 코입니다.

　저는 이렇게 제 코를 사랑하기 위해 다양한 노력을 해보았습니다. 그 결과 저의 콤플렉스 극복은 성공했을까요? 아닙니다. 저는 아직도 제 코가 마음에 들지 않습니다. 하지만 웃기기도 하고 말도 안 된다고 생각하실 수 있는 이 프로젝트를 통해 한 가지 찾은 것이 있습니다. 그건 바로 제 콧구멍은 어쩌면 귀여운 녀석일지도 모른다는 사실입니다. 지금까지 저는 제 코를 미워하는 눈으로만 바라봤습니다. 그래서 제 코의 숨은 매력을 찾지 못했고 마냥 싫어하기만 했던 거였습니다.

　여러분들도 각자의 콤플렉스가 하나쯤은 있을 것입니다. 그게 저처럼 콧구멍이 될 수도 있고, 성격이나 인간관계가 될 수도 있습니다. 하지만 이런 콤플렉스들도 애정을 가지고 바라본다면 예쁜 구석이 하나쯤은 있을지도 모릅니다. 저처럼 사랑스러운 눈으로 한번 바라보는 건 어떨까요? 말도 안 되는 이유를 붙여도 됩니다. 그럼 어쩌면 극복까진 몰라도 작은 매력 하나쯤은 찾을 수 있습니다. 그 작은 매력이 콤플렉스를 바라보는 시선이 달라지게 만들 수 있습니다. 마치 저의 귀여운 삼각코와 같이 말입니다.

**홍세진** 주니어보드23기 아트디렉터로 활동했다. 동의대학교에서 시각커뮤니케이션디자인을 전공했다. 현재는 아트디렉터가 되기 위해 광고 회사 인턴을 하고 있다.

# 39

# 눈 먼 여행자

유예은

요즘 여행을 좋아하지 않는 사람은 거의 없는 것 같습니다. 저도 물론 여행을 좋아합니다. 하지만 동시에 무섭기도 합니다. 여행에 대해 생각하다보면 조금 복잡한 심경이 됩니다. 오늘 저는 제가 겪은 두 가지 여행 이야기를 들려드리려 합니다. 한 여행은 제 삶을 완전히 바꿔놓았고, 다른 하나는 저를 걷잡을 수 없이 우울하게 만들었습니다.

첫번째 여행은 2012년 여름, 20일간 제주도로 떠났던 여행입니다. 정확히 말하면, 제대로 된 여행도 아니었습니다. 당시 3년째 교내 방송국 동아리에서 일하던 저는 완전히 지쳐버린 상태였습니다. 그러던 어느날, 아는 선배가 여름방학 동안 제주도에 새로 생기는 아쿠아리움 홍보 영상을 촬영하는 아르바이트를 한다는 말을 듣고 무작정 같이 가게 해달라고 졸랐습니다. 덕분에 저는 공짜로 제주도 여행을 가게 되었습니다. 하지만 설렘도 잠시, 숙소부터 모든 것이 너무 이상했습니다. '예술 창작 지원 센터'라는 거창한 푯말이 박힌, 그러나 실상은 그저 컨테이너 박스에 불과한 곳에서 숙식을 해결해야 했고, 해수욕을 즐기기에 가장 좋은 계절인 여름이었음에도 바다에 발 한번 담가볼 여유 없이 매일 촬영을 계속 해야했습니다. 딱 한 번 바다에 나갈 기회가 있었는데 그건 바로, 펭귄과 촬영하는 날이었습니다. 행여 펭귄이 파도를 타고 먼 바다로 도망이라도 갈까 노심초사하느라 바다를 즐길 엄두도 낼 수 없었습니다. 심지어 촬영 중에 바다사자 우리에 갇힌 적도 있었습니다. 어떤 날은 펭귄에게 쫓이기도 했습니다. 그렇게 다사다난한 나날이 이어졌습니다. 일은 힘들고, 선배에게 매일 혼나기 일쑤였습니다. 슈퍼도 걸어서 한 시간이나 떨어진 곳에 있었고, 주전부리라곤 귤 농장 아저씨들이 주신 덜 익은 귤뿐이었습니다.

당시 서울에 있던 후배의 안부 전화가 기억납니다. 후배가 물었습니다. "언니, 동아리도 잠수타고 요새 대체 어디서 뭐하고 지내는 거야?"

"그러게 말이야. 나도 내가 대체 뭐 하고 있는지 모르겠어."

후배의 질문에 대해 제가 답할 수 있는 건 그게 전부였습니다. 제주에서 있었던 모든 일들이 태어나 처음 경험해보는 것들이었기에 도저히 한 문장으로 정리할 수가 없었습니다.

두번째 여행은 첫 여행과 모든 점에서 달랐습니다. 제주도 여행을 다녀온 지 1년 후, 저는 교환학생으로 유럽으로 떠나게 되었습니다. 가는 김에 열심히 여행도 다녀보자고 마음을 굳게 먹었습니다. 얼마나 열심히 돌아다녔는지 제 여권에는 여러 나라의 출입국 도장이

수북이 쌓여갔습니다. 아일랜드, 프랑스, 독일, 심지어 사하라 사막이 보고 싶어 아프리카 모로코에도 다녀왔습니다. 그런데 뭔가 이상했습니다. 모든 사람들이 여행지의 로망으로 동경하는 유럽에서 눈이 휙휙 돌아가도 모자랄 판에 저는 점점 가라앉아갔습니다. 그때 제 심정은 대략 이랬습니다.

'일단 와야 할 거 같아서 오긴 했는데, 뭘 해야 할지 모르겠다. 블로그나 TV, 책에서 본 여기가 분명 대단한 곳일 텐데, 이상하게 나는 너무나도 여기가 재미가 없다.'

정말 아무 감흥도, 감동도 느낄 수가 없었습니다. 유럽을 보고 있지만, 아무것도 보고 있지 않는 것과 마찬가지였습니다. 마치 눈이 멀어버린 것만 같았습니다. 무엇을 봐야 할지, 무엇을 느껴야 할지, 어떻게 해야 행복해질 수 있는지 전혀 알 수 없었습니다. 무엇보다 남들이 부러워하는 유럽 생활을 제가 이토록 재미없게 보내고 있다는 사실에 너무나도 큰 자괴감이 들었습니다.

'엄마는 내가 유럽에서 잘 지내고 있는 줄 아실 텐데.'

'나는 어디가 모자라서, 아니면 진짜 모든 감정이 다 메말라서 남들이 보고 느끼는 걸 나 혼자만 못 느끼는 건가?'

'난 이제 정말 무감정한 사람이라서 앞으로 평생 행복도 기쁨도 느끼지 못하는 걸까?'

온종일 제 머릿속은 이런 생각들로 가득했습니다. 우울한 마음은 점점 심해져서 한국으로 돌아온 뒤에도 후유증이 남았습니다. 보통 군대 다녀온 남자들에게 가장 큰 악몽이 군대로 돌아가는 꿈이라고 하듯이 저는 꿈에서 다시 유럽으로 돌아가 한국 집으로 되돌아오지 못하는 꿈을 꾼다거나, 한국에 있는데 다시 유럽을 가야 하는 꿈을 꾸어 놀라서 깨기도 했습니다.

이 두 여행은 왜 이렇게 차이가 날까요? 사실 첫번째 여행은 일만 하다 온, 제대로 된 여행도 아닌데 말입니다. 왜 저는 두번째 여행에서 그토록 큰 자괴감을 느꼈을까요?

돌이켜 생각해보면 그동안 저는 유럽이 당연히 사람을 행복하게 만드는 곳이라고 배웠던 것 같습니다. 유럽에 가서 재미를 느끼지 못하는 사람을 이상한 사람으로 만들어버리는, 미디어의 가르침을 믿었던 것입니다. 말하자면 저 스스로 저를 이상한 사람으로 만들었던 것이었습니다. 그렇다면 전혀 행복할 것처럼 보이지 않았던 제주도는 왜 저를 행복하게 해줬을까요? 아마도 바로 어제저녁까지만 해도 내가 앉아 있을 거라곤 상상도 못했던 곳에 내가 앉아 있었기 때문이 아닐까, 어제의 나와 오늘의 내가 달랐고, 또 내일의 나도 다를 것이 분명했기 때문이 아니었을까란 생각을 해봅니다. 후배의 안부 전화에 머뭇거리며 제주에서의 근황을 제대로 이야기할 수 없었던 저는, 그 여행을 다녀온 후 조금씩 '한 문장으로 설명할 수 없는 삶'을 지향하기 시작했습니다. '지금 내가 뭘 하고 있지?'에 대한 대답이 취업준비, 공모전 도전, 학점 쌓기 같은 단답형이 되지 않도록 노력했습니다. 대신, 남에게 설명하려면 저의 느낌과 경험을 통째로 줄줄이 말해야만 온전히 전달할 수 있는, 저만의 삶을 살아보려 애썼습니다.

그러다가 유럽에 간 것이었습니다. 저는 유럽에 저의 눈이 아닌, 남의 눈을 들고 갔습니다. 블로그 검색해서 남들이 '이렇게 하면 재밌다'고 한 말만 따라다녔습니다. '남의 눈'을 들고 유럽에 갔으니 당연히 재미가 없었겠지요. 재미가 없을 뿐더러 제가 들고 간 남의 눈이 왜 너는 이게 재미없느냐고 구박하는 걸 듣고만 있을 수밖에 없었습니다. 그럼 제 눈을 뺏어간 사람은 누구일까요? 저는 그게 콜럼버스라고 생각합니다. 마르코 폴로가 그랬고, 수많은 여행 전문 채널들, 블로거들이 저한테서 여행의 행복을 뺏어갔습니다. 그 사람들은 200년, 혹은 10년 일찍 태어났다는 이유로 수많은 여행지를 먼저 정의내리고 평가하고 규정해버렸습니다. 미국 땅을 밟은 최초의 여행자였던 콜럼버스는 얼마나 신났을까요. 저는 하필 지금 태어나서 지구의 절반을 이미 남에게 빼앗겨버린 셈입니다.

그렇다면 저는 이제 영원히 행복한 여행을 할 수 없는 걸까요? 그건 아닌 것 같습니다. 사실 제주도가 아주 특별한 여행지라고 말할 수는 없을 겁니다. 하지만 그 속에서 저는 저만의 특별한 무언가를 볼 수 있었던 게 아닐까요? 끝으로 제가 침울하게 유럽을 여행하면서 사원이나 성당에 가서 간절히 빌었던 소원을 들려드리고 싶습니다. 이 소원대로 여행을 한다면 조금은 특별한 여행을 할 수 있지 않을까 생각해봅니다.

'세상에는 아직 보지 못한 것들이 많다는 것을 믿게 해주세요. 보이지 않는 것을 보게 해주세요.'

**유예은** TBWA 주니어보드 23기 AE로 활동했다. 대학에서 경영학을 공부하고 있다. 지금은 광고 회사에서 AE로서 똘끼 충만하게 근무하고 있다.

# 스스로 희망을 찾아가는 힘

박웅현

어떻게들 보셨어요? 저는 희망을 봤습니다.

우리가 이 세대한테 떳떳한 사람들 같지 않아서…… 저도 기성세대인데, 우리가 이들한테 물려준 걸 생각해보면 창피해집니다. 우리는 이들한테 스펙이 얼마나 중요한지를 얘기했어요. "너네가 제대로 사회생활을 하려면 스펙 관리를 잘 해라." 그런 이야기를 끊임없이 했습니다. 그리고 이 사람들한테 딱 한 가지 기준만을 줬죠. "서울대학교 다음은 연세대학교 다음은 고려대학교 다음은……" 세상이 정말 이렇게 돌아갑니까? 그런데도 우리는 이 사람들에게 그런 걸 줬죠. 그리고 그 줄을 서지 못하는 사람들한테는 야단칠 수많은 이유만 찾아 안겼어요. '게임하지 마라' '스타들 따라다니지 마라' '뭐 하지 마라' 그러면서 우리가 그들에게 만들어준 사회는…… 수학여행을 갔다가 영원히 돌아오지 못하는 불운을 피하면, 대학교 MT를 갔다가 지붕이 무너지는 불운을 피하면, 아파트에 갑자기 불이 나는 불운을 피하면, 어느 날 갑자기 회전문이 넘어지는 그런 사회입니다.

그래서 절망스러웠죠. 절망스러웠는데, 이번에 이 친구들 준비 과정을 보고, 발표를 보고, 이 친구들의 울렸다 웃겼다 하는 것들을 보면서 느낀 것은, 그런 절망적인 상황에서 스스로 희망을 찾아나가는 힘이었어요. 좋은 스펙을 다 비워버리고 다시 나를 채워야 된다는 생각을 하지 않습니까? 나는 여태까지 여행을 다니면서 남의 눈으로 본 건 아니었는지 한 번도 생각해보지 못했는데 경각심을 주고요. 그리고 그 많은 야단칠 이유를 안겼는데, 빠순이 얘기를 하면서 저한테 '당신이 조건 없이 사랑해본 적 있어?'라고 물었어요. 저는 창피했습니다. 게임에 대해서도 다른 시각을 열어줬습니다. 그리고 아주 우습게, 대수롭지 않은 말투로 저한테, 우리 어른들한테 '이 사회가 얼마나 위험한지 아십니까, 여러분?'이라고 얘길 했어요. 이게 자생적으로 나온 말이라는 것이 저는 정말 놀라워요.

살처분의 시대입니다. 조류독감이 어쩌네 구제역이 어쩌네 하면서 살처분이라는 가증스러운 말로 살아 있는 동물들을 매몰하는 세상입니다. 그 주역들이 바로 우리 기성세대이고요. 이 살처분의 시대에 누군가는 윤동주의 「서시」를 얘기하잖아요. '좋아하는 모든 것을 사랑해야지'라는 얘기를 하잖아요.

과연 이런 얘기를 어디에서 들을 수 있을까요? 그리고 이런 사람들이 아니면, 예를 들어, 요즘 강의를 많이 한다는 박모 웅현, 강신주, 김난도, 김정훈, 그런 사람들한테서 이런 얘기를 들을 수 있을까요? 이것이 여러분들에게 의미가 되었으면 하는 바람입니다. 이 친구들이 보여준 희망, 희망을 보여준 이 친구들이 바로 그 의미입니다.

그 절망의 조건 속에서도 보석 같은 눈으로 희망을 찾아준 이 학생들이 참 고마웠습니다. 그런데 희망을 발견하는 일은 정말이지 쉽지는 않습니다. 쉽지 않죠. 그리고 솔직히 이 친구들도 자기들이 처음에 어떤 생각을 했을 때, 그 생각이 이렇게 가치 있다는 생각을 못했을 거예요. 못했을 건데, 함께 구체화하는 동안 발견되었겠죠. 이게 저희가 이 일을 하면서 느끼는 보람입니다. 사실 이 일을 시작하게 된 이유도 거기에 있습니다. 그래서 망치는 계속 굴러갈 겁니다. 계속 굴러갈 거고, 눈덩이를 조금 더 크게 굴려볼 생각도 하고 있습니다. 여기 계시는 분들 중에서 방송국이 되었건, 신문사가 되었건, 기업이 되었건 저희와 동참하고 싶으신 분들이 있으시다면 언제든지 환영입니다. 많이 퍼뜨려주십시오. 사회에 건강한 하나의 망치가 되지 않을까요?

# 망치 4

2015. 8. 12. 수요일 오후, 연세대학교 백양관 대강당

# 40

# 여자친구, 알바, 성공적

김승용

오늘 저는 여자친구에 대해서 이야기하고자 합니다. 지금 제 삶의 가장 큰 부분이고, 이왕이면 많은 이들에게 여자친구에 대해 자랑스럽게 이야기하고 싶기 때문입니다.

올해 초, 저는 여자친구와 만난 지 100일이라는 기념일을 앞두고 많은 고민을 했습니다. 다른 이들처럼 고급 레스토랑을 알아보기도 하고, 어떤 선물을 줄지 고민도 해봤습니다. 고민 끝에 여자친구가 귀에 피어싱하는 것을 좋아하기 때문에 기념일 선물로 값비싼 귀걸이를 사줘야겠다고 생각을 했습니다. 귀걸이를 받고 기뻐할 여자친구의 모습을 상상하는 것만으로도 기념일이 기다려졌습니다. 그리고 비싼 귀걸이를 사기 위해서 저는 아르바이트를 알아보았습니다. 제 전공이 문예창작이기 때문에 아르바이트 사이트에 제 이력서를 올리고 나니 주로 글 쓰는 일과 관련된 업체에서 전화가 왔습니다.

저는 비싼 귀걸이를 사야 했기에 연락이 온 곳 중에서도 가장 돈을 많이 주는 곳에서 일하게 되었습니다.

그곳은 대학생 신분으로 이렇게 많은 돈을 받아도 될지 의문이 들 만큼 많은 돈을 주는 곳이었습니다. 다만 아쉬운 것이 있다면 제가 무슨 일을 하는지 남들 앞에서 말하기가 어렵다는 것이었습니다. 아직도 부모님과 여자친구는 제가 무슨 일을 했는지 모릅니다. 제가 하는 일에 대해 말하길 망설일 때면 사람들은 대부분 "그 일 혹시 불법이니?" "밤에만 할 수 있는 일 아냐?"라며 조심스럽게 물었습니다. 하지만 제가 했던 일은 합법적이면서도 보편적인 감성을 담은 일이었습니다. 오늘 이 자리에서 조심스럽게 밝히겠습니다. 제가 한 일은 바로, 야설(야한 소설)을 쓰는 일이었습니다. 정확히 말하면 성인 웹툰의 이야기 작가 아르바이트를 했습니다.

지극히 평범하게 살아온 제게 야설을 쓰는 곳이라면 근로 계약서부터 특이할 것 같았습니다. 저는 학교 강의 시간에 '글은 온몸으로 쓰는 것'이라고 배웠습니다. 그래서 야설 회사의 근로 계약서에는 '일주일에 몇 회 이상 사랑 나누기'와 같은 조항이 있고 글만 쓰는 것이 아닌 제 몸도 써야 하는 상황이 올 수 있을 것으로 생각했습니다. 또 저는 글을 쓸 때 사실적인 묘사를 최우선으로 생각하는데, 야설을 쓰는 곳이라면 묘사의 대상이 될 여자 모델이 항시 대기하고 있을 것이라는 상상도 했습니다. 게다가 저는 성의 세계를 자세히 알기에는 아직 어린 20대 대학생이기에 회사 법인카드를 통해 다양한 활동을 하면서 세계관을 넓힐 수 있다는 조항이 있는 건 아닐까 상상해보았습니다. 이러한 상상 외에도 몇몇 걱정까지 해보았습니다. 예를 들어 야한 만화를 그리는 육체파 여자 만화가와 작업을 하게 되었을 땐 제가 쓴 야한 이야기를 보고 '승용 씨, 여기 네번째 컷이 이런 장면 맞아요?' 하며 갑자기 옷을 훌렁 벗고는 제게 달려들진 않을까 하는 생각에서 말입니다. 그러면서 그 어떤 음란함이 덮쳐올지라도 여자친구에게 충성을 다하겠다는 다짐까지도 했습니다.

그리고 드디어 첫 출근 날이 되었습니다. 그런데 회사에 도착하고 보니 그곳은 완전히 회색빛이었습니다. 정말 평범한 사람들이 앉아서 일하고 있었습니다. 심지어는 제가 유니세프 건물에 들어온 건 아닌가 하는 의문이 들 정도로 회사 안은 너무도 조용하고 평화로웠습니다. 그렇게 야설을 창작하는 회사에 대한 저의 환상은 아주 빠르게 깨졌습니다. 그럼에도 저는 그 회사에서 열심히 야설을 썼습니다. 왜냐하면 여자친구와의 기념일이 다가오고 있었기 때문입니다. 그리고 그날을 위해 분위기 좋은 식당을 알아보고 선물로 줄 비싼 귀걸이까지 골라두었습니다. 그런데 저의 첫번째 야설 연재작인 〈헬스클럽 3부작〉이 완성되던 그날, 저는 여자친구에게 차여버립니다. 당시 제가 하고 있던 모든 일이 여자친구 때문에 시작되었는데, 여자친구는 저를 떠나고, 결국 제 곁엔 야설만이 남겨졌습니다. 제 여자친구는 인연이고 야설은 우연이라 믿었는데 결과적으로 전 야설과 동고동락을 하게 된 것입니다.

그런데 참 신기하게도 야설로 인해 저는 조금씩 변화되기 시작했습니다. 우선 제게 자신감이 생겼습니다. 사실 저는 어디 가서 선비 아니냐는 소리를 들을 만큼 굉장히 얌전하고 과묵한 사람이었습니다. 그런데 어디 가서 야설을 쓴다고 저 자신을 소개하면, 사람들은 저에게 엄청난 호기심을 보입니다. 너도나도 제가 쓴 야설에 대해 이야기를 해달라고 합니다. 이처럼 야설을 쓰는 제게 호감을 느끼는 이들을 볼 때면 왠지 그 기대에 부응해야 할 것 같아 스스로 말도 많이 하고 행동도 더 적극적으로 하게 되었습니다. 말하자면 야설로 인해 자신감이 생기게 된 것입니다.

또한 저는 자유를 얻었습니다. 문예창작을 전공하고 소설을 쓰고 있는 학생으로서, 사실 이전에는 소설을 쓰면서 선정적인 소재와 이에 대한 묘사에서 부끄러움을 느꼈던 적이 많습니다. 그때마다 프로답지 못한 행동이라며 비판을 받곤 하였는데, 야설을 쓰면서 제 글은 거침없어지기 시작했습니다. 글을 위한 소재나 묘사에 부끄러움이 없어지고 그 덕분에 저의 소설 쓰기는 조금 더 자유로워졌습니다.

제 몸 또한 변했습니다. 앞서 언급한 것처럼 저는 '글은 몸으로 써야 한다'고 배웠습니다. 그래서 야설을 쓰기 시작하면서 아침이면 일어나 야설을 써내려가고, 저녁이면 야설의 전체 구조를 구상하는 작업을 반복했습니다. 이렇게 하루 온종일 피폐한 생각을 하다보니 밥맛은 없어지고, 머릿속을 정화하기 위해 운동을 더욱 열심히 하게 되었습니다. 그렇게 하다보니 어느새 15kg이 빠져 있었습니다. 야설을 통해 비만 탈출에 성공한 것입니다. 그래서 요즘은 야설이 몸에 좋다는 이야기를 사람들에게 하곤 합니다.

또한 돈 얘기를 뺄 수 없습니다. 야설 쓰기는 제 몸을 혹사한 만큼 많은 돈을 주었습니다. 여자친구와 헤어진 후에는 사실 돈 쓸 일도 별로 없었습니다. 그러니 자연스럽게 돈을 더 많이 모을 수 있었습니다. 그렇게 모은 돈으로 이번 학기 등록금은 부모님께 기대지 않고 제 스스로 감당할 수 있었습니다. 어쩌면 제 한 학기를 야설이 지탱해주었다고 해도 과언이 아닙니다.

덧붙여, 아시다시피 지금 이렇게 제 이야기를 할 수 있는 것은 TBWA 주니어보드에서 활동을 하고 있기 때문입니다. 주니어보드는 최대 33 대 1의 경쟁률을 자랑하며 사실 저 역시 세 번의 지원 끝에 합격한 프로그램입니다. 이전에는 100번도 넘게 공모전에 참가했다는 자기소개서를 쓰고도 합격하지 못했던 프로그램인데, 이번에는 야설에 대한 이야기를 했더니 합격이 되었고 이렇게 제 이야기를 사람들에게 전하는 기회도 얻게 되었습니다.

사실 성격을 바꾸고, 글 쓰는 스타일을 바꾸고, 살을 빼고, 돈을 모은다는 것은 아무리 계획을 꼼꼼히 세워도 잘 안 되는 경우가 많은 일입니다. 그런데 저는 이러한 일들을 이루었고 제 인생에 긍정적 변화를 겪었습니다. 제 인생에서 한 번도 계획된 적 없던 야설 덕분에 말입니다.

저희 20대 중에는 많은 이들이 높은 영어 점수를, 다양한 대외 활동 경험을 무기로 삼으며 살아가고 있습니다. 그런데 제게 있어 세상을 버티는 무기는 야설이었습니다. 정말 우연히 만난 야설은 삶을 헤쳐나가는 무기가 되어주었습니다. 그리고 오늘 이 이야기의 마지막으로, 이런 멋진 무기를 제게 준 옛 여자친구에게 감사의 말을 편지로 전하고 싶습니다.

옛 여자친구에게,

잘 지내니? 바쁘다고 헤어진 너니까 아마 이 편지를 읽을 시간도 없겠구나. 네가 나에게 남겨준 것이 무엇이 있나 살펴봤는데, 가만 보니 야설이 남아 있더라. 그런데 그 야설 덕분에 나는 좀 바뀌었어. 너는 언제나 나에게 재미없다고 말했었지. 네 말대로 과묵했던 내가 야설을 쓰게 된 후로 이젠 어디 가서 재미있단 소리도 곧잘 들어. 네가 읽지도 않고 재미없다고 단정지었던 내 소설도 이젠 사람들이 없어서 못 볼 만큼 좋아해주고 있고. 그리고 너, 나 볼 때마다 살쪘다고, 바지가 터질 것 같다고 잔소리했었잖아. 근데 야설 때문에 이젠 살도 많이 빠져서 심지어 복근도 나왔어. 학자금 대출도 안 받고 야설로 번 돈으로 등록금도 냈고, 네가 떨어질 것 같다고 했던 주니어보드도 당당히 붙었어. 내 삶에 전혀 예상치 못했던 복병인 야설이 내게 선물을 준 셈이지. 미운 너이지만, 야설이라는 선물은 줬으니 그 정도는 고마워해야 할 것 같아서 이렇게 편지를 남겨. 난 변했고 잘 지내고 있어. 그러니 너도 잘 지내렴. 안녕.

**김승용** TBWA 주니어보드 24기 카피라이터로 활동했다. 동국대학교에서 문예창작을 전공하고, 발표 때나 지금이나 여전히 학생이다. 섹시한 삶을 꿈꾸며 오늘도 무엇인가를 쓰고 있다.

# 41

# +1

김가현

여러분에게 12라는 숫자는 어떤 의미가 있나요? 저에게 12는, 소위 학창 시절이라 불리는 그 '인고의 시간'에 대한 함축이자 상징입니다. 대한민국의 가장 일반적인 교육과정, 초등학교 6년, 중학교 3년, 고등학교 3년, 합이 12년. 학생들이 그 12년을 어떻게 살아가는지 많은 분이 몸소 알 것으로 생각합니다. 저 역시 그 12년을 버텼고 살아남았습니다. 저는 오늘 이 자리에서, 제 주변 사람이 조금은 특별하게 생각하는 저의 12년을 나눠 보려 합니다.

2009년에 중학교를 졸업한 저는 무작정 스페인어를 배워보고 싶어서 한 외국어 고등학교에 진학했습니다. 그런데 학교는 저에게 학문적 즐거움이나 인문적 소양 대신 냉정한 사회를 주입했습니다. 그러면서 제 머릿속에 '달리지 않으면 안 돼. 뒤처지면 죽는 거야'라는 인식이 파고들기 시작했습니다.

그 차가움을 매일같이 버텨야 했던 아이들은 덩달아 차가워졌습니다. 모두가 모두와 경쟁하고, 모두가 모두를 경계해야만 했습니다. 학교를 중심으로 모든 것이 돌아가는 저의 세상은, 학교가 알려준 그대로 'SKY(서울대 고려대 연세대)'로 가득 차 있었습니다. '스카이 못 가면 병신'이라는 말이 놀랍게도 제 주위 수많은 사람 입에 오르내렸고, 우습지만 저 또한 어느새 그렇게 믿고 있었습니다.

저는 결국 그 차갑기만 한 현실에 매몰되고 말았습니다. 곧 '김가현'이라는 사람의 소중한 하루하루가 쌓여 만들어진 12년의 시간이 결국 'SKY'에 가느냐 못 가느냐로 평가되는 삶을 사는 저 자신을 발견했습니다. 더는 공부가 즐겁지 않았고, 무기력한 일상을 이어나가면서 제 삶에는 강제성만이 남게 되었습니다. 매 순간이 스트레스였고, 저는 명백하게 불행했습니다. 하지만 어디 가서 제 속을 털어놓을 곳도 없었습니다. 그 누구도 제 말을 들어줄 여유는 없었고, 저의 고민은 '사치' 따위로 치부되었습니다. 긴 기다림과 고뇌 끝에 저는 아주 단순하고도 당연한 결론에 도달했습니다.

"이건 아니야."

그다음부턴 간단했습니다. 곧 이 결론에 대한 결론이 내려졌습니다.

"그만 할래."

저는 우선 제 삶을 지배하고 있던 학교생활에 쉼표를 찍기로 다짐했습니다. 당시 저는 고등학생으로 미성년자였습니다. 학생에게는 일상의 전유물과도 같은 학교를 무려 1년 동안이나 쉬겠다는 결정은 저희 부모님께도 엄청난 변화였고 두려움이었을 것입니다.

저희 엄마는 '자녀 교육을 위해서라면 못 할 것이 없다'라는 마음으로 맹모삼천지교를 몸소 실천하시고, 오로지 더 철저한 사교육만을 위해 팍팍한 대치동 생활을 견디고 계셨던 분입니다. 엄마는 학원 선생님들보다 입시 정보에 빨랐으며 그 누구보다 저의 '빠르고 정확한' 대학 진학을 열망하고 계셨습니다. 그래서 제가 학교를 쉬겠다는, 조금은 건방진 결심을 했을 때 엄마는 온 힘을 다해 저의 결심을 없던 걸로 만들려 했습니다. 엄마를 힘들게 하는 제가 이기적이라는 걸, 나쁜 년이라는 걸 알았지만, 다시 그 좁은 철창 안에 들어가 저 자신을 잃고 살 수는 없다고 다짐했습니다.

그때의 저는 남들의 손가락질이 너무 무섭고, 직진하지 않는 것이 두렵기만 한 열여덟 살 학생이었습니다. 하지만 그 갈등 속에 한 가지 확실한 게 있었다면, 엄마에게도 제게도 휴식이 필요하다는 거였습니다.

"불행하다는 생각을 잊을 만큼 미친 듯이 공부해서 끝까지 버텨"라는 엄마의 말에 저는 이렇게 답했습니다.

"엄마, 결승선에 가지 않겠다는 게 아니야. 나에게 그 정도 용기는 없어. 어떻게든 가겠지. 그런데 그 길, 좀 천천히, 걸어서, 웃으면서 가면 안 될까? 엄마도 나도, 조금만 더 천천히 하자."

…

그리고 지금은 저 작은 점 세 개로 표시된, 그 수없이 많은 갈등과 눈물 끝에 부모님께서도 결국 제 뜻을 존중해주셨습니다.

그렇게 저는 고등학교 2학년 1학기를 마친 여름, 1년의 휴학계를 내고 새로운 삶을 맞이하게 되었습니다. 12년의 학창 시절이 13년으로 바뀌면서 보너스로 주어진 듯한 그 1년. 어땠을까요? 저는 우선 그 1년에게 '안식년'이라는, 듣기만 해도 마음이 평온해지는 이름을 붙여주었습니다.

사실 쿨한 척 학교에 손을 흔들고 나온 직후부터 이루 말할 수 없이 불안했습니다. 등에는 이미 낙오자라는 딱지가 붙은 것처럼 간지러웠습니다. 또 하루아침에 저희 엄마에게는 전담 마크하던 입시생이 사라졌습니다. 가뜩이나 마음이 허해졌을 저희 엄마는 심지어 몇몇 학부모들로부터 '1년 동안 기숙학원에라도 보내 수학 점수 올리려고 하느냐, 서울대 보내려고 이렇게까지 해야겠느냐' 하는 전화를 받기도 했습니다. 그게 저의 현실이었던 거죠.

어찌됐든 저의 삶은 완전히 달라졌습니다. 집-학교-학원의 반복을 감정 없이 맴돌던 저의 일상은 믿기 힘들 정도로 넓어졌습니다. 내 안의 좁은 틀을 박차고 나와보니 저의 삶은 의외로 꽉 차 있었습니다. 무려 평일 대낮에, 꽃향기도 맡고 다른 강아지 친구들도 사귀며 하염없이 공원을 거닐었습니다. 여유를 가지고 세상을 보다보니 길고양이와 친구가 되기도 했고, 그들로부터 눈으로 대화하는 방법도 배웠습니다. 좋아하는 그림을 한 시간이고 두 시간이고 들여다보면서 가슴 깊은 설렘을 느끼기도 했고, 마치 초등학교 시절로 돌아간 것처럼 도서관에 공부하기 위해서가 아니라 좋아하는 책을 읽으러 갔습니다. 공부 때문에 뒷전이 되었던 사랑하는 취미인 그림도 얼마든지 그릴 수 있었습니다. 좋아하는 가수의 음악을 들으며, 좋아하는 미국 드라마를 보며 밤을 새우기도 했습니다.

새벽같이 일어나 교복 단추를 잠그며 내달리던 저는 우리를 둘러싼 이 세상이 줄 수 있는 모든 아름다움을 뜯어보고 곱씹으며 그 꽉 찬 여유를 온 마음을 다해 즐길 수 있게 되었습니다. 저는 그렇게 행복이 무엇인지, 사랑이 무엇인지를 천천히 배우고 있었습니다. 더 감사하게도 다양한 새로움까지 만나게 되었습니다. 매일같이 새로운 사람을 만나 새로운 소통을 하는 법을 배웠고 새로운 경험을 했으며 그렇게 전에 없던 새로운 세상을 만났습니다. 그것도 아주 여러 번 말입니다.

크리스마스 선물처럼 주어진 그 1년 동안 저는 채우는 것보다 비우는 것에 익숙해졌고 기대보다는 실천으로 삶을 채울 수 있게 되었습니다. 무엇보다 판단보다는 이해로 사람을 대할 수 있게 되었습니다. 저의 세상은 그렇게 전보다 훨씬 깊고 넓어졌습니다.

그래서 저에게 그 1년은, 흔히들 생각하는 뒤처진 1년이 아니라, 오히려 앞서간 1년입니다. 그 소중했던 시간은 4년이 지난 지금까지도 제 삶의 원동력이 되고 성숙과 성찰의 원천이 되어주고 있기 때문입니다.

많은 사람이 제 이야기를 들었을 때 하는 단골 질문이 있습니다. "그 1년 동안 뭐했어? 후회 안 해?" 그때마다 저는 망설임 없이 이렇게 대답합니다.

"그냥— 놀았어. 아니— 절대로."

'젊음, 청춘, 열정, 생기, 긍정.' 적어도 저희 20대는 종종 이것들을 강요받고는 합니다. 사실 우리 중의 많은 사람이 '혼란, 두려움, 불안, 만성 피로'를 느끼며, 현실도피'를 꿈꾸는데 말입니다.

여러분, 많이 힘든가요? 사회가 강요하는 삶에 자신을 끼워맞추고 있지는 않나요? 물론 그 굴레를 벗어나기가 쉽지는 않고, 꼭 벗어나야 하는 것도 아닙니다. 그런데 혹시 그 답답함을, 그 불안함을, 오히려 더 큰 부담과 책임으로 이겨내려 하고 있진 않나요?

가끔은 자신을 돌아보면서, 우리를 둘러싼 세상을 먼발치에서 내려다보세요. 팍팍한 삶 속 새로운 숨결로, 지루해진 일상 속 소중한 활기로 다가오는 충만한 여유를 느낄 수 있을 것입니다. 정말이지 그래도 괜찮습니다.

**김가현** TBWA 주니어보드 24기 카피라이터로 활동했다. 대학에서 디자인과 신문방송학을 공부하고 있다. 최근에는 망치 발표 직후 건너간 네덜란드 암스테르담에서 〈천천히 가자〉 특집 2탄에 충실하게 임하고 있다.

# 42

# 말 걸어서 생긴 일

김근아

우리는 길을 걷다 멋진 풍경의 집을 보거나, 스타일이 좋은 사람을 마주치면 감탄합니다. 대개의 사람들은 이럴 때에 '와! 저 집 경치 좋다. 저런 곳에서 살고 싶다' 또는 '저 사람 멋있다'라고 속으로만 생각하고 지나쳐갑니다. 하지만 저는 조금 다릅니다. 망설임 없이 다가갑니다. 그러고는 '이런 집에서 살면 기분이 어떤가요?' 혹은 '재 킷이 참 예뻐요' 하며 말을 겁니다. 용기 내어 건넨 저의 한마디가 때로는 놀라운 경험의 기회를 주고는 합니다. 그래서 저는 말 한마디로 겪을 수 있었던 놀라운 경험들, '말 걸어서 생긴 일'에 대해 이야기하려 합니다.

제가 대학교 2학년 때의 일입니다. 저는 휴학을 한 후, 영국의 본 머스라는 지역으로 어학연수를 갔습니다. 그곳에서 저는 교통비를 아끼고자 중고 자전거를 한 대 구입하였습니다. 하루는 자전거를 타고 숙소로 돌아가는 길이었습니다. 때마침 형광빛의 노란 라이딩 재 킷을 입은 한 여자가 자전거를 타고 제 옆을 지나갔습니다. 그 옷에 서 시선을 떼지 못한 저는 그녀에게 다가갔습니다. 그리고는 "재킷 참 예쁘네요!" 하며 말을 걸었습니다. 그런데 알고 보니 그녀는 저 와 같이 한국에서 온 여행객이었습니다. 외국에서 만난 한국인이기 에 반가운 마음에 저는 그녀와 몇 마디를 더 나누었습니다. 그리고 헤어지려는 찰나, 그녀는 제게 자신의 친구들과 함께 자전거 여행을 하지 않겠냐고 제안했습니다. 그렇게 저는 우연히 만난 그녀와 함께 자전거 여행을 떠나게 되었습니다. 말 한마디 걸었을 뿐인데, 처음 보는 그녀의 두 친구들까지 함께 만나 얼떨결에 네 친구의 자전거 여행이 된 것입니다.

사실 저는 여행을 떠나기엔 상태가 썩 좋지 않은 낮은 안장의 자 전거를 타고 있었습니다. 하지만 이 특별한 만남에 가슴이 부풀어 페달을 힘껏 밟을 수 있었고, 스와니지 섬이라는 목적지에 대해 어 떠한 정보도 없었기에, 오히려 상상하는 즐거움으로 안장의 불편함 을 잊을 수 있었습니다. 그렇게 해서 다다른 푸른빛의 바다는 잊을 수 없을 만큼 아름다웠습니다.

또 한번은 방과후 자전거를 타고 집에 가는 길이었습니다. 막연 히 머릿속으로 그려보던 푸른 바다 앞 새하얀 집을 보게 되었습니 다. 도저히 그냥 지나칠 수 없어서 자전거를 세운 뒤 벤치에 자리를 잡고 늘 들고 다니던 스케치북과 색연필을 꺼냈습니다. 푸른 바다와 하얀 집을 그리고 싶었기 때문이었습니다.

그렇게 한참을 그림을 그리며, '이렇게 광할한 바다를 마당으로 삼은 집에 살면 어떤 기분일까?' 하는 생각에 빠져 있었습니다. 그때 마침 하얀 집의 테라스 문이 열리면서 집주인으로 보이는 할아버지 한 분께서 나오셨습니다. 저는 "이런 집에 살면 기분이 어때요?"하며 말을 걸었습니다. 저의 질문에 대한 할아버지의 대답이 예술이었습니다. "창밖을 볼 때마다 매일 다른 풍경화를 보는 기분이지!" 그 대답에 감명을 받은 저는 할아버지께 몇 마디를 더 건넸고 할아버지도 저와의 대화가 즐거우셨는지 저를 집안으로 초대해주셨습니다.

할아버지는 예술적 소양이 깊은 분이셨고, 제 스케치북에 담긴 그림들에도 관심을 가지셨습니다. 지금까지 제가 여행하면서 그려온 그림들을 보여드리자, 할아버지 또한 보여줄 게 있다며 집안에서 마당까지 몇 번을 오가시며 자신이 모은 디자인 서적부터 여러 가지 작품들을 가져와 보여주셨습니다. 그렇게 대화를 하다보니 할아버지와 저는 어느새 대화가 통하는 친구가 되었고, 본머스에 머무르는 동안 제게 마을의 역사는 물론 영국의 미학, 영국인들의 자부심 등 많은 이야기를 들려주셨습니다.

할아버지 덕분에 '옛것의 아름다움'을 가슴으로 느낀 저는 본머스를 떠나기 전 답례로 한국의 미를 전해주고자 우리의 전통 부채를 선물했고, 그 부채는 감사하게도 할아버지의 집안 작은 갤러리에 전시되었습니다. 말 한마디 걸었을 뿐인데, 세대와 국경을 넘은 친구를 얻은 셈이었습니다.

한번은 이런 일도 있었습니다. 런던의 템스 강변에서 잠시 쉬고 있었는데, 한 모녀가 서로 번갈아가며 사진을 찍어주고 있었습니다.

당시 저는 집을 떠나와 영국에서 지낸 지 수개월이 되었던 때라 어머니가 아주 그리웠습니다. 그래서인지 모녀를 그냥 지나칠 수 없었고, 다가가 "두 분 함께 사진 찍어드릴까요?"하며 말을 걸었습니다. 그런데 그들은 아마도 저를 카메라 도둑으로 의심해서인지 "아니에요, 저흰 괜찮아요"라며 거절했습니다. 처음엔 저도 오해받는 기분이 들어 당황했지만, 진심 어린 눈빛으로 "두 분이 여행하는 모습이 보기 좋았어요. 한국에 계신 저희 어머니 생각도 났고요. 그래서 사진을 찍어드리고 싶었던 것이니 오해는 말아주세요. 방해되었다면 죄송합니다"라고 말하고 자리를 비켜드리려 했습니다. 그랬더니 그들은 다시 제게 다가와 웃는 얼굴로 고맙다며 카메라를 건네주었고, 저는 최선을 다해 사진을 찍어주었습니다. 아주머니의 얼굴에 그늘이 지지 않도록 세심한 디렉션을 주면서 정성껏 사진을 찍어주곤, 사진이 마음에 드는지 확인까지 시켜드린 다음, 가던 길을 가려 돌아섰습니다.

잠시 후 누가 뒤에서 툭툭 쳐서 돌아보니, 조금 전 사진을 찍어준, 제 또래로 보이는 딸이었습니다. 그녀는 저에 대해 궁금했는지, 이것저것 질문들을 하기 시작했습니다. 그렇게 저희는 꽤 길게 대화를 나누었습니다. 알고 보니 이탈리아에서 온 그 친구는 저와 나이도 같고 성격도 비슷하고 심지어는 연애관까지 너무도 닮았습니다. 저희는 연락처를 교환하고 다음날 만나기로 약속을 했습니다. 그리고는 런던의 곳곳을 함께 여행했습니다. 심지어 그녀의 고향인 이탈리아에도 함께 여행을 떠났습니다. 그렇게 저희는 그 짧은 시간에 죽고 못 사는 친구가 되었습니다. 말 한마디 걸어서 얻기엔 너무 소중한 인연을 얻게 되어 아직도 우리가 그렇게 길에서 우연히 만난 사이라는 것이 신기하다며 서로 이야기하곤 합니다.

또 하나의 이야기는 스페인의 마요르카라는 섬에 갔을 때의 이야기입니다. 제가 달을 무척이나 좋아하는데 그날따라 밤하늘에 달이 참 예쁘게도 떠 있었습니다.

한참을 바닷가에 앉아 달을 감상하고 있었는데, 두 시간쯤 지났을까요. 새하얗게 뜬 달이 태양처럼 노랑, 빨강, 보랏빛으로 변하며 서서히 수평선을 넘어갔고, 저는 태어나 처음 본 그 광경에 제 눈을 의심하고 있었습니다. 그런데 그때 또 하나의 장면이 눈에 띄었습니다. 달이 사라지는 두 시간 동안 제가 앉아 있던 바닷가 저 앞에서 꼼짝 않고 한자리에 앉아 달만 바라보고 있는 사람. 그 모습이 한 폭의 그림과도 같았는데, 뒷모습을 바라만 보다가 저는 그 남자에게 다가갔습니다. 그리고 "무슨 생각을 그렇게 하세요?" 하고 말을 걸었습니다. 그 남자는 "그냥 넋 놓고 앉아 있었어요"라며 재미있는 대답을 해주었습니다. 그리고 저희는 몇 마디를 더 나누었는데 그 남자는 알고 보니 저처럼 혼자 여행중인 독일인이었습니다. 대화를 나눈 후, 그는 유명한 맥주 가게에 저를 초대해주었고 그날 저는 독일인의 음주 문화를 제대로 배울 수 있었습니다. 그냥 말 한번 걸었을 뿐인데 말입니다.

말 걸어서 생긴 일 중 마지막 이야기입니다. 캐나다 토론토 지역을 여행할 때였습니다. 벼룩시장에서 마음에 드는 털모자를 사서 지하철을 탔는데, 머리끝부터 발끝까지 퍼(fur, 털)로 치장한 할아버지 한 분을 보게 되었습니다. 흡사 러시아 장군같이 풍성한 털 코트를 멋스럽게 소화한 할아버지. 호기심이 발동한 저는 할아버지께 다가가 "그 털은 어떤 털인가요?" 하며 말을 걸었습니다.

스타일부터 심상치 않아 보였던 할아버지는 사실 털을 소재로 한 의상 디자이너셨습니다. 지하철의 대화는 계속 이어져 할아버지는 결국 본인의 쇼룸에까지 초대해주었습니다. 그리고 그곳에서 저는 할아버지가 디자인한 옷을 입어보며 피팅 모델도 해보았습니다. 할아버지의 작업실을 들여다보며, 퍼 재킷 하나를 만들기 위해 수십 개의 모피 조각을 한땀 한땀 이어나간 정성스러운 장인의 손길도 경험할 수 있었습니다. 무엇보다 할아버지로부터 귀여운 여우꼬리 액세서리도 선물로 받았습니다. 단지 말 한마디 걸었을 뿐인데 말입니다.

지금까지의 모든 일이 믿기시진 않겠지만 정말로 제가 건넨 말 한마디로 일어난 일들입니다.

이 외에도 저는 훨씬 더 많이 말을 걸었고, 그럴 때마다 도망가거나 시큰둥해하던 사람도 물론 있었습니다. 그럼에도 저는 멈추지 않았습니다. 이런 저를 보고 주변에서는 묻습니다. "넌 왜 자꾸 낯선 사람한테 말을 걸어?" 하고 말입니다. 그래서 저도 저 자신한테 "나는 왜 그렇게 낯선 사람의 감정과 생각이 궁금한 걸까?" 하고 물어봅니다. 생각해보니 저는 제가 말을 건 사람들이 모두 '낯선' 사람이기 때문에 궁금했던 것 같습니다. 다시는 만날 수도, 말을 걸 수도, 물어볼 수도 없기 때문입니다. 저는 그런 순간을 놓치고 싶지 않았기 때문에 주저 없이 용기를 낼 수 있었습니다. 이런 제 모습이 몇몇 분들에게는 이상해 보일 수 있습니다. 하지만 용기를 내어 건넨 한

마디는 제게 놀라운 경험을 주었습니다. 그리고 그 경험은 꽤 재미있는 경험이었습니다. 그래서 저는 앞으로도 계속해서 낯선 사람들한테 말을 걸 것입니다.

**김근아** TBWA 주니어보드 24기 카피라이터로 활동했다. 대학에서 시각디자인을 공부했다. 망치 발표 당시 학생이었고, '말 걸어서 생긴 일'들을 많은 사람들과 나누기 위한 '헬로, 홀로 프로젝트'를 기획, 디자인하고, 현재 이 프로젝트를 실험하기 위해 여행을 떠났다.

# 43

# 상남자

고일석

어린 시절, 저는 일명 '쭈구리'였습니다. 작은 키에 뚱뚱했던 저는 이발소도 혼자 가지 못할 만큼 소심한 아이였습니다. 여성스러운 면도 꽤 많았는데 아마도 집안 환경의 영향이었던 것 같습니다. 저는 누나만 세 명인데요. 어린 시절부터 누나들은 제게 여장시켜주는 걸 즐기곤 했습니다. 어머니까지 포함해서 한집안에 여자만 네 명이었습니다. 게다가 아버지께선 제가 일곱 살 때 돌아가셨고, 저는 집안의 유일한 남자로 자랐습니다.

어머니 홀로 4남매를 키우시느라, 가정 형편이 좋지는 않았습니다. 제가 초등학교 2학년 때의 일입니다. 하루는 집에 혼자 남아 있는데, 덩치가 크고 무섭게 생긴 아저씨들이 들이닥쳤습니다. 소위 '빨간딱지'라 불리는 압류 스티커를 붙이러 온 아저씨들이었습니다. 당시 어렸던 제게는 큰 충격이었습니다. 덩치 큰 아저씨들이 무섭기도 했지만, 한편으로는 아무런 행동도 할 수 없던 저 자신이 무기력하게 느껴져 화가 나기도 했습니다.

그래서인지 어릴 적부터 저는 빨리 건장한 남자가 되고 싶었습니다. 어느새 중학생이 되었고 갑작스러운 신체 변화도 찾아왔습니다. 급격하게 키가 자랐고 또래 아이들보다도 힘도 센 편이 되었습니다. 쭈구리였던 꼬마가 어느새 체육관도 다니며 친구들에게 힘자랑까지 하는 아이가 되어버렸습니다. 그러면서 저는 '나도 이제 남자가 되어가고 있구나' 생각했습니다.

고등학생이 되었을 땐 흔히 말하는 질풍노도의 시기도 겪었습니다. 쉽게 피가 거꾸로 치솟는 사춘기 학생이었습니다. 하루는 누나와 말다툼을 했습니다. 저는 화가 난 나머지 컴퓨터 키보드를 주먹으로 내리쳐 박살내고 무작정 집을 나왔습니다. 다시 집에 들어가보니 누나는 여전히 울고 있었고 어머니는 제게 화가 많이 나 있는 상태였습니다. 어머니는 저를 보자마자 제게 "엎드려뻗쳐!" 하며 소리를 지르셨습니다. 자라면서 어머니에게 한 번도 맞아본 적 없던 저는 그 말을 듣고 순응을 하기는커녕 사춘기 학생 특유의 반항심으로 왜 내가 엎드려 뻗쳐야 하나 생각했습니다. 난생처음으로 어머니께 대들려는 순간이었는데, 갑자기 제 머릿속에 '내가 만약 지금 어머니께 대들면 누가 나를 말릴 수 있을까?' 하는 생각이 스쳐지나갔습니다. 제가 만약 지금 제 스스로 감정을 다스리지 못하고 걷잡을 수 없이 화를 내었다가는 그 누구도 저를 막을 수 없다는 생각이 든 것입니다. 덜컥 겁이 나기도 했습니다. 그런 생각이 들자, 저는 어머니께 한마디도 대꾸할 수가 없었습니다. 아무런 말 없이 엎드려 어머니께서 내리치는 매를 맞고만 있었습니다. 그렇게 한참 동안 벌을 선 후에 어렴풋이 든 생각이 있습니다.

'아, 우리집에 남자가 나 혼자밖에 없구나. 내가 바로 우리집의 가장이구나.'

그날 이후로 저는 누나들과도 크게 다투는 일 없이 우리집의 진짜 상남자가 되었습니다. 과연 어떤 상남자가 되었을까요? 상남자로서 제가 하는 일, 하고자 하는 일은 이렇습니다. 현재 저는 대학교 때문에 가족들과 떨어져 혼자 지내고 있습니다. 하지만 집에 내려가는 날이면 상남자로서 꼭 하는 몇 가지 일이 있습니다. 그중 하나가 바로 쓰레기 버리기입니다. 지저분하고 무겁기도 한 쓰레기 봉투를 챙겨 버리는 일입니다. 가구와 같은 무거운 물건을 옮기거나 버리는 것 또한 제가 집에 가서 하는 일 중 하나입니다. 또 겨울이면 저는 집안의 외풍을 줄이고자, 일명 '뽁뽁이'라 불리는 에어캡을 장만하는데, 우리집 여자들이 춥지 않게 집안 창문 곳곳에 붙이기 위해서입니다. 때로는 '이런 것까지도 내가 다 해야 하나?'라는 생각이 들기도 하지만 제가 곧 우리집 상남자이기 때문에 겨울마다 빼놓지 않고 하는 일이 되었습니다.

마지막으로 가장 중요한 일이 있습니다. 바로 집안의 '박쥐'가 되는 일입니다. 저희 어머니와 세 누나는 자주 다투는 편입니다. 그러면 꼭 멀리 떨어져 있는 제게 전화를 합니다. 먼저 누나로부터 전화가 옵니다. 못살겠다며 투정을 부리는 누나 얘기를 들어주며 저도 함께 어머니 욕을 조금 합니다. 그러고 나면 곧 기다렸다는 듯이 어머니로부터 전화가 옵니다. 이번에는 또 못살겠다는 어머니의 얘기를 들어주며 누나 욕을 함께 합니다. 그렇게 통화를 하다보면, 누나도, 어머니도 어느새 화가 풀리는 것처럼 보입니다. 그저 맞장구를 좀 쳐주고, 함께 욕을 했을 뿐인데 말입니다. 여자들은 자신의 이야기를 들어주고, 편이 되어주는 걸 굉장히 중요하게 생각하는 것 같습니다. 그런 의미에서 박쥐처럼 양쪽의 편을 들어주는 것이 제가 가장 중요하게 생각하는 일입니다. 전화를 끊고 나면 늘 '아, 그래도 내가 우리집에 중요한 사람이긴 하구나. 하나밖에 없는 남자의 역할을 잘하고 있구나' 하는 뿌듯함도 느낍니다.

사실 지금 우리집의 상남자 고일석 모습은 제가 어릴 적 막연히 생각했던 상남자의 모습과는 많이 다릅니다. 상남자라고 하면 단순히 근육질의 힘 세고 터프한 남자의 이미지만 떠올렸습니다. 하지만 지금 제가 생각하는 진짜 상남자의 모습은 가정적인 아버지의 모습입니다. 지금은 계시지 않는 아버지의 빈자리를 채우기 위해 제가 결심한 상남자의 역할도 바로 그런 가정적인 남자입니다.

앞으로도 저는 우리 가족의 상남자로서 최선을 다할 것입니다. 이 자리를 통해 가족에게 사랑한다는 말과 고맙다는 말을 전하고 싶습니다.

**고일석** TBWA 주니어보드 24기 아트디렉터로 활동했다. 건국대학교에서 광고영상디자인을 공부하고 있다. 졸업을 앞두고 지금은 광고인이 되기 위한 경험을 넓혀가고 있다.

# 44

# 특별함 찾아 삼만리

이인주

저에게 2012년은 굉장히 힘든 해였습니다. 가장 큰 이유로는 5년간의 연애가 너무도 허망하게 끝이 난 것이었습니다. 엎친 데 덮친 격으로 안 좋은 상황들이 겹쳐 일어났고, 그 시기에 저는 그저 무언가 특별한 일이 생겨서 저의 힘든 시기를 해결해주었으면 하고 바랐습니다. 그러던 어느 날 문득 교환학생이 떠올랐고 때마침 좋은 기회를 잡아 모든 힘든 상황으로부터 떠나 미국으로 가게 되었습니다. 당시 저에게 교환학생은 한줄기 구원의 빛과 같았습니다. 그곳에 가면 새 출발을 해서 새로운 사랑도 찾고 하루하루가 특별하고 행복할 것만 같았습니다.

제가 가게 된 곳은 미국의 미네소타였습니다. 미네소타는 캐나다 바로 아래 위치한 곳으로 겨울이 길고 춥기로 유명한 지역입니다. 카페에서 아이스 라떼를 사들고 거리를 걷다보면 어느새 프라푸치

노로 변할 정도로 추운 곳이었습니다. 그러나 예상치 못한 추운 날씨가 고통의 전부는 아니었습니다. 특별한 변화를 찾아 떠나온 곳에서 저는 추위보다 혹독한 일련의 사건들을 겪게 됩니다.

우선 신체적 아픔이 있었습니다. 어느 날 저녁, 기숙사 친구가 막 끓인 뜨거운 물을 들고 가다가 실수로 제 앞에서 엎지르고 말았습니다. 펄펄 끓던 뜨거운 물은 고스란히 저의 왼쪽 다리 위로 쏟아졌고, 제 허벅지 안쪽과 종아리에 끔찍한 화상 자국과 커다란 물집을 남겼습니다. 그 사건이 터진 후 이틀 뒤에는 금전적인 아픔까지 겪어야만 했습니다. 당시 저는 TCF라는 은행의 체크카드를 사용하고 있었습니다. 그런데 그곳의 체크카드는 잔액이 부족해도 결제가 되지만 이후에 엄청난 벌금을 지불해야 하는, 통상적인 체크카드와는 다른 시스템으로 운영되고 있었습니다. 이를 알 리 없었던 저는 잔액 확인을 미처 못한, 그러나 사실상 잔액이 없었던 체크카드로 2달러 짜리 과자를 사먹었고, 결국은 화상까지 입은 다리로 은행에 가서 눈물 콧물을 흘려가며 몇십만 원의 벌금을 물게 되었습니다. 다리도 다치고, 돈도 잃고, 날씨는 춥고, 기대와는 달리 우울한 일들만 계속 되었습니다.

그러다 쌓아둔 응어리가 제대로 폭발한 날이 있었습니다. 4월인데도 눈이 펑펑 오는 어느 날이었습니다. 저와 함께 교환학생으로 온 친구들은 눈 내리는 날씨에 기분이 들떠서 눈사람을 만들자며 제게 연락을 해왔습니다. 그날따라 기분이 좋지 않던 저였지만, 친구들 사이에서 외톨이가 되고 싶진 않았기에 억지로 밖으로 나갔습니다. 친구들은 함박웃음을 지으며 눈사람을 만들 때, 저는 차마 눈

밖으로 나서지도 못하고, 무표정한 얼굴로 서서 구석자리를 지키고 있었습니다. 그러다 한 친구가 "인주야, 너도 같이 눈사람 만들자" 하며 무심코 제 팔을 끌어당겼는데, 그 순간 저도 모르게 친구의 팔을 거세게 뿌리치며 짜증스런 얼굴로 "아— 제발! 제발 나 좀 내버려둬!" 하며 버럭 소리를 지르고 말았습니다. 돌이켜 그때를 생각하면 화를 낸 저 자신이 부끄러워 지금도 얼굴이 화끈거립니다. 그렇게 저는 당황해하는 친구들을 뒤로한 채 어린아이처럼 울부짖으며 제 방으로 뛰어올라왔습니다. 그리고 거울을 보는데, 그때의 제 모습은 누가 봐도 정말이지 짜증 가득한 사춘기 반항아에 성격 파탄자의 모습과 같았습니다. 교환학생을 떠나기 전에는 특별한 무언가, 당시의 힘들었던 것들을 치유해줄 특별한 그 무언가를 기대하면서 미국까지 왔는데, 특별한 일은커녕 속상하고 우울한 사건들만 일어나 저는 더욱더 예민해져만 갔던 것입니다. 문득 제가 답답했던 것들이 특별한 장소나 환경의 변화의 문제가 아닐 수도 있겠다는 생각이 들었습니다.

그때부터 저는 다른 친구들에게 괜히 짜증을 내며 폐를 끼치지 않도록 가능하면 좀더 자신에 대해 생각해보는 시간을 가지려고 친구들과 떨어져 시간을 보냈습니다. 약 한 달 동안 차분히 저 혼자만의 시간을 가졌습니다. 그런데 참 묘하게도 혼자 지낸 그 시간이 오히려 제 마음을 다잡아주었습니다. 그때 저는 혼자 방안에서 감성적인 노래를 듣고, 혼자 공원에 나가 산책을 하며 이런저런 생각들을 하고, 학교 내 예술대학 건물을 홀로 걷다가 우연히 마주치는 전시회 구경도 하였습니다. 때로 과제를 마치면 기숙사를 슬쩍 나와 단골 야식 가게에서 저만의 만찬을 즐기기도 했습니다. 그리고 잠들기 전에는 일기를 적으며 마음을 다독이는 시간을 가졌습니다. 지극히 사소하고 개인적인 일과였습니다.

너무도 사소하고 사소한 일들이라 사실 삼만리나 떨어진 미국 아닌 한국에서도 충분히 누릴 수 있는 일상이었습니다. 그런데 이러한 것들이 오히려 제 기분에 변화를 주고, 힘을 북돋아주다니 놀라웠습니다. 저의 우울함을 특별한 무언가가 해결해줄 수 있을 것으로 생각했는데 사실은 반대였던 것입니다. 결국에는 특별함이 아닌, 사소함이 저를 감싸주고 치유해준 것입니다.

저는 이렇게 미국에서 겪은 여러 일을 통해 특별함과 사소함의 의미를 다시 한번 생각해보게 되었습니다. 제게 있어 진정한 특별함이란 사소한 하루하루가 모여 만들어낸 일상이라는 것을 알게 되었습니다. 마지막으로, 제가 느낀 '사소함의 소중함'을 어느 책의 문장을 인용하는 것으로 대신 전합니다.

'사소함이 결국 견디는 힘이 되어줄 것이라는 이야기를 하고 싶다. 특별함이 아닌 내 안의 사소함으로 행복했으면 한다.'
— 김효정, 『미래에서 기다릴게』에서

**이인주**　이제 한국 생활 6년차에 접어든 인도네시아의 진주. TBWA 주니어보드 24기 AE로 활동하며, 영어영문학과 신문방송학을 공부했다. 이름처럼 반짝이고 값진 삶을 살기 위해 오늘도 부지런히 살아가고 있다.

# 45

# 청순을 지킬 앤 하이드

조지현

"너 정말 청순해 보인다."

제가 자주 듣는 말입니다. 처음에는 이 말이 마냥 좋았습니다. 하지만 계속 듣다보니 이상한 점이 보였습니다. 사람들이 하나같이 제게 '청순하다'가 아닌 '청순해 보인다'를 말하고 있는 것이었습니다.

사실 저희 어머니만 해도 제가 사내자식 같다는 말씀을 하시곤 합니다. 슬프게도 이는 제가 태어난 순간부터 시작되었습니다. 갓난아이 시절, 남자애처럼 삐죽삐죽 자란 머리 탓에 저는 어르신들로부터 '햐, 고놈 장군감이네!'라는 소리를 곧잘 들었습니다. 어머니께서는 그 이야기에 스트레스를 받으셨는지 생후 6개월인 어린 저의 머리를 아예 빡빡 밀어주었다는 내용의 육아일기를 남기기도 하셨습니다.

그런데 저는 어쩌면 겉모습뿐만이 아닌 성향마저도 남자아이를 닮았던 것 같습니다. 어릴 적 저는 예쁜 바비 인형을 가지고 노는 것보다 비탈길에서 롤러스케이트를 타는 것을 더 좋아했습니다. 그 결과 제 무릎에는 영광의 상처들이 많이 남았습니다. 격한 활동을 좋아해서인지 어릴 때부터 수많은 남자아이들 사이에서 체육복 바지를 허리까지 추어올리고는 즐거워하곤 했습니다.

그때부터 이미 저는 여자아이의 상징인 분홍색 옷을 싫어했습니다. 제게 있어 분홍색 옷은 여자아이라고 티를 내는 것 같았기 때문입니다. 여자아이들이라면 공기놀이를 즐겨 하지만 저는 지금도 공기를 어떻게 공중 위로 띄우고 잡는지 모릅니다. 왜냐하면, 공기놀이를 할 그 시절에 저는 남자아이들과 포켓몬 딱지를 치며 놀았기 때문입니다. 고무 딱지가 주는 그 통쾌한 타격감은 쳐본 자라면 알 수 있을 것입니다.

초등학교 때야 남녀 구분 없이 뛰어놀았기 때문에 이러한 저의 성향은 별문제가 없어 보이는 듯했습니다. 하지만 제가 중학교에 올라가면서 이야기는 달라졌습니다. 중학생이 되면서 교복을 입게 되었고, 선택의 여지 없이 치마를 입게 되자 제 주변의 여자인 친구들이 갑자기 여성스러워지는 것이었습니다. 같은 교복 치마를 입은 입장에서 저는 그들이 부러워 보이기 시작했습니다. 그렇게 저의 '청순녀 되기 프로젝트'는 서막을 올렸습니다.

청순녀가 되기 위해 제 눈에 가장 먼저 들어온 것은 여성스러움과 귀여움의 정점에 있는 캐릭터, '키티'였습니다. 키티는 머리끝부터 발끝까지 제가 싫어하던 분홍색으로 도배한 캐릭터였지만, 저는 이 친구를 저만의 아이콘으로 만들고자 했습니다. 그래서 키티가 찍혀 있는 물건이라면 사고 또 사서 잔뜩 모았습니다.

여성스러운 아이템 수집에 이어 청순한 외모를 위한 노력도 더했습니다. 사실 저는 바비 인형의 머리 한번 정성스레 빗겨줄 성격이 못 됩니다. 그래서 길고 숱 많은 머리는 어떻게 감당할까 싶지만, 긴 머리는 청순의 꽃이자 화룡점정이기에 무엇보다 먼저 갖추어야 할 조건이었습니다. 비록 아침에 현관문을 나서며 물기를 털어버리는 한이 있더라도 긴 머리만큼은 유지하려 노력했습니다.긴 머리에 어울리는 여성스러운 목소리를 내기 위한 연습도 게을리하지 않았습니다. 목소리에 무슨 연습이 필요하겠냐고 궁금해하는 사람들도 있겠지만, 저는 태생적으로 굉장히 허스키하고 걸걸한 목소리를 가졌기에 후천적 노력이 필요했습니다. 오죽하면 중학교 때 저의 목소리를 듣던 학원 버스 기사 아저씨께서 판소리를 하면 잘하겠다는 말씀까지 하셨겠습니까. 하지만 청순녀가 되고자 했던 저였기에 당시 피나는 노력으로 또다른 목소리를 갖게 되었습니다. 원래의 허스키한 목소리 외에 공적인 자리나 남자친구에게 애교의 필살기로 쓸 수 있는 귀여운 목소리를 얻게 되었습니다.

마지막으로 저는 청순녀 프로젝트를 완성해줄 음악을 탐색했습니다. 제가 중학교에 올라가는 시기, 때마침 MP3 플레이어가 대중화되기 시작했습니다. 친구들 사이에선 서로의 노래를 공유하기 위해 MP3 플레이어를 돌려가며 듣는 것이 유행이었습니다. 청순한 이미지의 제가 MP3 플레이어에 거친 헤비메탈 음악이나 요란한 클럽 음악을 넣고 다니는 건 상상할 수 없었습니다. 그래서 저는 무한한 웹서핑을 통해 실은 잘 듣지도 않으면서 귀엽고 상큼한 노래를 모으기 시작했습니다. 허밍 어반 스테레오의 '하와이안 커플', 장나라의 '나도 여자랍니다', 서영은의 '칵테일 사랑', 상상밴드의 '피너츠쏭', 원더걸스의 '쪼요쪼요'. 이 노래들은 모두 당시 제가 플레이리스트로 저장한 음악입니다.

이렇게 청순의 정석들을 하나하나 쌓은 결과, 저는 고등학교 입학과 동시에 자타 공인의 청순녀가 되었습니다. 그때 제 기분은 포카리스웨트 광고 속의 파란 바다를 맘껏 누비는 청순녀처럼 맑고 행복했던 것 같습니다.

그런데 그 결과 저는 정말로 뼛속까지 청순해진 것일까요? 이제 제 몸에는 붉은 피 대신 맑고 파란 포카리스웨트가 흐르게 되었을까요? 결론부터 이야기하면, 네, 아니었습니다. 사실 저는 엉큼한 이중생활을 하고 있었던 것입니다. 사람들에게는 분홍색의 키티가 좋다고 말하면서 실제로는 말괄량이 고양이 가필드의 모습에 가까웠습니다. 여성스러운 톤의 목소리로 남자친구에게 애교를 떨다가도, 대화 중에 뭐 하나가 엇나가면 길바닥도 엎어 놓을 만큼 거친 목소리가 나오기 일쑤였습니다. 가냘픈 여성 보컬의 노래를 즐겨 듣는 척했지만, 사실 저는 빠른 비트의 클럽 노래가 없으면 일상생활이 힘들게 느껴졌습니다. 왜냐하면 빠른 비트의 클럽 노래는 제게 과제도 빠르게, 걸음걸이도 빠르게 할 수 있는 에너지를 주기 때문입니다.

10년이면 강산도 변한다고 합니다. 그런데 제 모습은 10년의 노력을 통해서도 쉽게 변하지 않았습니다. 청순한 모습을 지키려면 원래의 제가 가진 모습을 숨겨야 합니다. 그런데 본래 타고난 제 모습은 마음대로 숨겨지지 않는 것이었습니다. 청순한 모습으로 세상을 살아갈 때 더 많은 호감을 사기도 했습니다. 또 더 많은 관심을 받았습니다. 그런데 생각해보면 사람들은 제가 얌전하고 청순한 척하고 있을 때보다 무의식 중에 나오는 제 진짜 모습에 더 크게 주목해주었습니다.

"너한테도 이런 모습이 있었어? 상상도 못했어!" 하며 제 본래의 모습을 더 반겨주고 친근하게 다가와주었습니다. 우리는 모두 한번쯤은 자신의 현재 모습을 바꿔보려고 노력하곤 합니다. 어떻게 하면 더 예뻐 보일지를 생각하고, 어떻게 해야 더 호감 가는 모습으로 보일 수 있을지를 고민합니다. 하지만 본래와는 전혀 다른 이미지로 변신을 꿈꾸며 마음에도 없는 이중생활을 하는 것보다 현재 자신의 모습을 있는 그대로 사랑해보는 건 어떨까요? 저는 우리가 모두 각자 지닌 본래의 매력에 푹 빠지게 될 것이라 확신합니다. 그래서 저는 오늘 제 꾸며진 청순함에 이별을 고하려 합니다. 10년을 함께한 친구를 보내주는 자리인 만큼 시를 한 편 적어보았습니다. 그리고 이 시로 제 이야기를 마무리하려 합니다.

제목: 껍데기는 가라

껍데기는 가라. 잘— 가라.
청순도 얼굴에만 남고 껍데기는 가라.
껍데기는 가라.
중학교 1학년 청순하고 싶던 귀여운 아우성만 살고

딱지치기부터 클럽 노래까지 흥을 주체 못하던 내 가슴만 남고
그 모ㅡ오든 껍데기는 가라.

**조지현** TBWA 주니어보드 24기 아트디렉터로 활동했다. 고등학교 3학년, 공익광고 작품 한 점에 푹
빠져 무작정 미대 입시 준비를 시작했고, 경희대학교 시각정보디자인과에 재학중이다. 망치 발표 당
시 열심히 노는 휴학생이었으며, 현재는 열심히 꿈을 찾고 있는 휴학생이다.

# 46

# 무뇌의 시간

소윤희

저는 오늘 '무뇌無腦의 시간'에 대해 말해보려고 합니다. 이야기는 2001년, 제가 미술을 처음 만났던 때로 거슬러 올라갑니다. 당시 열두 살이었던 저는 친구를 따라 미술학원을 다니면서 그림을 그리게 되었습니다. 그리고 이듬해인 2002년. 많은 사람들은 2002년을 당시 뜨거웠던 월드컵 응원의 열기로 기억하실 것입니다. 하지만 저는 그때 예술 중학교 입시를 준비하기 위해 하루 24시간 중 8~10시간을 꼬박 미술학원에서 그림을 그렸습니다. 그러한 노력으로 원하던 예술 중학교에 입학할 수 있었고, 고등학교 역시 예술 고등학교로 진학했습니다. 말하자면, 중고등학교를 그림과 함께 보냈습니다. 미술대학 입시를 준비했던 기간인 3년의 시간도 저는 매일매일 그림을 그렸습니다. 대학교에 입학한 후에는 하나의 그림 주제에 얽매이지 않고 좀더 자유롭게 그림의 대상과 주제를 찾아가며 이를 화폭에 옮겼습니다. 그렇게 저는 10년이 넘는 시간을 그림과 함께 해왔습니다. 지금의 저에게 있어 그림이란 가장 오랜 시간을 함께 했고, 가장 많이 소통해온 단짝 친구와 같은 존재입니다.

그런데 대개의 사람들은 그림을 그리는 미술가를 떠올릴 때 약간의 오해를 품고 있는 것 같습니다. 늘 창작의 고통에 시달리며 춥고 배고픈 모습을 하고 있다는 식으로 말입니다.

또 미술가의 작품은 추상적이고 어려워 이해하기 힘들다고 말합니다. 그리고 예술가라고 하면 항상 독특한 시각으로 사물을 바라보며 심오한 작품 세계에 빠져 있어 다가가기 어려운 사람이라고 생각하기도 합니다. 그런데 그림을 그리고 있는 저의 모습은 그런 세상의 통념과는 좀 다릅니다. 저는 오히려 그림을 그릴 때 아무런 생각이 없습니다. 그 어느 순간보다도 무념무상일 때가 바로 그림을 그릴 때입니다. 바로 뇌가 없는 것과 마찬가지인 '무뇌의 시간'이 됩니다.

지난 15년간 그림을 그려오면서 제가 가장 행복했던 순간들은 마치 정밀묘사처럼 대상을 제 화폭 안으로 똑같이 옮기는 순간이었습니다. 이 과정에 대해 조금 더 자세히 말해볼까 합니다. 그림을 그리기에 앞서 먼저 대상을 정합니다. 그다음에는 그 대상을 눈으로 관찰하는데, 다른 물체와 비교도 해보며 대상의 형태와 색 등을 꼼꼼히 살핍니다. 그런 후에 대상을 제 손으로 화폭에 옮깁니다. 대상을 정했다면, 그후로는 눈으로 관찰하고, 화폭에 옮기는 행위를 무한 반복해서 그림을 그립니다. 이러한 반복의 과정을 거쳐 완성된 그림을 하나씩 소개해 보려 합니다.

1　　　　　　　　2

　　우선 조선 시대의 화가, 김홍도의 산수화를 모사한 그림(그림 1)입
니다. 김홍도의 〈산수화〉는 제천시의 한 마을 풍경을 그린 것입니다.
수백 년 전 김홍도가 절벽의 바위를 보며 그렸을 선들의 굵기, 농도,
그리고 그것들의 조화가 주는 느낌을 떠올려보며, 최대한 그 느낌과
비슷하게 제 화폭에 옮기는 일은 어찌보면 굉장히 지루한 일이라고
느낄 수도 있습니다.
　　다음으로 신윤복의 〈단오풍정〉을 모사한 그림(그림 2)입니다. 〈단
오풍정〉은 조선 후기 기녀들의 일상을 담은 그림으로 이를 모사할
때 저는 신윤복이 선택한 화려한 색들이 주는 아름다움과 짧은 호
흡의 탄력 있는 선들이 주는 묘미를 느낄 수 있었습니다.
　　김홍도의 그림을 모사했던 것과 마찬가지로 〈단오풍정〉을 모사
하는 작업 또한 어쩌면 대상을 화폭에 그대로 옮기는, 다소 지루하
고 단순노동과 같은 작업처럼 생각할 수도 있습니다. 하지만 저는
이렇게 똑같이 대상을 그림으로 옮기는 순간 어느 때보다도 행복감
을 느낍니다. 이 순간에는 저의 다른 부분들은 사라지고 대상을 바
라보는 저의 눈, 그리고 그것을 화폭으로 옮기는 저의 손만 존재하

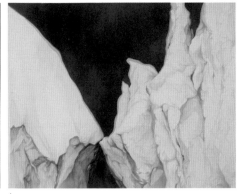

3                                           4

는 느낌입니다. 눈과 손만 존재하는 시간, 일상의 모든 힘들과 수많
은 고통 또한 사라지는 것 같습니다. 마치 방의 불을 끄듯 제 뇌 속
의 스위치를 잠시 끄는 시간처럼 말입니다.

　그림을 몇 개 더 소개해 보도록 하겠습니다. 책상에 엎드려 낮잠
을 자는 제 모습을 그린 것(그림 3)입니다. 이 그림을 그렸을 무렵
은 제 짝사랑이 끝났을 때였습니다. 당시 저는 상실감을 크게 느끼
며 마음이 많이 아팠습니다. 그 마음을 치유하기 위해 그림을 그렸
습니다. 짝사랑했던 기억들이 마치 꿈과도 같았기에 엎드린 채 꿈을
꾸고 있는 저의 모습을 그림으로 그렸습니다. 놀랍게도 그림을 그려
가면서 저는 저의 짝사랑을 잊을 수 있었고 혼란스러웠던 제 마음
에도 다시 평화가 왔습니다. 다른 사람을 좋아할 수 있는 마음의 여
유도 찾을 수 있었습니다.

　다음으로 소개할 그림은 거대한 빙산의 일부를 그린 그림(그림 4)
입니다. 이 작품을 그렸을 무렵, 사실 제게는 슬럼프가 왔습니다. 항
상 그림을 그리는 게 당연했는데, 어느 날 갑자기 그림을 그리는 저
자신이 낯설게 느껴졌습니다. 왜 그림을 그리는 건지, 왜 그림 그리

5

는 시간이 즐거운지 모르겠다는 생각이 들었습니다. 그런 제 모습
이 마치 빙산과도 같다는 생각을 했습니다. 빙산은 멀리서 보면 아
름답게 보이지만 사실 가까이 다가가 본다면 가파르고 위험하게 느
껴집니다. 당시 제 모습도 삶 전체로 본다면 그림을 그리는 것이 아
름다워 보이지만 그림을 그리는 하루하루는 위태롭고 불안한 현실
위에 있었기 때문입니다. 저는 그때 무작정 찾은 빙산의 이미지를
화폭에 그대로 옮기면서, 저의 눈과 손만 존재하는 무뇌의 시간을
경험하며, 다시 그림 그리는 즐거움을 찾을 수 있었습니다. 그렇게
슬럼프도 극복할 수 있었습니다.

　마지막으로 소개할 그림은 앉아 있는 제 자신을 그린 그림(그림
5)과 제가 키우고 있는 식물을 그린 그림(그림6)입니다. 2미터 길이

6

의 화폭에 담은 두 그림의 제목은 〈긍정적 흔들림〉입니다. 이 그림을 그렸을 당시 저는 졸업 전시를 준비하고 있었습니다. 4년간의 대학 생활을 돌아보니, 방황하며 흔들렸던 시기도 많았지만, 이를 딛고 조금씩 성장한 현재의 제 모습 또한 느낄 수 있었습니다. 그 느낌을 잊고 싶지 않아 그림으로 남기겠다고 생각했습니다. 천천히 그러나 꾸준히 성장하고 있는 대상을 찾아 제 자신의 모습과 제가 기르던 식물을 화폭에 담은 것입니다. 그림을 그리는 동안 제 자신에 대한 믿음을 확인할 수 있었고, 사회로 나가기 전 자신감 또한 얻을 수 있었습니다.

세상은 우리에게 항상 무언가를 생각하라고 말합니다. 빠르게 목표를 찾고 빠르게 이루라고 요구합니다. 늘 더 나은 선택을 하기 위해, 자신을 증명하기 위해 쉼 없이 노력해야 합니다. 그런 말을 들을 때면 뇌를 조금이라도 쉬게 할 수 있는 틈이 없는 것만 같아 답답함을 느낍니다. 하지만 이렇게 매 순간이 전쟁과도 같은 세상일수록 가끔은 저처럼 뇌를 비워주는, 무뇌의 시간을 갖는 것은 어떨까요?

**소윤희** TBWA 주니어보드 24기 아트디렉터로 활동했다. 대학에서 동양화와 시각디자인을 공부했다. 지금은 광고 회사에서 아트디렉터로 일하고 있다.

# 47

# 부라더

김슬아

저는 김영태씨의 첫아이입니다. 아직 아이를 안 낳아봐서 잘 모르지만, 부모가 첫아이한테 주는 사랑이 얼마나 클지는 짐작이 됩니다. 저희 부모님의 첫아이로 지냈던 5년 남짓한 시간 동안 아가 김슬아는 얼마나 행복했을까요? 그런데 억울하게도 그 5년의 기억이 제게는 전혀 남아 있지 않습니다. 제 인생의 첫 기억은 동생이 태어나던 날 새벽, 택시 안에서 산고를 겪으면서까지 저를 챙기려는 어머니의 눈빛을 뒤로 하고 할머니 댁 아파트 앞에 내려지던 순간입니다. 택시에서 내려지던 딱 그 순간이 제 인생 첫 기억입니다.

저는 동생이 참 싫었습니다. 예정일보다 두 달 빨리 세상에 나오는 바람에 저희 아버지에게 산모와 아기 포기 각서까지 쓰게 만든 동생입니다. 그런 동생은 태어나서부터 자주 아팠습니다. 그래서 저희 부모님은 밤마다 동생 옆에 붙어 있어야만 했고, 동생의 잦은 입원 탓에 저는 할머니 댁에서 지내는 날이 많았습니다. 동생이 많이 아파 정신이 없는 상황에서 하루는 제가 어머니에게 "아, 난 왜 이렇게 건강해? 나도 아파서 입원하고 싶어"라고 투정을 부렸습니다. 그러자 어머니께서는 "그런 말은 장난이라도 하는 거 아니야"라며 저를 엄하게 혼내셨습니다. 밤이면 동생은 숨을 헐떡였고, 동생의 거친 숨소리를 들을 때면 저러다 죽는 건 아닌가 하고 겁이 나기도 했습니다. 가족의 모든 관심을 동생이 독차지하고 있었기에, 저는 그냥 '동생의 누나'로만 살아가는 기분이었습니다. 그래서인지 동생과 잘 지내다가도 제가 먼저 동생을 괴롭힌 적도 많았습니다. 중학생이 되어서도 10년이 넘도록 동생이랑 참으로도 많이 다투었습니다.

그럼에도 동생은 건강하게 자라주었고, 워낙 까불거리는 성격에 주변에선 개그맨 하라는 소리가 나올 정도로 우리 가족의 웃음 바이러스였습니다. 그런데 어느 순간부터 동생이 부모님과 멀어지기 시작했습니다. 그리고 웃음 많던 우리 가족은 조용한 가족이 되어버렸습니다. 한집에 살면서 동생과 부모님이 대화를 멈춘 지 2년이 다 되어갑니다. 심지어 최근엔 동생이 대학교 기숙사에 지내게 되면서 서로 얼굴 볼 기회도 많이 없어졌습니다. 동생이 부모님과 대화를 멈춘 기간 동안 부모님을 대신해서 제가 동생과 이야기도 하며 잘 지내왔지만, 사실 용기가 없다는 핑계로 동생에게 하지 못했던 말이 있습니다. 그리고 오늘 이 자리를 통해 동생에게 하고 싶었지만 하지 못했던 말을 편지로 남겨보려 합니다.

안녕, 동생아!

누나다. 누나 어때, 이런 근사한 데서 발표도 하고. 멋지지?
먼저 앞에서 너 싫다고 말해서 미안해. 뻥이야.
어렸을 때부터 넌 참 미워하려야 미워할 수가 없는 동생이었어.
매번 짜증은 내면서도 심부름은 왜 그렇게 잘 해주는지.
맨날 맘대로만 하는 나한테 넌 왜 그렇게 살갑게 구는지.
그래서 난, 부모님 관심을 온통 독차지하는
너한테 질투가 나곤 했지만,
사실 널 참 좋아했어.

얼마 전에 네가 오늘 대체 뭔 발표를 하길래
자꾸 오라는 거냐고 물었을 때,
난 닥치고 꼭 오기나 하라고 짜증냈었지.
이 내용을 미리 너에게 말하면 혹시 네가
그딴 거 하지 말라고 화낼까봐 겁나서 그랬어.
사실 지금도 그래.
이렇게 공개적인 자리에서, 우리 가족 얘기를
내 맘대로 해도 될까 아주 많이 고민했어.

그런데도 소심한 이 누나가 여기서 네 이야기를
해보기로 용기를 낸 이유는, 딱 하나 때문이야.
이 스피치를 준비하는 동안, 사람들이 동생이 그렇게
입을 닫게 된 이유가 뭐냐고 많이 물어보더라.
부모님한테도, 동생한테도, 누나인

나한테도 너무 힘든 일 아니냐고.
"동생은 우리집에서 저랑만 말해요"라고 자신 있게
말하던 나는 거기에 대답하려고 노력했었는데,
나, 사실 그 이유를 모르더라고.
그 질문이 나올 때마다 "그냥 사춘기를 심하게
겪은 것 같아요"라고밖에 말 못하는 게
누나로서 너무 속상하고, 좀 충격이었어.

그래서 난 오늘 이 자리를 통해, 그 이유를 찾진 못한다 해도,
적어도 내 사랑하는 동생에게 제대로 사과라도 해보기로 했어.
가만히 생각해보면 그동안, 기회가 없진 않았던 것 같아.
넌 분명 학교생활, 진로 문제 그리고 부모님과의
소통 문제 얘기들을 꺼내면서
나한테 쭈뼛쭈뼛 다가온 적도 많았어.
그런데 그때마다 부모님 말씀 잘 듣는
데만 익숙했던 이 누나는,
공부나 열심히 해라, 학교 가면 다 달라진다는 식으로
부모님께서나 하실 법한 충고만 반복했어.
한 번도 네 또래로서 진지하게 네 이야기를
들어준 적이 없었어. 정말 미안하다.

난 집안일 문제로 골치 아파지면 너도, 가족도
차라리 외면하고 싶었던 것 같아.

여러 가지로 예민한 너랑, 누나인 나라도 널 제대로
이끌어 주길 바라는 부모님 사이에서 나는
나도 똑같은 자식인데 왜 자꾸 나를 누나,
첫째로만 보는지 늘 불만이었던 것 같아.
게다가 난 언니 오빠도 없이 혼자 다 해왔는데,
넌 도대체 왜 이럴까, 라는 생각에
나 없이도 너 스스로 괜찮아지기만을 바랐던 것 같아.
그래서 너 고3 때, 난 교환학생을 핑계로 해외로
나가서 즐겁게 지내는 소식만 전했지.
지금 생각하면 넌 그때가 제일 힘들었을 텐데,
누나가 너무 이기적이었어. 정말 미안하다.
부모님과의 벽 때문에 누구보다도
힘들었을 사람은 너였을 텐데,
먼저 괜찮은지 한번 물어봐주지 못하고,
힘이 되어주지 못한 거 정말 후회해.
그래서 미안하단 말 꼭 하고 싶었어.

동생아, 그리고 오늘 내가 진짜 너에게 하고 싶었던 말이 있어.
넌 술만 마시면 나한테 이 말 자주 했었지.
"누나가 부러워, 누난 좋겠다."
한집에서 누나 동생으로 태어나, 특별한 재주도
없이 공부의 길을 걸어야 했던 너와 나.
근데 그 길을 늘 4년 앞서 걷는 나 때문에 넌 항상

나의 비교 대상이 될 수밖에 없었겠지.

근데 동생아, 나는 오늘 이 자리에 이 말을 해주려고 나왔어.

"난 네가 부러워. 넌 좋겠다."


네가 항상 말했듯 별다른 취미 하나 없이

모범생으로만 살아온 나는,

스트레스 해소용으로 즐길 수 있는 게임이 있는 네가 부러워.

나는 참 낯도 많이 가리고 수줍음도 많은데,

모르는 사람들이랑 쉽게 친해지고 얘기

나누는 네가 참 멋있어 보이고,

고모들한테 천연덕스럽게 연락해서 용돈 타내는 네가 부러워.

새벽 두시에 불러내도 나와주는

동네 친구가 많은 것도 참 좋겠고,

대학 가서도 여기저기 동아리에서

필요로 하는 사람이라서 넌 좋겠다.

네 말대로 나는 부모님 말씀만 잘 듣고, 울보에,

겁쟁이에, 남자 때문에 맨날 징징대는 멍청이잖아.

그러니까 누나랑 너를 비교하지 말고, 부러워하지 마.

너는 충분히 멋진 사람이고 좋은 동생이야.

누나가 고작 4년 먼저 태어나, 4년 빨리 가는

사람으로서 그냥 먼저 경험해보는 사람이 될게.

어렵겠지만 표현도 더 많이 하고, 고민도

잘 들어주는 상냥한 누나가 되어보려고 노력할게.

데이트 상대도 되어주고, 동생답게 어리광도 부려주고,

항상 같이 삼겹살도 먹어줘서 정말 고마워.

이번 주말, 네 스무번째 생일엔 우리 둘 다

못 마시는 술이나 한잔 찐하게 해볼까?

앞으로도 죽을 때까지 평생 누나 동생 하자.

마이 부라더!

**김슬아** TBWA주니어보드 24기 AE로 활동했다. 대학에서 신문방송학을 공부했다. 망치 발표 당시 학생이었고, 지금은 광고 회사에서 인턴 생활 중이다.

# 48

# 루 더하기 디는 귀요미

이루디아

늦둥이에 막내로 태어난 저는 온갖 사랑은 다 받으며 자라왔습니다. '예쁘다'라는 말은 좀처럼 못 들었어도, '귀엽다'는 말은 누구보다 많이 들어왔으며, 성인이 된 지금까지도 꾸준히 듣고 있어 저와는 가장 친한 형용사입니다. 그래서 저는 오늘 이 '귀엽다'라는 형용사에 관해서 이야기하고자 합니다. 본론에 앞서 제 이야기는 다소 재수없을 수 있음을 알려 드립니다.

제가 즐겨보았던 〈꽃가족〉이라는 웹툰에는 이런 말이 나옵니다. "아름다움이란 양날의 검과 같습니다. 보는 이에게 무한한 기쁨을 선사하지만, 자칫하면 심장에 무리를 주기도 하죠. 하지만 귀여움은 달라요. 귀여움에는 부작용이 없습니다. 그저 보는 이로 하여금 흐뭇함과 따스한 안도감만을 줄 뿐이죠." 이처럼 '귀여움'이란 만인에게 작용하는, 부담이 없는 감정입니다. 어린아이도 그보다 더 어린

아이를 보고 귀여워하듯 말입니다. 그렇다면 우리에게 이미 익숙한 이 형용사의 사전적 정의를 한번 알아보겠습니다. 사전을 보면 '귀엽다: 형용사. 예쁘고 곱거나 애교가 있어서 사랑스럽다. 모양이나 행동이 앙증맞고 곱살스러워 예쁘고 정겹다. 사람 또는 무엇이 하는 짓이 마음에 들도록 좋다'라고 나와 있습니다. 그러나 한 누리꾼은 이야기합니다. '귀엽다는 말만큼 여러 가지 뜻을 내포하고 있는 단어는 없다'고 말입니다.

맞습니다. '귀엽다'는 단지 사전의 정의로 설명이 다 될 만큼 단순한 말이 아닙니다. 몇 가지 예를 들어보겠습니다. 귀여운 강아지가 있다고 가정합시다. 혹자는 강아지를 보고 "헐, 대박, 졸귀!"라는 말을 할 것입니다. 이때의 귀엽다는 말은 '어리고 약해 보여 지켜주고 보살펴주고 싶다'는, 일종의 모성애에서 나온 것입니다. 이처럼 '귀여움'은 '스스로 방어하지 못하는 어린 생물들의 생존 전략'이라고도 볼 수 있습니다. 그와 또다른 뜻으로 사용될 수 있는 예시입니다. 소개팅 제안을 받은 남성과 주선자의 대화입니다. 소개팅 남은 묻습니다. "야, 예쁘냐?" 그러면 주선자는 대답합니다. "아, 그냥 귀여워" 하면서 말입니다. 이 경우도 주선자가 소개팅녀를 돌봐주려는 심리에서 나온 '귀여워'일까요? 그렇지 않습니다. 이는 '만에 하나 너의 눈에 콩깍지가 쓰일 경우, 귀여워 보일 가능성이 있다'는 뜻을 내포하고 있습니다. 그리고 그의 반의어로는 '예쁘다'가 있습니다. 이 외에도 '귀엽다'는 말은 예의상 한 말일 수도 있고, 딱히 서술할 말이 없어서 한 것일 수도 있습니다. 또는 호감은 있으나 이성적인 호감이 아닐 때, 혹은 정말로 귀엽고 사랑스러워서 말한 것일 수도 있습니다. 쓰임에는 다소 차이가 있으나 이들은 '대상에게 작은 호감 정도는 갖고 있다'는 공통점이 있습니다.

그렇다면 여러분, 저는 왜 '귀엽다'라는 이야기를 듣는 걸까요? 혹시 저의 생존 본능에 의한 것이었을까요? 제가 가진 '귀여움'의 요소들을 하나하나 살펴봅니다. 첫째, 외적인 부분을 꼽을 수 있겠습니다. 제가 작은 키, 통통한 볼살 등 어린아이의 특징을 다소 갖고 있기 때문입니다. 또 여기에 후천적인 외적 요소, 그중 머리 모양도 영향을 미칠 것입니다. 예를 들어 저는 어렸을 때부터 쭉 양갈래머리를 좋아해왔습니다. 묶지 않고 풀어내린 머리는 거추장스러웠고, 하나로 묶은 머리는 정면에서 봤을 때 머리카락이 보이지 않아 얼굴이 더 둥글어 보였고, 세 갈래는 당연히 이상하기 때문입니다. 그렇게 유지해온 나이답지 않은 양갈래머리도 제 귀여움에 도움을 주었다고 생각합니다. 그리고 조금은 특이한 목소리와 웃음이 많은 점도 저의 귀여움을 이뤄주고 있습니다. 또 막내로서 가진 선천적인 애교도 한몫을 할 것입니다. 혹은 원래 그래 보일 만한 스물두 살, 어린 나이여서 잠시 귀여워 보이는 것일 수도 있습니다. 여섯째로 부족함, 즉 모자람을 들 수 있습니다. 앞서 강아지의 예와 마찬가지로 생물은 부족한 것에 연민과 같은 보호 본능을 느낍니다. 어쩌면 '귀엽다'는 말은 저의 서투르고 미숙한 면에 대한 '고쳐주고 싶다―보호해주고 싶다―귀엽다'로 형성된 알고리즘의 결과물일 수도 있습니다. 마지막으로 저의 키덜트적인 면모도 영향을 미치겠지요. 성인임에도 계속 어린아이처럼 굴며, 애니메이션, 인형 등에 관심이 있는 제가 자초한 것일 수도 있습니다.

그런데 여러분, 저는 과연, 정말로 귀여운 것일까요? 이 이상한 고민 끝에 제가 스스로 내린 결론은 '그렇지 않다'입니다. 주변 사람들이 아무리 '귀엽다, 귀엽다' 하고, 저 자신도 '이 정도면 귀엽지'라 생각한다 해도, '저는 귀엽습니다'라는 주제를 제가 꺼낸 순간, 저는 더이상 귀엽지 않은 겁니다. 우리가 자연스럽게 사랑하게 되는 동물들과 아이들을 떠올려보세요. 그들은 스스로를 '귀엽다'고 생각하고, 그것을 이용해서 다른 이들에게 인정받으려 하지 않습니다. 물론 세상에는 그 반대의 경우처럼 의도의 때가 묻은 거짓된 귀요미들도 존재합니다. 자신에 대한 긍정적인 반응을 이끌어내기 위해, 소위 '귀척(귀여운 척)'을 하는 이들은 보는 이로 하여금 반감만을 불러일으킬 뿐입니다. 마치 이 주제로 이야기했던 저처럼 말입니다.

　저는 세상의 많은 귀요미 중 그 귀요미가 '진정한 내면에서 나온 귀요미'라면 자신이 귀엽다는 사실을 인지하지 못할 것으로 생각합니다. 즉, 진정한 귀요미는 '일 더하기 일은 귀요미'를 하지 않습니다. 여기까지 귀엽지 않은 귀요미의 '귀여움'에 대한 이야기를 들어주셔서 감사합니다.

**이루디아** TBWA 주니어보드 24기 아트디렉터로 활동했다. 오랜 시간 미술을 공부해왔고, 현재 대학에서 디자인을 공부하고 있다. (아르바이트, 인턴 자리 구하고 있으니 인력 필요하시면 언제든 불러주세요. elydia@naver.com 그리고 이루, 루디, 루댜, 디아, 루디아 등 편하신 대로 불러주시면 됩니다. :D 감사합니다.)

# 49

# 알파벳 수집가

엄혜진

저는 저 자신을 알파벳 수집가라고 부릅니다. 영화 수집가, 음반 수집가도 아닌 알파벳 수집가? 아마 생소한 단어일 것입니다. 그래서 저는 오늘 알파벳 수집가에 관해 이야기해 볼까 합니다.

저에게는 대학교 입학 후 그래프가 하나 생겼습니다. 2009년도부터 약 6년간의 시간을 담고 있는 그래프는 줄곧 평평한 직선을 유지하다가 2014년도 하반기에 이르러 뚝 떨어지기 시작합니다. 절벽과도 같이 갑자기 떨어지는 그래프는, 부끄럽지만 저의 대학교 성적 그래프입니다. 그런데 저에게는 무슨 일이 있었길래, 성적이 4점대에서 2점대로 추락하게 되었을까요?

저는 학창 시절을 국악 중고등학교에서 보냈습니다. 어려서부터 무대 위에서 공연도 하며 재미있는 시절을 보낸다고 사람들은 말합니다. 하지만 일찌감치 국악이라는 좁은 세계에서만 자라다보니, 음악 이외의 분야는 경험해볼 기회가 많지 않았습니다. 그래서 저희끼리는 흔히 '우물 안 개구리로 자라왔다'고 말하고는 합니다. 그런데 고등학교를 졸업하고 나서 대학교에 들어가고 보니, 새삼스럽게도 세상에는 음악하는 사람만 있는 것이 아님을 알게 되었습니다. 대학교 캠퍼스 안에는 음악, 미술을 공부하는 사람들뿐만 아니라 경영학, 공학, 법학을 공부하는 사람들이 모두 모여 있었기 때문입니다. 그렇게 저는 전혀 다른 성장 배경을 가진 사람들을 만나게 되었습니다. 그리고 저 역시 어릴 적에 선택이 달랐더라면 현재 음악이 아닌 또다른 것을 하고 있었을지도 모른다는 생각을 하게 되었습니다. 그래서 대학교에서는 중고등학교 때 해보지 못했던 것들을 경험해보기 위해 목표를 세웠습니다. 우선, 교직 이수를 해서 교생 선생님이 되어보고 싶었습니다. 또, 복수 전공을 해서 제게는 새로운 분야를 집중적으로 공부해보고 싶었습니다. 그리고 교환학생이라는 기회를 통해 외국 생활도 해보고 싶었습니다. 그런데 목표를 세우고 나서 각각을 자세히 살펴보니, 목표들을 달성하기 위해서라면 높은 학업 성적이 필요하다는 사실을 알게 되었습니다. 그래서 저는 대학교 입학 후에도 학업 성적에 집착하게 되었습니다. 높은 학업 성적을 받기 위해서 수업마다 알파벳 A만을 열심히 모았습니다. 왜냐하면, 그때 제게 알파벳 A는 다른 분야를 경험할 수 있는 티켓과도 같았기 때문입니다.

그렇게 저는 알파벳 A를 열심히 모았고 이를 통해서 제가 그토록 바라던 목표들을 이룰 수 있었습니다. 그런데 목표를 다 이루고 나서 저의 성적표를 다시 보았는데, 성적표가 이제는 달라져 보이기 시작했습니다. 이전에는 제가 들은 수업들과 성적 A로 빼곡했던 성적표였는데, 갑자기 새하얗게 보였습니다. 성적표 속 과목 이름을 보면 그간 무슨 공부를 해왔는지는 머릿속에 하나도 떠오르지 않고, 무의미한 알파벳 A만이 흰 종이 위에 덩그러니 남아 있었습니다. 이전에는 분명히 제게 새로운 경험의 기회들을 열어주던 티켓이었는데 말입니다. 그렇게 알파벳 티켓이 효력을 다하고 보니, 일상과도 같았던 저의 대학교 생활이 낯설게 느껴지기 시작했습니다. 강의실에 있을 때면 여기에 왜 앉아 있는지를 묻게 되고, 여기서 무슨 공부를 하고 있는지를 생각하게 되었습니다. 심지어 매일 아침이면 아무런 생각도 없이 학교를 향해 걸어가고만 있는 저 자신이 너무도 싫어졌습니다.

그러다 하루는 우연히, 할머니 댁이 며칠 빈다는 얘기를 듣게 되었습니다. 여느 때와 같이 집을 나와 학교를 향해 걸어가다가 발걸음을 돌려 근처 기차역으로 향했습니다. 그러고는 기차를 타고 할머니 댁으로 내려갔습니다. 왜냐면 그때 저는 어디든 벗어나서 저 혼자만의 시간을 갖고 싶었기 때문입니다. 아무런 채비도 없이 갑자기 내려간 만큼 할머니의 화려한 꽃무늬 몸뻬 바지를 꺼내 입고 자아도취적인 포즈로 사진도 찍으며 저만의 시간을 마음껏 누려보았습니다.

그런데 이렇게 방황만 하고 학교에 안 가려는 제 모습을 보는 부모님께서 속상해하셨습니다. 다 큰 딸이 중고등학교 때에도 하지 않던 방황을 이제 와서 한다고 말입니다. 저 자신이 부끄럽기도 하고, 부모님께는 죄송하기도 해서 다시 학교를 나가야겠다는 다짐을 하게 되었습니다. 그래서 다시 열심히 학교를 나갔습니다. 대신 학교의 강의실이 아니라 학교 도서관으로 향했습니다. 왜냐면 도서관에는 정수기도 있고, 화장실도 있고, 앉아서 쉴 수 있는 의자도 넉넉히 있었기 때문입니다. 그리고 무엇보다 조용히만 한다면 제게 지시를 내리거나 훈계를 할 수 있는 사람이 아무도 없었기 때문입니다. 그렇게 도서관 안에서 이 책, 저 책을 살펴보는 것은 집에 돌아가기 전까지 시간을 보내기 위한 아주 좋은 방법이 되었습니다. 그렇게 책을 읽다보니 자연스럽게 학교 밖의 사람들과 이야기를 공유하고 싶어졌습니다. 그래서 인터넷을 통해 학교 밖에서 진행되는 독서 모임을 알아보았습니다. 저도 모임에 참가해보고 싶어 독서 모임의 홈페이지에 글을 남겼습니다. 저 자신을 책에 빠진 20대로 소개하면서 모임에 참가하고 싶다는 의사를 밝혔습니다. 그런데 글을 남긴 후에 홈페이지를 자세히 살펴보니 하필이면 모임의 시작 날이 학교 시험일과 겹치는 것이었습니다. 처음에는 저도 많이 망설였습니다. 독서 모임에는 참여하고 싶었지만, 학교 시험을 보지 않게 되면 무조건 F를 받게 되고, 그렇게 되면 저는 다음 학기에 몇몇 과목을 또 들어야 하기 때문입니다. 그래서 마음은 아프지만, 독서 모임을 포기하기로 결정했습니다. 그리고 제가 독서 모임 홈페이지에 남긴 글을 삭제하려 했는데, 하루아침에 모임의 운영자님께서 제 글에 답글을 달아 주셨습니다. 그리고는 '책에 빠진 20대라니! 이토록 아름다운 자기소개가 있을까요? 기대됩니다. 저도 열심히 하겠습니다. 환영합니다'라고 해놓았습니다. 당시 이 말은 방황하던 저를 위로하며 힘을 불어넣어주는 것만 같았습니다. 그리곤 운영자님을 절대 실망시켜드릴 수 없다는 생각을 하게 되었습니다. 그래서 용기를 내어 교수님께 찾아갔습니다. 교수님께는 약간의 거짓말을 하게 되었고 저는 운이 좋게 다른 학생들보다 조금 일찍 시험을 치를 수 있었습니다. 원하는 대로 독서 모임에도 참가할 수 있었습니다.

저는 이렇게 일탈이라면 일탈, 방황이라면 방황으로 한 학기를 보냈습니다. 그리고는 대망의 성적 발표 날이 되었습니다. 그런데 사람 마음이 참 간사한 것이 제가 비록 엉망인 태도로 학교에 다녔지만, '교수님께서 자비를 베풀어주시지 않았을까?' 하는 기대를 하게 되었습니다. 제 나름의 설레는 마음으로 성적을 확인했습니다. 그런데 세상에 기적은 없다는 걸 그때 한번 더 느꼈습니다. '뿌린 대로 거둔다'는 옛말처럼 제 성적표는 C로 가득 차 있었습니다. 그야말로 '씨'를 뿌린 대로 거두게 되었습니다. 그렇게 저는 대학교 사상 2.32라는 최저 학점을 찍었습니다. 그게 바로 앞에서 언급한 높은 산의 절벽과도 같은 저의 성적 그래프입니다.

그런데 절벽과도 같이 갑자기 뚝 떨어지는 저의 성적 그래프만 보면, 저는 마치 그래프 모양처럼 갑자기 어느 순간부터 나락으로 떨어진 것만 같습니다. 하지만 그간 몇 년은 성적 속에서 허우적거리며 학기를 보냈다면, 그때만큼은 성적에서 벗어나 자유롭고 다채롭게 한 학기를 보낼 수 있었습니다.

그래서인지 저의 성적표를 이제 와 다시 보면, 예전에는 알파벳 A만을 모으려고 아등바등했습니다. 그러다가 우수수한 A들 사이에 살짝 낀 알파벳 B만 봐도 마음은 덜컥거렸습니다. 그러니 알파벳 C는 상상조차도 못했습니다. 하지만 지금은 A, B, C 모두 알파벳 A부터 Z까지로 밖에 보이지 않습니다. 왜냐면 저는 알파벳 A, B만 있을 때보다는 알파벳 C가 있어서 조금 더 행복할 수 있었기 때문입니다. 그렇기에 저는 현재 저 자신을 성적의 노예에서 거듭난 알파벳 수집가라고 부릅니다.

**엄혜진** TBWA 주니어보드 24기 카피라이터로 활동했다. 대학에선 국악 및 언론정보학 졸업장을 받았다. 발표 당시 대학가를 방랑하는 학생이었으며, 현재 눈칫밥 먹는 백수로서 명상과 공상 사이에 잠겨 있다.

# 50

# 마음의 소리

최민성

남자에게, 여자와의 소통은 언제나 난제로 다가옵니다. 어느 날 여자친구가 묻습니다. "나 살찐 것 같지?" 이런 물음은 남자들을 당황하게 합니다. 그리고 남자의 그 어떤 대답도 그녀를 만족시켜주지 못합니다. 저는 지금까지의 연애를 통해서, 이런 상황을 해결할 수 있는 제 나름의 무기를 개발했습니다. 그것은 바로 노래를 만들어주는 것입니다. 저는 제 진심을 표현하는 방법으로 노래를 만들어 여자친구에게 들려주곤 했습니다.

이야기는 제가 군대에 있었을 때로 돌아갑니다. 그때 저는 한 사람을 짝사랑하고 있었습니다. 군대에 있으면 초코파이 하나에도 눈물을 흘리고, 편지 한 통에 목숨을 거는 것처럼 감수성이 풍부해집니다. 저의 그런 감성 때문인지 군대에 있는 동안 그녀를 생각하는 마음은 날로 커졌습니다. 그녀를 당장 만날 수는 없었지만, 저는 제 진심을 표현하고 싶어졌습니다. 그리고 그 방법으로 그녀를 향한 제 마음을 글로 남겨보았습니다.

'너의 향기는 이리도 짙은데 이곳의 나는 너를 잡을 수 없구나.'

그녀를 생각하며 일기장에 적은 글입니다. 그리고 그 옆에 손가락 사이를 흘러가는 바람처럼 잡히지 않는 그녀의 모습을 그림으로 그려보기도 했습니다. 하지만 글이나 그림만으로는 여전히 제 마음이 온전히 전해지는 것 같지는 않았습니다. 그래서 저는 노래를 만들어보자는 생각을 하게 되었습니다.

사실 전 음악가도 아니고, 악보를 읽을 줄도 몰랐습니다. 왕초보 기타 연주 실력에, 녹음기라고는 휴대전화밖에 갖고 있지 않았습니다. 그마저도 휴가를 나와야 연주할 기회를 가질 수 있었습니다. 이토록 열악한 군인의 상황에도 저는 음악을 만들어보기로 했습니다. 기타의 기본 코드만으로 애달픈 멜로디를 지어보고 그녀를 생각하며 적은 글을 가사로 옮겨 노래를 만들어보았습니다.

너의 향기는
이리도 짙은데
이곳의 나는 너를
잡을 수 없구나

그렇게 제가 만든 노래를 그녀에게 들려주기 위해 휴대폰에 녹음을 했습니다.

자신이 만든 곡이라 해서 항상 잘 부르는 건 아닙니다. 그럼에도 저는 자신이 직접 만든 노래야말로 진정성과 특별함을 담은 최고의 마음 전달법이라고 생각했습니다. 다소 오글거릴 수는 있어도 은유적인 가사를 마음껏 쓸 수 있고, 분위기를 살려주는 멜로디와 진실함을 담은 목소리, 그리고 무엇보다 아무나 노래를 만들어주지 않는다는 희소성에 높은 점수가 더해진다고 생각하기 때문입니다.

그렇게 그녀를 위한 저의 세레나데는 성공적이었다고 말하고 싶지만, 아쉽게도 제가 노래를 완성했을 땐 그녀에게 이미 다른 남자가 생겼습니다. 결국, 그녀를 위한 노래는 들려주지 못한 채, 저만의 안타까운 짝사랑 이야기로 마무리를 짓게 되었습니다.

하지만 전 좌절하지 않고 계속해서 노래를 만들었습니다. 그후 몇몇 연애 경험을 통해, 저는 연인 관계에서 노래가 제 진심을 전달하는 데 매우 효과적인 수단이라는 걸 알게 되었습니다. 직접 만든 노래는 제 진심을 온전히 전달할 수 있는 새로운 언어였던 것입니다.

흔히 연애하다보면 많이 싸우곤 합니다. 저 역시 제 여자친구와 다툰 적이 있었습니다. 하루는 여자친구가 시험과 과제 때문에 힘든 하루를 보냈다며 연락이 왔습니다. 저는 어떤 과목의 시험인지, 공부는 많이 했는지 등을 물어보며 자연스럽게 대화를 이어나갔습니다. 그러다 갑자기 여자친구는 보고 싶다며 영상통화를 하자고 말했습니다. 저는 온전히, 시험을 앞둔 여자친구를 배려하는 마음에서 시험이 끝나고 편한 마음으로 보는 게 나을 것 같으니 우선 공부 열심히 하라는 말을 남겼습니다. 그랬더니 제 여자친구는 "응"이라는 아주 짧으면서도 긍정적인 답을 남겼습니다. 그리곤 어찌나 공부를 열심히 하는지, 제 전화도 도통 받지 않았습니다. 뒤늦게 저는

내가 표현이 좀 서툴렀던 거야 / 내 맘은 절대 이게 아니었는데 / 왜 그 커다란 마음이 / 부끄러워 숨는 건지

널 생각하는 마음만은 / 절대로 모자람이 없을 테니 / 이제 그만 전화를 받아줘 / 내 맘을 받아줘

여자친구의 짧고 긍정적이던 답이 실은 화가 났던 것이었음을 알게 되었고, 그녀의 기분을 풀어주는 방법으로 노래를 만들어주기로 결심하게 되었습니다.

내가 표현이 좀 서툴렀던 거야
내 맘은 절대 이게 아니었는데
왜 그 커다란 마음이
부끄러워 숨는 건지

널 생각하는 마음만은
절대로 모자람이 없을 테니
이제 그만 전화를 받아줘
내 맘을 받아줘

이번에는 달콤한 느낌의 멜로디를 지어 애교 섞인 가사를 얹어보 았습니다. 그리고 화가 난 여자친구에게 노래를 들려주니 그제야 저

의 진심을 알았는지, 부끄러운 표정의 이모티콘을 담은 메시지를 받을 수 있었습니다.

이렇게 사랑의 마음을 전할 땐 노래가 큰 힘을 발휘합니다. 특별한 날에 특별한 선물을 준비하지 못했거나, 평소에 하는 "사랑해"라는 말보다 더 큰 감동을 주고 싶을 때에는 직접 만든 노래 한 곡이면 모든 게 해결되고는 하였습니다. 저는 이렇게 말로는 다 할 수 없던 진심을 노래를 통해 전달할 수 있었습니다.

그러나 노래를 만들어주는 것에도 부작용은 있었습니다. 한번은 여자 친구의 생일이었습니다. 저는 여느 때와 같이 그녀를 위한 노래를 만들어 여자친구의 생일이 시작되는 12시에 불러주었습니다. 그러나 전혀 예상치 못한 반응을 받게 되었습니다.

"끝이야? 이번에도 노래로 대신하려는 건 아니지?"

여자친구의 물음에 당황한 저는 정색을 하며 대답을 했습니다.

"에이, 설마~."

그리고 다음날 아침 일찍 여자친구 선물을 사기 위해 쇼핑을 해야 했습니다. 그때 저는 '노래를 불러주는 것도 작작 해야겠구나' 하는 깨달음을 얻었습니다.

물론 저는 여전히 노래를 만들고 부르는 것을 즐깁니다. 사랑하는 마음을 진실하게 전하고 싶어 시작했지만, 지금은 사랑뿐 아니라 다양한 감정을 더 잘 표현하기 위한 수단으로 노래를 만들고는 합니다. 연애뿐만 아니라 살아가다보면 상대방과 말과 마음이 잘 통하지 않을 때가 있습니다. 그럴 때마다 매번 노래를 부를 순 없지만, 저는 앞으로도 계속해서 제 생각과 마음을 표현하기 위해 노래를 만들 것입니다. 그것이 저의 진심을 가장 진실하게 표현하는 방법이기 때문입니다.

저 외에도 많은 사람이 연애뿐 아니라 다양한 소통에서 상대방이 자신의 마음을 몰라주어 속상한 적이 있을 것으로 생각합니다. 하지만 말로는 다 전달되지 못한 것에 너무 서운함을 느끼지 않았으면 좋겠습니다. 어쩌면 진실한 마음을 전달하기 위해선 말이 아닌 다른 표현의 도구가 필요했을지도 모르기 때문입니다. 그것이 노래가 아니더라도 말입니다.

**최민성** TBWA 주니어보드 24기 AE로 활동했다. 대학에서 국제학을 전공했고, 현재는 마케팅 분야 진출을 목표로 다양한 경험을 쌓고 있다. 여전히 노래를 만들고 글, 그림 등 다양한 방법으로 자신의 진심을 전하는 삶을 살고 있다.

# 51

# 위로의 공동체

최혜원

요즘같이 다양한 미디어가 발달한 세상에서 라디오를 듣는 분을 찾기란 여간 어려운 일이 아닙니다. 이미 1980년에 〈Video Killed the Radio Star〉라는 곡이 나올 만큼 라디오는 오랜 시간 홀대를 받아왔습니다. 그래서 제가 "저는 라디오를 참 좋아합니다"라고 말하면 많은 분이 의아해할 것으로 생각합니다. 그런데 저는 'TV는 바보상자고 라디오는 없어질 매체'라는 말을 들을 때면 서운한 감정을 느낍니다.

저는 어릴 적부터 텔레비전은 물론 라디오를 참 좋아했습니다. 제 라디오 사랑은 중학교 때 절정에 달했습니다. 학기중에는 학교에서 집으로 돌아오면 밤에 잠들 때까지, 방학중에는 거의 온종일 라디오를 끼고 살았습니다. 그러다보니 지상파는 물론 국군방송처럼 남들이 잘 듣지 않는 채널까지 찾아 듣게 되었습니다. 참여 문자를 보내거나 사연을 쓰는 건 당연했고 라디오를 듣다가 밤을 새우는 날도 많았습니다. 그런데 라디오가 홀대를 받는다는 말을 들을 때마다 서운한 기분이 드는 건 단순히 제가 라디오를 좋아하기 때문만은 아닙니다.

열다섯 살이 되던 해 겨울은 유난히 추웠던 것 같습니다. 당시 엄마께서는 생사를 오가는 큰 수술을 받으셨습니다. 그 여파로 꽤 오랜 시간 엄마의 지겹던 잔소리가 그리울 만큼 집안은 찬물을 끼얹은 듯 고요했습니다. 그즈음 저는 학교에서 가장 친하던 친구와 다투게 되었습니다. 정말 많이 좋아하고 의지하던 친구였는데 사소한 계기로 등을 돌리니 남이 되었습니다. 그 탓에 학교생활을 하기가 무척 힘들어졌습니다. 3개월이 넘는 시간 동안 관계를 회복하려 애썼지만 결국 상처만을 남긴 채 남으로 남았습니다. 그리고 얼마 지나지 않아 어릴 적부터 가깝게 지내던 친한 동생마저 스스로 목숨을 끊었습니다.

이 모든 것들은 당시 어린 나이의 제가 감당하기에는 너무도 버거웠습니다. 하지만 그보다 더 힘든 건 이 어려움을 이야기할 곳이 어디에도 없다는 거였습니다. 엄마께서는 너무 아프셨고 그 탓에 당연히 가족에게는 말할 엄두조차 낼 수 없었습니다. 제가 유일하게 할 수 있는 건 학교가 끝나고 아무렇지 않은 척 방에 들어가 혼자 우는 것뿐이었습니다. 그런데 그때 제 곁에 있었던 게 바로 라디오였습니다. 라디오는 제가 버튼 하나만 누르면 언제든 제 옆에서 쉴새없이 말을 건넸습니다.

당시 제가 가장 좋아했던 프로그램은 새벽 세시부터 한 시간 동안 진행된 〈새벽이 아름다운 이유, 손정은입니다〉였습니다. 사실 그 늦은 새벽까지 잠들지 못하고 라디오를 자주 들었던 이유는 불면증 때문이었습니다. 힘든 일이 한꺼번에 닥치니 쉽사리 잠이 들지 못했습니다. 그러던 어느 날 저는 라디오 사연 하나를 듣게 되었습니다. 새벽에 근무하시는 아파트 경비원 아저씨였는데 라디오가 있어 지치지 않고 일을 할 수 있다며 감사를 전하는 내용이었습니다.

당시 저는 새벽이 되면 라디오를 틀고 창문을 열어 밖을 내다보곤 했습니다. 그렇게 창밖을 보고 있으면 이른 새벽에도 꽤 많은 곳에 불이 켜져 있고, 우유 배달 아주머니, 신문 배달 아저씨 그 외에도 많은 사람이 거리를 돌아다니고 있었습니다. 그러면서 '다들 열심히 사는구나. 나만 이렇게 힘들고 아픈 게 아니구나' 하는 생각이 들었습니다. 그런 분들에게 라디오는 제게도 그랬듯 큰 힘이 된다는 걸, 저는 경비 아저씨의 사연을 통해 알게 되었습니다. 그러고 나니 제게도 조금씩 용기가 생겼고 방을 나서는 횟수도 많아졌습니다. 가족들에게 실없는 농담을 던져보기도 하고 친구들에게 먼저 연락도 해보며 조금씩 나아졌습니다. 당시 저는 어린 마음에 '나만큼 아픈 사람은 세상에 없고 아무도 날 이해 못해'라고 단정지었는데, 이 라디오를 계기로 제 생각이 잘못되었다는 걸 깨닫게 되었습니다.

경비 아저씨의 사연을 듣기 전까지 저는 위로란 건 누군가 제 아픔을 알고 '혜원아, 괜찮아'라고 말해주는 것으로만 생각했습니다. 그런데 사실 위로는 꼭 제 이야기를 들어주며 등 두드려주지 않더라도 누군가 그저 열심히, 잘 살아가고 있음을 보여주고 그것을 확인하는 것만으로도 충분한 것이었습니다. 저는 이 의미가 단순히 저에게만, 그리고 라디오에만 국한되는 건 아니라 생각합니다.

24시간 내내 케이블 TV의 비인기 채널에선 수많은 프로그램이 방송되고, 유튜브에는 끊임없이 다양한 동영상들이 올라오고, SNS

에서도 많은 사람의 일상이 공유되고 있습니다. 그리고 이러한 미디어들은 전 축구 감독 퍼거슨의 "SNS는 인생의 낭비다"라는 말과 같은 공격을 받기도 합니다. 그런데 많은 사람이 아주 오래전부터 없어질 거라 말했던 라디오는 지금까지도 우리 곁에서 24시간 내내 방송되고 있습니다. 저는 SNS 같은 미디어들도 마찬가지라 생각합니다. 어쩌면 그러한 미디어를 통해 올라오는 수많은 콘텐츠는 특정한 목적이나 대상 없이 그저 자신의 행복을 위해 올리는 것일 수 있습니다. 그런데 그곳을 지나가는 타인에겐 각자의 이유로 의미 있는 것이 될 수 있다고 생각합니다.

길가에 핀 들꽃은 저희를 위해 피는 것은 아닙니다. 하지만 우리는 그 꽃을 보면서 웃음짓고 위로를 받기도 합니다. 라디오 사연 속 경비 아저씨도 제게 힘을 내라고 사연을 쓴 건 아니었습니다. 그런데 저는 누구보다 큰 위로를 받았습니다. 한 평론가가 쓴 『느낌의 공동체』라는 책이 있습니다. 저는 미디어를 통해 우리가 '위로의 공동체'를 이루며 살아가는 것은 아닐까 하는 생각을 합니다. 저의 이 이야기가 오늘 단 한 분에게라도 위로를 줬다면 이 자리에서 제가 이야기를 풀어놓은 충분한 이유가 되지 않을까 생각합니다.

**최혜원** TBWA 주니어보드 24기 카피라이터로 활동했다. 대학에서 언론홍보학과 행정학을 전공했다. 글을 쓰고 읽는 것을 좋아하며, 현재 미디어를 통해 많은 사람들과 소통하기 위해 다양한 경험을 쌓아가고 있다.

52

# 촌년 아니에유

김예진

저는 충북 청원군 강내면에 있는 작은 동네에서 어린 시절을 보냈습니다. 청주와 가까운 작은 시골 마을에서의 생활은, 지금 돌이켜 보면 굉장히 특별한 경험이었습니다.

어릴 적 저는 한마디로 자연 속에서 뛰놀며 자랐습니다. 초여름, 도시 사람들은 종종 저희 동네의 얼룩덜룩한 길을 볼 때면 길바닥에 곰팡이가 핀 것 같다고 말합니다. 하지만 저에게는 근처에 오디나무가 있다는 걸 알려주는 길입니다. 길 위의 거뭇거뭇한 곰팡이처럼 보이는 얼룩은 바로 오디 열매의 흔적인데, 저는 어릴 때부터 나무에서 떨어진 오디를 주워먹고는 하였습니다. 또 산에서 조그마한 딸기를 발견하게 되면 도시 사람들은 한결같이 보이는 대로 따먹으려 하지만, 저는 얼핏 생김새가 비슷해 보여도 엄연히 다른 산딸기와 뱀딸기를 구분하여 훨씬 더 맛있는 산딸기를 따먹곤 했습니

316

다. 그리고 과학책에서만 볼 법한 개구리의 성장 과정 또한 자연 속에서 직접 목격하곤 했습니다. 집 근처 논에서 올챙이를 주워다 어항에 길러보며 변화 과정을 눈으로 직접 관찰할 수 있었기 때문입니다. 그뿐만 아니라 겨울이 되어 눈이 오면, 동네 아주머니들이 버려둔 장판 조각, 비료 포대를 주워 언덕에 올라가 신나게 썰매를 타기도 했습니다. 믿기지 않을 수도 있지만, 저희 동네에는 누에가 누에고치로 변하는 과정을 볼 수 있게 해놓은 잠사蠶絲박물관이 있었고, 그 덕분에 저는 동생과 누에 몇 마리를 길러보기도 했습니다. 누에에게 먹이를 주기 위해 뽕잎을 따러 다니고, 누에고치가 되면 그걸 삶아 실을 뽑아 연실을 만들어 연날리기를 했습니다.

　도시 사람들이 보면 이렇다 할 문화 공간이라곤 없는 시골 동네라 생각할 수 있지만, 나름대로 즐길 문화 공간은 있었습니다. 시골에서 흔히 볼 수 있는 정자는 곧 동네 사람들이 모여 이야기를 나누는 '스타벅스'였고, 저녁 일곱시가 되면 삼삼오오 모여 운동을 하는 학교 운동장은 저희 동네의 '피트니스 센터'였습니다. 그리고 비교적 작은 동네에 대학교가 2개나 있었는데, 그 덕분에 대학교 대강당은 주민들이 함께 영화를 관람하는 'CGV' 역할을 하기도 했습니다. 최신 영화 관람은 물론 2002년 월드컵 당시에는 마을 사람들 모두가 대강당에 모여 스크린으로 축구 경기도 관람하며 열띤 응원전까지 벌였습니다. 또한 끝없이 펼쳐진 논과 밭은 곧 '동물원'이었습니다. 자세히 살펴보면 논과 밭 곳곳에서 작은 곤충부터 여러 동물, 황새까지 볼 수 있었습니다. 그래서인지 저는 남들이 벌레를 무서워할 때, 기꺼이 잡아줄 수 있는 능력도 갖췄습니다.

이렇게 저는 동네에서 매일 자연 속에서 뛰어놀며 즐거운 하루하루를 보냈습니다. 그리고 어느새 저도 어엿한 고등학생이 되었습니다. 그러던 어느 날이었습니다. 제가 다니던 고등학교에 도시의 학생들이 견학을 왔습니다. 그런데 그들은 저희 동네를 둘러보며 "동네에 영화관이 없어!" "편의점도 없네?" "와— 여기 진짜 촌이다" 하는 것이었습니다. 그래서 저는 제가 알고 있던 저희 동네의 CGV, 스타벅스를 소개해주었는데, 오히려 더 큰 놀림만이 제게 돌아왔습니다. 그때 저는 처음으로 저희 동네에 부끄러움을 느꼈습니다. 그리고 그들의 말처럼 동네가 별볼일 없는 곳으로 보이기 시작했습니다. 평화롭던 동네의 거리는 아무것도 없는 심심한 거리로 보였고 고요한 밤에 딱 맞는 배경음악이라 생각했던 개구리 소리는 시끄럽고 귀에 거슬리는 소음처럼 들렸습니다. 심지어 이곳에 있는 저 자신이 '청주 촌년'처럼 느껴져 동네가 더 싫어졌습니다. 그렇게 저는 아무것도 없는 지루하고 답답하기만 한 이곳에서 하루빨리 벗어나고 싶어졌습니다. 제가 그토록 탈출을 바라며 꿈꾸던 곳은 우리나라에서 가장 번화하다는 그곳, 바로 서울이었습니다. 그래서 저는 서울로의 탈출만을 바라보며 고등학교 시절을 보냈습니다.

그리고 대학생이 되면서 꿈에도 그리던 서울에 드디어 가게 되었습니다. 서울역에 첫발을 내디딘 저는 모든 것이 번쩍번쩍 빛나 보였습니다. 하늘 높이 치솟은 빌딩들이 너무도 신기해 고개를 꺾어가며 주위를 둘러보았는데, 사람들은 그저 이 높은 빌딩을 아무렇지도 않게 스쳐지나가기만 해서 저는 의아함을 느끼기도 했습니다. 또 태어나 처음으로 지하철역에 들어갔는데, 개찰구를 통과하지 못하고 한참을 망설여야 했습니다. 지하철 카드를 어느 쪽에 찍어야 하는지 몰랐기 때문입니다. 또 지하철을 타서는 가방을 꼭 끌어안고 다녔는데, 어릴 적 TV를 통해 서울 지하철에는 소매치기가 많다는 것을 알았기 때문이었습니다. 아마 그런 제 모습이 사람들에게는 우습게 보였을 것입니다. 사실 처음에는 서울에 대해 즐거움보다는 두려움을 많이 느꼈지만, 시간이 지날수록 저는 다양한 새로움을 느끼며 서울을 만끽할 수 있었습니다.

서울에는 신기한 게 정말이지 많았습니다. 하루하루가 매일 특별한 날 같았습니다. 사람들로 빽빽한 명동거리에는 TV에서나 보던 맛집들이 이곳저곳에 있었습니다. 청주에 있을 때는 버스 막차 시간 때문에 밤 열시에 거리를 돌아다닌다는 것은 상상도 못했는데 서울은 자정에도 지하철과 버스가 다녀 밤늦게까지 거리를 돌아다닐 수 있었습니다. 한강을 거닐다가 연예인을 마주친 적도 있었습니다. 유명한 연예인을 그렇게 마주칠 수 있다는 사실도 놀라웠지만, 그런 연예인을 보고도 사람들이 모두 사인도 받지 않고 휙휙 지나가는 모습이 더욱 놀라웠습니다. 그렇게 서울은 제게 매일같이 새로움을 주었습니다. 저는 이런 새로운 것들을 즐기기 위해 학교 수업이 끝나면 서울 구경을 하러 매일같이 돌아다녔습니다. 어느새 저는 서울 지리를 훤하게 꿰뚫게 되었고 청주에서 친구들이 놀러올 때면 이곳 저곳을 안내하며 구경시켜줄 만큼 서울 사람이 되었습니다. 그런 절 보고 친구들은 "서울년 다 됐네"라는 말까지 할 정도였고 저 또한 제 모습에 으쓱해지는 기분을 느꼈습니다.

그렇게 저는 서울에서 6년이라는 시간을 보냈고 서울은 이제 제게는 너무도 익숙한 곳이 되어버렸습니다. 서울 구경을 다니는 횟수도 점차 줄게 되었고 특별했던 날들은 이제 매일 똑같은 일상으로 변해버렸습니다.

그러던 어느 날 하루는 부모님을 뵙기 위해 청주에 내려갔습니다. 중고등학교 때 항상 지나치던 동네 가로수길을 어머니와 함께 걷는데 그날따라 가로수길 풍경에서 눈을 뗄 수 없었습니다. 이름뿐인 빈약한 가로수가 아닌 하늘까지 가릴 만큼 잎이 무성한 가로수가 울창한 길이었습니다. 오래된 나무둥치며 풍성한 초록이 주는 고요하고도 평화로운 광경을 보며 저도 모르게 어머니께 "우와! 엄마, 서울 사람들은 이런 평화로움을 모를 거야!"라는 말을 하게 되었습니다. 학창 시절에는 매일 지나치던 길이었고 한 번도 특별하다고 느낀 적 없던 길이었는데 아주 다르게 느껴졌습니다. 심지어 길 근처의 오디와 산딸기는 분명 어린 시절에 자주 따먹던 열매였는데 갑자기 신기하게 보였습니다. 밤마다 우는 개구리 소리는 더는 시끄러운 소음이 아니라 평화로움의 상징처럼 다가왔습니다. 무심코 내려간 청주, 그곳의 한가한 길은 제게 따뜻함과 포근함을 되돌려주었습니다. 분명 고등학교 때는 지루하고 답답하게만 보이던 곳이었는데, 너무도 탈출하고 싶던 그곳이었는데, 그런데 그곳이 마음에 평화를 주고 있었습니다.

그래서 저는 '내가 모르는 사이에 청주가 달라진 걸까?' 하고 생각해보았습니다. 그런데 변한 건 청주가 아니었습니다. 정말 변해버린 것은 저 자신이었습니다. 학창 시절 청주가 제게 익숙해지면서 지루함을 느끼게 되었고 그 때문에 서울로 떠나버렸는데, 신기하기만 했던 서울이 이제는 익숙해지면서 더는 특별한 곳으로 느껴지지 않게 되었고, 오히려 지루했던 청주가 새롭게 느껴진 것입니다. 결국, 문제는 청주나 서울이라는 공간이 아니라 그것에 익숙해진 저 자신이었습니다. 청주든 서울이든 그 공간 자체가 지루하거나 지겨운 곳은 아니었던 것입니다. 그날 이후 익숙해져버린 주위의 것들이 조금은 다르게 보이기 시작했습니다.

요즘 많은 사람이 저처럼 익숙한 곳에서 벗어나 새로운 곳을 꿈꾸고 있는 것 같습니다. 매일 똑같이 굴러가는 일상이 지겹다는 이유로 벗어나고자 새로운 곳으로의 여행이나 색다른 경험을 찾고 있는 것 같습니다. 하지만 누군가는 이미 우리가 익숙하다고 느끼는 것들을 새롭다고 느낄지도 모릅니다. 그런 생각으로 일상을 바라본다면 매일 새로움 속에서 지내는 것도 가능하지 않을까요? 제가 처음 만났던 서울은 누군가에게는 이미 익숙한 곳이었겠지만 제게는 새로운 곳이었던 것처럼 말입니다. 어쩌면 익숙하다는 이유로 신기하고 즐거운 것들을 지나쳐버리고 있을지 모릅니다. 주변을 다시 둘러보면 어떨까요. 지금까지의 익숙함이 새로움으로 다가올 테니까요.

**김예진** 논과 밭으로 둘러싸인 청주 시골에서 태어났다. 디자이너의 꿈을 안고 서울에 올라와 시각디자인을 전공하고, TBWA 주니어보드 24기 아트디렉터로 활동했다.

# 53

# 버킷리스터

장재우

자주 받는 질문이 있습니다. "넌 하고 싶은 게 뭐야?" 개인적으로 저는 이 질문이 그리 편하지는 않았습니다. 주변을 둘러보면 모두가 무언가 바쁘게 해나가며 저마다의 목표를 향해 앞으로 나아가고 있는 것 같은데 그런 모습을 볼 때면 제가 하고 싶은 게 무엇인지 생각하기보다는 괜히 조급하고 불안한 마음이 컸기 때문인지도 모르겠습니다. 이런 생각은 대학교에 입학한 후에도 줄곧 저를 따라다녔습니다. 그래서 저는 하고 싶은 게 무엇인지 묻는 질문에 대한 저만의 답을 찾고자 이른바 버킷리스트 작성을 시작했습니다. 죽기 전에 꼭 해야 할 일이나 하고 싶은 일을 적은 목록을 가리키는 그 버킷리스트 말입니다. 일단 리스트를 적기 시작하니 하고 싶은 게 무엇이냐는 질문을 받을 때면 리스트에 적어둔 것을 대답하면 되니까 훨씬 편해졌습니다. 그리고 어느 순간부터는 자연스럽게 버킷리스트를 작성하고 하나씩 이루며 지워가는 것이 당연한 일로 여겨졌습니다.

제가 작성한 버킷리스트에는 국제 광고제 중 가장 유명한 프랑스 칸 광고제에 참석하기나 대학생이 되어서도 중고등학생들과 교류하는 일을 하자와 같이 제 미래의 직업과 관련한 목표가 있었고, 그 외에도 미래의 아내와 단둘이 오로라 보러 가기 등 개인적인 바람까지 다양한 목표들이 있었습니다. 그렇다고 제가 버킷리스트를 작성하고 꿈만 꾸고 있진 않았습니다. 목표를 하나씩 이루기 위해 나름 최선을 다해 노력했습니다. 그 예로 버킷리스트에 적어두었던 번지점프도 실제로 도전했고, 친구와 함께 유럽 배낭여행도 다녀왔습니다. NBA 경기도 직접 관람하기도 했습니다. 이렇게 버킷리스트는 언제나 제가 나아갈 방향인 확고한 목표를 제시는주었고 이러한 목표들이 있었기에 저는 활력 넘치고 보람 있는 나날을 보낼 수 있었습니다.

그러던 어느 날이었습니다. 항상 마음에 품고 있던 중요한 목표 하나를 버킷리스트에서 지울 좋은 기회가 찾아왔습니다. 바로 뉴욕에서 일을 해보는 기회였습니다. 제가 간절하게 꿈꿔왔던 목표였기에 기회가 왔을 때 한치의 망설임도 없었습니다. 당장 다음주부터 출근을 해야 하는 일정이었는데 뒤도 돌아보지 않고 비행기 표부터 구매했습니다. 그때가 출국 이틀 전이었습니다. 그렇게 해서 일을 하게 된 회사는 디지털 마케팅 에이전시였는데, 당시 저는 일뿐 아니라 모든 것에 의욕이 넘쳤기에 일을 마친 후에는 대학교로 야간 수업까지 들으러 갔습니다. 매주 한 번씩은 미술을 배우러 다니기도 했습니다. 회사 생활에 야간 수업에 미술수업까지. 때론 바쁜 일과가 버겁기도 했지만 제가 목표했던 버킷리스트의 하나였기에 포기하지 않고 더욱더 열심히 하루하루를 보냈습니다.

그리고 어느새 보람찼던 뉴욕 생활을 마무리하고 한국으로 돌아가야 하는 날이 되었습니다. 그런데 막상 한국으로 돌아가려니 제 마음속에 걸리는 무언가가 있었습니다. 바로 제 버킷리스트의 하나였던 '남미로 배낭여행 가기'였습니다. 사실 당시 저는 더이상 여행을 하고 싶은 상태는 아니었습니다. 외국 생활에 육체적으로나 정신적으로 많이 지쳐 있었기 때문입니다. 그 무렵 제 일기장을 보면 '행복을 느끼는 여행을 하고 있다기보다는 미션을 하나씩 지워가고 있는 것만 같다'라고 적을 정도였습니다. 하지만 저는 항상 버킷리스트의 목표를 이루어오는 것을 당연하게 여겨온 터라 무기력해지는 마음을 접고 이번에도 목표를 이루기 위해 남미로 떠났습니다. 한편으로는 강제로 떠나는 여행이라 할 만큼 무거운 마음을 안고서 말입니다. 남미에 도착해서도 매일매일 마치 주어진 미션을 하는 기분이었습니다.

어느 날이었습니다. 버스를 타고 페루의 수도 리마로 이동하는 중이었습니다. 여덟 시간을 버스에 있다가 목적지에 도착해서 내렸을 때는 정말이지 홀가분한 마음이었습니다. 바로 그때 사건이 터지고 말았습니다. 마음만 홀가분한 게 아니라 제 주머니까지 홀가분해져버린 것입니다. 버스 안에서 도둑을 맞아 제 휴대폰이 없어졌던 것입니다. 지금은 예전 경험담 중 하나로 이야기를 하고 있지만, 사실 그때 제 심정은 이루 말로 표현할 수 없었습니다. 당시 제게 휴대폰을 잃어버린다는 것은 스마트한 기계 하나 없어진 것 이상의 것이었습니다. 제 휴대폰에는 지금껏 제가 경험한 모든 것에 대해 기록이 있었고, 저에 대한 모든 정보가 있었습니다. 미처 백업해두지 못한, 저의 모든 추억이 담긴 사진, 비디오 등이 있었습니다. 무엇보다 제게 나아갈 방향을 안내해주던, 제 삶의 지침이 되어주던 버킷리스트가 저장되어 있었습니다. 한마디로 제 삶의 목표를 한순간에 도둑맞은 기분이었습니다. 말 그대로 눈앞이 깜깜해졌습니다. 버스정류장에서 숙소로 간 후, 너무도 큰 상실감에 한동안 멍하니 앉아만 있었습니다. 무기력한 상태로 시간은 흘러갔습니다. 하루 또 하루가 지났습니다. 그런데 신기하게도 그렇게 며칠을 보내다보니 이상하게 마음이 편해지기 시작했습니다. 돌이켜 생각해보면, 핸드폰을 잃어버리며 동시에 기록을 해야 한다는 압박이나 여행중 누군가에게 연락해야 한다는 의무감도 함께 내려놓을 수 있었기 때문이 아닌가 싶습니다. 여긴 꼭 가봐야 해, 이건 꼭 해봐야 해, 라는 리스트들이 사라지자 그 목표들이 주었던 부담감도 덜어낼 수 있었던 것입니다.

그렇게 평온함을 되찾고 나서야 비로소 제 주변이 눈에 들어오기 시작했습니다. 제가 정말로 하고 싶은 것이 무엇인지 제 마음을 흔드는 것이 무엇인지 보이기 시작했습니다. 무엇보다 제 마음속에서 흘러나오는 목소리를 들을 수 있었습니다. 그 목소리는 제가 그토록 믿어왔던 목표, 버킷리스트에 대해 다시 생각해보라고 이야기하고 있는 것만 같았습니다. 목표에 대한 조건 없는 믿음으로 정작 중요한 걸 놓친 적은 없는지 생각해 보라고 말해주는 것 같았습니다. 사실 제가 그동안 계획을 세우고 목표를 정해놓았던 이유는, 그러한 방향성이 있어야만 성공적인 삶을 사는 것이라고 믿었기 때문입니다. 그래서 뉴욕에서도 제가 정해놓은 목표를 이루기 위해 하루 하루를 보내느라 한가로이 공원에 앉아 시간을 보내보는 경험이나 친구들과 밤새 어울리며 잊지 못할 추억을 쌓는 일 따위는 거들떠 보지도 않았습니다. 남미에 와서도 여행을 즐기기보다는 버킷리스 트를 지워나가는 것에만 몰두해 있었던 것입니다. 어쩌다 마음이 끌 리는 일을 발견하더라도 미리 정해놓은 '내가 하고 싶은 것'이 아니 라는 이유만으로 다른 새로운 경험이나 기회들을 외면했습니다. 그 리고 이 모든 것을 제가 세웠던 목표를 완전히 잃어버린 후에야 깨 달을 수 있었습니다.

흔히 20대는 흔들림 없이 앞만 보고 달려가야 하는 시기라고 말 합니다. 하고 싶은 일을 할 수 있을지 결정하는 중요한 시기라고 합 니다. 그동안 이런 말들을 당연시했고 심지어는 맹신했습니다. 그렇 기에 매일매일 버킷리스트를 만들고 또 하나씩 성취하며 지워왔던 것입니다. 그런 자신을 보며 성공적인 삶을 살고 있다는 생각까지 했습니다. 하지만 지금의 저는 돌이켜 묻습니다. '목표만을 바라보 고 그 외의 것들은 외면했던 그 시간이 내게 정말 성공적이었던 시 간이었을까?' 소설 〈리스본행 야간열차〉에는 '인생을 결정하는 경 험의 드라마는 사실 믿을 수 없을 만큼 조용할 때가 많다'라는 구절 이 나옵니다. 저는 이 구절을 읽고 그간 제가 버킷리스트에 없는 것 이라며 지나쳐버린 것들, 무시해버린 것들이 어쩌면 제가 놓친 소중 한 경험이었을지 모른다는 생각을 하게 되었습니다. 마치 제가 휴대 폰을 잃어버리고 더 소중한 경험을 할 수 있었던 것처럼 말입니다.

여전히 세상에는, 제가 그래왔듯이, 아직 하고 싶은 걸 찾지 못했다는 이유로 조급해하고 불안함을 느끼고 계실 분들이 많을지도 모릅니다. 혹은 그 누군가는 저처럼 버킷리스트를 만들고 앞만 보며 하나씩 이루어가며 지워가고 있을지도 모릅니다. 하지만 이 말만은 꼭 드리고 싶습니다. 그리고 저 자신에게도 다시 한번 하고 싶은 말입니다. 손에 쥔 것을 놓지 않으려고 조급해하고 그것만을 바라볼 필요는 없는 것 같다고요. 여행 중 목표를 모두 잃어버리고 비로소 여행을 즐길 수 있던 제가 그랬던 것처럼 말입니다.

**장재우** TBWA 주니어보드 24기 AE로 활동했다. 대학에서 광고홍보학과 심리학을 공부하며 광고 기획자를 꿈꾸고 있다. 졸업을 앞두고 어느 때보다 스스로에 대해 많은 고민을 하고 있다.

# 54

# 당신의 지갑엔 얼마가 있나요?

천화은

이야기에 앞서 한 가지 부탁을 드리려 합니다. 잠시 눈을 감아주시겠습니까? 그리고 편안한 마음으로 숨을 깊게 들이쉬어보세요. 다시 눈을 뜹니다. 방금 눈을 감고 숨을 들이쉬는 순간, 혹시 느끼셨습니까? 콧속으로 느껴지는 공기의 촉감 말입니다. 저는 누구보다 그 촉감을 사랑하는 사람입니다. 수영을 취미로 갖기 시작하면서부터 말입니다. 수영을 하다보면, 물속에서 심장이 빠르게 뛰기 시작하면서 조금씩 숨이 차오르는 것이 느껴질 때가 있습니다. 이때 숨이 차오르는 것을 참다가 마침내 레인 끝에 도착해 물위로 고개를 팍— 들었을 때, 그 순간 콧속으로 느껴지는 공기의 촉감이 정말 좋습니다.

저는 이렇게 수영을 하며 마주하는 행복한 순간에 대해 이야기해보려 합니다. 공기의 촉감을 느끼는 순간 외에도 행복한 순간이 정말 많습니다. 수영장 안으로 들어온 햇살이 수면을 은빛으로 비출

329

때, 햇빛과 함께 투명하게 빛나는 제 살빛을 볼 때, 물속에서 팔을 뻗을 때면 와닿는 물결을 느낄 때. 일일이 열거하기도 힘든 이 순간들에 저는 온전히 살아 있음을 느낍니다. 그리고 그 느낌만으로도 행복해집니다.

매일 수영을 다녀온 후에는 행복한 여운을 간직하고 싶어 수영 일기를 씁니다. 오늘은 어떤 자세를 배웠는지, 어떤 기분을 느꼈는지 모두 수영 일기에 적습니다. 잠들기 전에는 수영을 더 잘하고 싶은 마음에 휴대폰으로 수영 동영상을 보곤 합니다. 매일 밤 강습 영상을 보며 올바른 자세에 대해 이미지 트레이닝을 하다가 잠이 듭니다.

매일 새벽 학교에 가기 전 수영을 합니다. 수영을 하기 시작할 때 제 머리는 허리까지 내려오는 상당히 긴 머리였는데, 수영을 하면서 긴 머리를 말리고 등교 준비하는 게 생각보다 쉬운 일이 아니었습니다. 스물네 살, 한창 예뻐 보이고 싶은 나이, 긴 머리를 고수하고 싶은 마음도 컸지만, 수영을 위해 과감히 긴 머리와 찰랑이는 머릿결을 모두 포기했습니다. 수영장의 독한 소독 물에 머릿결을 많이 상하게 되었고, 긴 머리도 단발이 되었습니다. 게다가 손톱도 자주 부서져 좋아하던 네일 아트도 포기했습니다. 피부도 건조해지고, 연고를 바르면서까지 저는 1년이 넘도록 거의 매일 수영을 해오고 있습니다.

저는 왜 이렇게 수영을 좋아하고 열심히 하고 있는 걸까요. 그것도 취업 준비만 해도 빠듯한 대학교 4학년인데 말입니다.

어린 시절 저는 조금 달랐던 것 같습니다. 저는 중학교 3학년 때 외국어 고등학교 입시 준비로 많이 힘든 시간을 보냈습니다. 그때 힘들어하던 저에게 어머니께서 이렇게 말씀하셨습니다.

"화은아, 지금의 행복을 미래를 위해 저축하는 거라고 생각하자."

부모님 말씀 잘 듣는 학생이었던 저는 그때부터 '미래를 위한 저축'을 시작했습니다. 사춘기를 겪으며 방황도 할 법한 중학교 시절, 저는 '좋은 고등학교'라는 미래를 위해 그 시간을 '미래 은행'에 저축하며 공부했습니다. 그리고 '좋은 고등학교'에 입학한 후에는, 다시 '좋은 대학교'라는 미래를 위해 고등학교 3년의 시간을 저축했습니다. 그렇게 저는 책상에 앉아 공부만 하는 빡빡한 일상을 '미래 은행'에 저축한다는 생각으로 보냈습니다. 어렵게 대학교에 들어와서는, 이제 미래 은행에서 그간 저축해온 행복을 꺼내 쓸 수 있을 거라는 기대에 기뻐했습니다. 하지만 그 기쁨도 잠시, 대학교 4학년이 되면서 취업 준비를 위해 다시 저축해야 할 시기가 왔습니다.

그러던 중 우연한 계기로 수영을 시작하게 되었습니다. 지난 여름방학에 뭔가 새로운 걸 해보고 싶은 마음에 별 뜻 없이 수영을 시작한 것입니다. 처음에는 방학 두 달 동안만 할 생각이었는데, 수영이 너무 좋아져서 어느새 수영을 시작한 지 1년이 지났습니다. 그리고 이제는 매일 두 시간씩 온전히 수영만을 위해 투자할 정도로 수영은 제 하루하루를 이끌어나가는 중심축이 되었습니다.

생각해보면, 매일 두 시간은 꽤 많은 일을 할 수 있는 시간입니다. 수영을 할 시간에 취업 준비를 철저히 하거나, 학점 관리를 위해 열심히 공부하는 게 더 나을지도 모릅니다. 그리고 가끔은 저도 '취업 준비를 앞두고 내가 지금 이러고 있을 때가 아닌데' 하는 생각을 하며 불안하고 두려울 때도 있습니다. 지금껏 살아온 방식대로라면

'미래 은행'에 저축하기 위해 하루에 두세 시간을 수영에 투자해서는 안 됩니다. 그렇지만 또 한편으로는 '지금 난 수영을 할 때 살아 있다는 걸 느끼고 행복한데, 나를 이렇게 꽉 채워주는 수영마저 포기하면서 이 시간을 미래 은행에 저축하는 게 맞는 건가?'라는 생각을 하면서 수영을 계속하고야 말겠다는 고집도 부려가며 갈등을 겪어왔습니다.

어쩌면 저는 그동안 재테크에 대해 잘못 이해하고 있었던 건지도 모르겠습니다. '현명한 재테크'란 무조건 오늘의 생활을 포기하며 돈을 저축하는 것이 아닌데 말입니다. 진정으로 '현명한 재테크'는 미래를 위해 왜 저축해야 하는지를 제대로 이해하고, 오늘 쓸 건 쓰고 미래를 위해 저축할 건 저축하는 것 아닐까요? 마찬가지로, 진정한 '행복테크'라면 오늘 쓸 행복을 무조건 미래로 저축하는 것이 아니라, 미래의 행복만큼이나 오늘의 행복도 중요하다는 것을 이해하는 것임을 최근에 깨달았습니다. 바로 제가 사랑하는 수영을 통해서 말입니다.

저는 요즘 '미래 은행'에서 제가 이전에 저축해온 행복을 꺼내 쓰고 있지 않습니다. 그렇다고 행복을 마냥 미래 은행으로 저축만 하고 있지도 않습니다. 미래의 취업 준비와 학점 관리를 위해 저축을 하면서, 동시에 매일 수영을 하며 그날의 행복을 그날에 쓰면서 하루하루 진정한 '행복테크'를 실천하고 있습니다.

물론, 제가 '미래 은행에 저축하지 말고 오늘의 행복만을 위해 살자'는 이야기를 하고 싶은 건 아닙니다. 그리고 매일의 노력이 만들어낼 수 있는 위대한 성공의 가치를 부정하는 것도 아닙니다. 우리는 다이어트를 하느라 맛있는 음식을 먹는 행복을 미래 은행에 저축하기도 하고, 등록금을 모으기 위해 아르바이트를 하느라 내 시간을 자유롭게 쓸 수 있는 즐거움을 미래 은행에 저축하기도 합니다. 그리고 저를 포함한 많은 사람이 중고등학교 대부분을 대학교 입시를 위한 미래 은행에 저축했던 경험이 있을 것입니다.

하지만 오늘의 행복을 굶주려가며 미래를 위해서만 저축하는 건 다시 생각해봐야 할 것 같습니다. 오늘 당장 '오늘 지갑'에 '내가 쓸 수 있는 오늘의 행복'이 없다면 무슨 소용일까요? 수영을 만나기 전, 저는 어떤 목표가 있으면 그 목표를 위해 현재의 모든 것들을 접고, 미래의 그것을 위해 살아야 한다고 생각했습니다. 하지만 지금은, 수영하는 그 순간만큼은, '다시는 예전처럼 현재의 행복을 맹목적으로 미래에 저축만 하진 않겠다. 미래를 위한 저축 때문에 오늘 내가 느낄 수 있는 행복을 놓치지 않겠다'고 굳게 다짐합니다.

저 자신에게, 그리고 우리 모두에게 질문을 하고 싶습니다. 혹시 '미래 은행'의 잔고를 높이는 일에만 신경쓰느라 '지갑 속 오늘의 행복'을 놓치고 있지는 않으신가요? 오늘, 당신의 지갑엔 얼마가 있나요?

**천화은** TBWA 주니어보드 24기 AE로 활동했다. 대학에서 신문방송학을 공부하고 있다. 현재는 몸과 마음의 기초 체력이 강한 광고인을 꿈꾼다. 그리고 매일 수영을 통해 그 꿈을 가꿔나가고 있다. 다가오는 2016년 여름에는 전국 마스터즈 수영 대회에 출전할 예정이다.

# 망치를 하는 세 가지 의미

박웅현

벌써 네번째입니다. 늘 망설여집니다. 7분 만에 할 수 있는 이야기는 아닌데 7분을 넘기면 안 된다는 것 때문에 늘 망설여져요. 이 친구들은 오랫동안 준비했습니다. 그런데 저는 연습도 없이 올라왔으니 아마도 제 말씀은 무척 성글 것입니다. 그래도 이 망치 스피치를 하는 의미는 말씀드려야 할 것 같습니다.

이미 느끼셨겠지만, 몇몇 친구들은 매우 용기 있는 주제를 꺼냈습니다. '야…… 저런 얘기를 나라면 할 수 있을까?' 싶은 얘기들을 꺼냈어요. 물론 이 친구들도 처음부터 거기까지 나갔던 건 아닙니다. 고일석 학생도 그렇고 조지현 학생도 그렇고. 아, 누구인지 모르시나요? 고일석 학생은 '상남자'고 조지현 학생은 '지킬 앤 하이드'예요. 김슬아 학생, '부라더'도 그래요. 처음에는 거기까지 가지 못했어요. 처음에는 만족스럽지 않은 테마였어요. 그래서 우리가 어떻게 했느냐 하면, 계속

334

밀어붙였습니다. 만나서 밥 먹으면서 밀고, 차 마시면서 밀고, 계속 밀었어요. 그래서 한계까지 간 거예요.

제가 대학원을 졸업할 때, 대학원 학장님이 해주신 졸업사가 아주 짧았는데 무척 인상적이었어요. 지금도 기억이 나거든요. 크리스토퍼 로그라는 목사님의 짧은 시를 읽어주셨습니다. 제 영어 발음이 후지다니까 원어 낭송은 하지 않겠습니다. 그냥 제가 번역한 걸 대신 들려드릴게요.

끝까지 오세요. 떨어질 것 같아요.
끝까지 오세요. 너무 높아요.
끝까지 오세요. 그들은 왔고
우리는 그들을 밀어 버렸다.
그렇게 그들은 날기 시작했다.

바로 이번에 이 친구들과 함께하면서 저희가 느꼈던 거예요. 진짜 저희도 절벽 끝까지 밀 때, 떨어져서 잘못되면 어떻게 하나 걱정이 됩니다. 아까 김슬아 학생도 걱정했잖아요? 가족 얘기하면서⋯⋯ '떨어지면 어떻게 하나'라는 위험이 있어요. 근데 거기까지 밀었거든요? 그래서 난 거예요.

이 망치 스피치의 첫번째 의의를 저는 여기서 찾습니다. 이 친구들 상당수는 아마도 망치 스피치를 하기 이전과 한 이후로 자기 생을 구분하게 될 겁니다. 지금은 아직 스스로 못 느낄지 모르겠지만요. 이런 기회가 아니면 자기를 그렇게 끝까지 미는 경험을 해보기 어렵습니다.

지금 여기 앉아 계신데, 대한신경정신의학회 이동우 박사님께서 "이런 스피치가 잘 활성화된다면 신경정신과 의사들 할 게 없어지겠다"라는 농담을 하셨어요. 개인의 치유 혹은 자기의 발견, 이런 게 망치의 첫번째 의의라는 생각이 듭니다.

이 과정을 진행하다 보면 늘 느끼게 됩니다. 제가 자주하는 말인데, 아이디어는 씨앗입니다. 벽돌이 아니라. 많은 사람들이 아이디어를 벽돌처럼 생각합니다. 그래서 어떤 벽돌이 더 좋은 벽돌인가 하는 식으로 생각합니다. 아이디어가 그렇게 나오지는 않아요. 이렇게 보시죠. 여러분들이 최종적으로 본 지금 이 스피치들은 성년이 된, 몸이 완성된 청년입니다. 근데 저희는 과정을 보았습니다. '태어나서 걷지도 못하는 애'도 봤고요, '키만 삐쭉 크고 살이 붙어 있지 않은 애'도 봤고요, 그리고 '제대로 뛰지를 못해 숨을 헉헉거리는 애들'도 봤습니다. 그 과정을 거치지 않으면 성인이 나오지 않죠. 아이디어는 이렇게 성장해갑니다. 조금씩 조금씩.

제가 강의를 할 때 자주 하는 말입니다. '내가 이해하는 한, 괄호 열고, 틀릴 수도 있겠지만, 괄호 닫고, 창의적인 발상은 창의력의 매우 작은 부분일 뿐이다. 나머지 부분은 그 나온 생각을 어떻게 완성시켜 가느냐의 문제다.' 자기 마음의 소리를 썰렁한 노래와 함께 해준 최민성 학생의 스피치도 처음부터 그 퀄리티가 아니었어요. 그런데 우리가 끝까지 밀어붙인 거죠. 그렇습니다. 스티브 잡스의 장점을 저는 '집요함'에 있다고 봅니다. 맞다 싶으면 기어코 잡아서 놓지 않는 그 집요함. 저희는 광고 일을 하면서, 또 이런 과정을 통해서 집요함으로 완성시켜가는 창의력에 대해 배우고 있습니다.

그래서 이 망치 스피치를 창의력에 대한 한 광고 회사의 의견이라고 생각하셔도 될 것 같습니다. 그것이 망치 스피치의 두번째 시사점입니다. 저는 이렇게 어수선하게 말씀을 드리고 있지만 T. S. 엘리엇이라는 사람은 아주 명료하게 얘기했습니다. '구상과 창조 사이에는 그림자가 드리워진다. 그림자를 걷어내는 과정이 창의력이다.' 저희는 바로 그런 일을 경험하고 있습니다. 처음에 나온 얘기들을 들어보면 뭔가 있긴 있는 것 같은데 흐릿해요. 그럼 아닌 것 같다? 그건 모릅니다. 어딜 좀 걷어내고 그림자 훅 불어내면 아주 아름다운 것도 나올 수가 있거든요.

무엇보다 중요한 건…… 이건 제가 영어로 할게요(제 영어 발음이 후지다고 하는데 저는 동의가 안 돼요). "Don't talk about pregnancy. Show me the baby." 이런 말을 와이프한테 하면 맞아 죽습니다. 사형감이죠. '임신해서 뱃속에서 기르는 과정은 관심없다. 아기나 내놔.' 이런 소리거든요. 하지만 비즈니스에서는 다릅니다. 제가 이 말씀을 왜 드리느냐 하면, '그래 너네끼리 뭐 창의력을 어떻게 했고, 절벽으로 밀었고…… 됐고! 그 말이 나한테 의미 있어?'라고 생각하실 분께 답을 드리기 위해서입니다. 이런 스피치 프로그램들이 솔직히 TED에 많은 빚을 지고 있습니다. TED라는 형식이 등장하면서 여기저기에서 이런 '생각의 공유'라는 개념이 나왔으니까요. TED의 슬로건이 바로 그거죠. '퍼뜨릴 만한 생각'인가? 제일 중요한 건 이겁니다. 여기 앉아 계신 분들한테는 임신 과정이 아니라 아기가 중요할 테니까요. '진짜 이게 퍼뜨릴 만한 생각이니?' 이게 가장 중요하겠죠. 어떻게 생각 하시는지요.

저는 대중 강연을 좀 하는 편입니다. 예를 하나 말씀드릴게요. 삼사 개월 전이었나요. 현대 계열사에서 강연을 했습니다. '카르페 디엠carpe diem'에 대해 했습니다. 현재에 충실하라는 얘기죠. 근데 마지막에 질문 있으면 하라고 했더니 어떤 연구원이 아주 공격적인 질문을 했습니다. 제가 그때 답을 못했습니다. "아니, 미래를 준비하는 게 뭐가 잘못되었다는 겁니까?"가 그 질문이었습니다. 만약 그때 제가 천화은 학생의 발표를 들은 뒤였다면 답을 할 수 있었을 텐데 말입니다. 아쉽게도, 학점 관리에 대해서 알파벳 수집가라는 이야기로 할 수 있는 걸 듣기 전이었던 거죠. 매번 느끼는 거지만, 저를 포함한 많은 대중적인 강사들이 이만큼 솔직하게 할 수 있나요? 이런 얘기를 과연 어디서 들을 수가 있을까요? '과연 이게 퍼뜨릴 만한 생각이냐'에 대해서는 저는 그렇다고 생각합니다. 여러분도 동의하시리라 생각합니다. 이것이 망치 스피치의 세번째 의미입니다.

이 세 가지가 저희가 이런 행사를 하고 있는 이유입니다. 그리고 저희가 여섯 달 동안 땀을 흘리는 이유인 거죠. 얘기가 벌써 길어지죠? 정리하겠습니다.

제가 황혼입니다. 지금 이 친구들이 제 딸 나이예요. 제 딸보다 어린 학생들도 있어요. 이런 친구들하고 소통할 수 있다는 것은 정말 영광입니다. 제가 만약 은퇴를 했다면 이들이 저랑 놀아줄까요? 멋진 사람들이 얼마나 많은데 저랑 놀아 주겠어요? 그런데 제가 뭔가 얘기를 해줄 수 있는 상황이 펼쳐진 겁니다. 어떻게 보면 이들의 정신적 아빠 역할을 한 거죠. 근데 사실 저는 가상적인 존재일 뿐이고 실질적인 아빠들이 있습니다. 여덟 명의 엄마 아빠들이죠. 멘토들입니다. 여러 달 동안 이 여덟 명의 멘토, 저희 TBWA 회사의 A급 친구들이 각각 두 명씩을 붙잡고 술도 먹고 야단도 치고 하면서 달려왔습니다. 스피치 내용은 마지막 한 달 전에 결정됩니다. 그리고 연습이 이어지고요. 멘토들은 그동안 정말 자기 애처럼 혹시라도 잘못될까봐 '우리 애를 왜 1번에 붙여요?' 이렇게 나한테 따지면서…… 진짜 엄마 아빠들이죠. 여덟 명의 멘토들에게 박수를 보냅니다.

## TBWA 주니어보드에 대하여

**TBWA 주니어보드란?**

광고 회사 TBWA 코리아의 사회 공헌 교육 프로그램으로, 광고인을 꿈꾸는 대학생들에게 실질적인 광고 업무 교육과 체험의 기회를 제공합니다. 예비 광고인으로서 광고 실무에 대한 노하우 뿐만 아니라 세상을 담을 수 있는 그릇을 키워주기 위해 스피치 프로젝트 '망치'를 포함한 다양한 프로그램을 진행하고 있습니다.

**구체적으로 어떤 활동을 하나?**

대표이사를 비롯한 TBWA 코리아 광고인들의 특강을 통해 통찰과 경험을 전수받습니다. 여러 가지 과제가 주어지고, 과제물에 대한 실무자들의 꼼꼼한 리뷰와 토의, 팀별 발표 및 평가도 뒤따릅니다. 광고 촬영장 견학 등 현장 학습의 기회도 있습니다. 주니어보드 뉴스레터도 직접 만듭니다. 아, 그리고 개별 멘토링 프로그램에 기반하여 스피치 프로젝트 '망치'도 준비합니다. 꽤 바쁜 일정입니다. 이 활동들을 제대로 하기 위해 많은 학생들이 휴학을 한다는 후문도 있습니다.

## 활동 기간은?

매년 2월 1일부터 8월 31일까지 총 7개월간, 주로 매주 금요일 오후 정기 모임을 갖습니다.

## 선발 인원은?

AE, 카피라이터, 아트디렉터 각각 5명씩 총 15명을 선발합니다.

## 응모하려면?

대학교 재학생이면 누구나 응모 가능합니다. 휴학생도 됩니다. 1차 서류 전형, 2차 필기 시험, 3차 면접 시험의 선발 과정을 거칩니다. 첫 관문인 서류 전형은 매년 11월, TBWA 양식의 지원서와 자유롭게 기술한 자기 소개서를 이메일을 통해 제출하는 것으로 시작됩니다.

## 선발에 대한 약간의 팁

1차 서류 전형, 정답은 없습니다. 2차 필기시험, 정답은 없습니다. 3차 면접, 당연히 정답은 없습니다. 영어 점수나 공모전 수상과 같은 세상이 정해 놓은 기준에 맞춘 정답은 없습니다. 대신 한 사람 한 사람에 주목합니다. 어떤 책을 읽고, 어떤 음악을 듣는지, 무엇을 좋아하고, 무엇을 이야기하고 싶어하는지, 같은 경험을 하더라도 무엇을 느끼고 생각하는지 그 사람 개인을 궁금해합니다.

# 망치
ⓒ TBWA KOREA 2016

초판 제1쇄 발행  2016년 2월 20일
초판 제3쇄 발행  2018년 9월 17일

지은이  TBWA 주니어보드
펴낸이  염현숙
편집인  강무성
디자인  엄자영 | 마케팅  정민호 박보람 나해진 우상욱
홍보  김희숙 김상만 이천희
제작  강신은 김동욱 임현식 | 제작처  영신사

펴낸곳  (주)문학동네
임프린트  루페
출판등록  1993년 10월 22일 제406-2003-000045호
주소  10881 경기도 파주시 회동길 210
전자우편  papafish@munhak.com | 대표전화  031) 955-8888 | 팩스  031) 955-8855
문의전화  031) 955-1933(마케팅)  031) 955-1924(편집)
문학동네카페  http://cafe.naver.com/mhdn | 트위터  @munhakdongne

ISBN  978-89-546-3955-2  03040

www.munhak.com